중세를 넘어 근대를 품은 조선

중세를 넘어
근대를 품은
조선

최이돈

역사인

머리말

1

　우리는 우리를 잘 알고 있는 것일까? 우리의 특성을 잘 알고 있는 것일까? 우리 속에 축적되어 있는 역사적 역량을 잘 알고 있는 것일까? 최근 세계적으로 불어 닥친 팬데믹의 대혼란 속에서 우리 국민의 독특한 특성이 부각되고 있다. 우리는 어떻게 이러한 국민적 특성을 가지게 되었을까?

　팬데믹으로 인해 우리는 능동적으로 소통하고, 배려하는 국민이라는 것이 선명하게 확인되고 있다. 우리는 우리의 행동을 당연한 것으로 생각하고 있으나, 우리의 모습이 세계의 여러 나라 국민들의 모습과 비교되면서 오히려 독특한 모습으로 평가되고 있다. 또한 이러한 국민적 특성이 한국전쟁 이후 약 70년의 짧은 기간 안에 경제 기적을 이룰 수 있었던 중요한 요인은 아닐까 추측된다.

　온 국민이 자발적으로 소통하고 배려할 수 있는 능력을 가지는 것은 단기간의 훈련으로 불가능하다. 이러한 국민적 특성은 오랜 시간 동안의 훈련을 통해 우리의 내부에 각인되어 있는 역사적 역량으로 이해할 수 있다.

2

　우리 국민은 언제부터 이러한 차별화된 능력을 배양해온 것일까? 최근 70년의 역사를 통해 이러한 능력을 배양해왔다고 설명하는 것은 적절하지 못하다. 최근 70년의 역사는 전 세계가 글로벌한 문화 속에서 함께 달려온 시기였으므로 우리 국민만 차별화된 훈련을 받았다고 설명하기 어렵다. 우리 국민만이 가지는 독특함을 확인하고자 한다면 좀 더 역사를 거슬러 올라가면서 살펴보아야 한다.

그 위 시기는 30여 년의 일제 시기였다. 일제 시기는 우리 국민의 특성을 훈련할 수 있는 시기는 아니었다. 일제는 불평등과 폭압으로 통치하였으므로 우리 국민이 소통과 배려의 능력을 기를 수 있는 여건이 아니었다.

그 위 시기는 조선시대였다. 조선시대는 아직 글로벌한 문화에 노출되지 않았으므로 우리만의 역사적 정체성을 확보할 수 있는 시대였다. 그러나 과연 조선의 백성들이 자발적으로 소통하며 배려하는 훈련을 할 수 있는 지위에 있었을까? 지배를 당하는 지위에 있는 백성이 능동적으로 소통하고 배려할 수 있는 훈련을 할 수 있었을까?

3

우리가 알고 있는 조선의 역사는 조선을 중세로 보는 조선중세론에 근거하고 있다. 조선중세론이 한국사 학계의 중심이 되는 학설이기 때문이다. 조선중세론의 관점에서 볼 때 조선의 백성은 피지배층으로 수동적인 존재에 불과하였다.

조선중세론은 통일신라부터 조선 후기까지를 중세시대라고 주장하고 있다. 신라가 삼국을 통일한 것이 676년이었으므로, 조선 후기 18세기까지 무려 천 년 이상 우리의 역사에 큰 변화가 없었다고 주장한다.

조선시대 백성들은 무기력하게 1000년 이상 별다른 대책 없이 귀족의 지배 하에서 억압을 받고 있었다. 지배 신분의 이름이 바뀌었을 뿐 중세 1000년의 역사에서 결국 귀족의 역할만 드러났다. 조선중세론이 이렇게 조선 역사를 이해하였으므로, 백성들이 주체가 되어 서로 소통하고 배려하는 역동적인 모습에 관심을 가지지 못하였다.

4

이에 비하여 유럽사에서는 유럽이 14세기부터 이미 중세를 벗어났다고 주장하고 있다. 연구자들은 르네상스, 종교개혁, 프랑스혁명에 이르기까지 드라마틱한 수백 년의 역사를 상세하게 검토하고, 이 시기부터 백성들이 능동적인 지위를 확보하면서 새로운 시대인 근대를 준비해갔다고 주장한다.

연구들은 근대가 하루아침에 이루어진 것이 아니라 기나긴 산고의 결과임을 보여주고 있다. 근대는 그저 경제적 변화만을 의미하는 것이 아니었다. 근대는 그 구성원이 능동적 지위를 가지고 자유와 평등을 누리면서, 자율적으로 활동할 때 실현할 수 있는 사회체제였다. 근대는 폭압과 불평등 속에서 경제적인 지표를 관리한다고 도달할 수 있는 역사의 단계가 아니었다.

그러므로 근대를 열기 위해서, 먼저 인간이 평등하다는 이념을 정립하고 이를 수용할 수 있는 사회를 건설하는 것이 필요하였다. 그 과정에서 백성들이 자치적으로 공동체를 운영하면서 서로 소통하고 배려할 수 있는 훈련을 하는 것도 필요하였다.

중세는 견고하게 닫힌 신분제 사회였다. 그러므로 백성들이 그 틀을 조금씩 깨뜨리면서 인간이 평등하다는 인식을 수용할 수 있는 열린 사회를 실현하는 데 오랜 시간이 걸릴 수밖에 없었다. 유럽사에서 14세기부터 이러한 모습을 보여주기 시작하였고, 수백 년이 지난 18세기에 이르러서야 근대를 열 수 있었다.

그러므로 연구자들은 14세기에서 18세기에 이르는 기간을 중세에서 근대로의 '전환시대'로 구분하고, 이를 'Early Modern' 즉 '근세'로 칭하면서 그 변화과정을 정밀하게 탐구하고 있다.

5

한국사 연구에서도 이러한 서양사의 동향을 수용하고자 하는 노력을 일찍부터 시도하였다. 연구자들은 조선을 근세로 이해하는 조선근세론을 제시하였고, 중등 교과서에서 조선을 근세로 명명하는 성과도 거두었다.

그러나 한국사 학계에서는 조선중세론이 주도적 지위를 차지하고 있었으므로, 조선이 근세임을 논증하는 연구들을 활발하게 발표하지 못하였다. 따라서 중등 교과서에서 근세의 내용을 명실상부하게 서술하는 것이 어려웠다. 다행히 최근 조선이 근세임을 밝히는 새로운 연구들이 진행되어 그 성과들이 출판되고 있다. 이 책은 이러한 성과에 힘입어 서술된 것이다.

6

이 책은 조선근세론의 관점에서 조선의 백성들이 지위를 높여가면서 능동적으로 소통과 배려하는 사회를 만들어가는 과정을 설명하고 있다. 즉 조선이 중세를 벗어나 근대를 준비해가는 모습을 5개의 키워드를 중심으로 서술하였다.

한국사에서 근세를 여는 변화는 고려 말 "인간은 본질에서 평등하다"라고 주장한 ①천민론(天民論)을 제시하면서 시작되었다. 이때부터 우리 선조들은 새시대를 위한 준비를 시작하였다. 그러므로 천민론이 제시된 이후 근대를 점진적으로 준비해가는 변화과정을 정치, 경제, 사회 등으로 나누어 살펴보았다.

이 책에서는 먼저 정치적 변화를 살펴보았다. 백성을 천민으로 인정하면서 지배신분이 제멋대로 백성을 지배하는 '사적 지배'를 극복하고, 법에 의해 통치하는 ②공공통치를 실현해갔다. 또한 백성들의 뜻을 하늘의 뜻으로 이해하면서 백성의 의견을 공론(公論)으로 정치에 반영하는 ③공론정치도 실현해 갔다.

다음으로 경제적 변화를 살펴보았다. 백성을 천민으로 이해하면서 경제 관계에 신분적 지위를 남용하는 신분적 경제를 개혁하였고, 상호 계약에 입각한 경제적 관계를 확립해가고 있었다. 또한 ④민생론(民生論)의 관점에서 백성의 형편을 고려한, 합리적이고 투명한 수취체제를 만들어가면서 중세경제의 한계를 극복해 갔다.

이어 사회의 변화도 살펴보았다. 조선은 백성이 천민이라는 주장을 수용하면서 더욱 평등한 ⑤열린 사회를 만들어가고 있었다. 조선은 '혈통'을 중시하는 신분사회였으나 백성들의 '능력'에 의한 성취도 인정하였고, 평등관계를 강조하는 자치조직인 향약을 시행하면서 보다 열린 사회를 만들어가고 있었다.

따라서 조선의 백성들은 중세를 벗어나 근대로 나아가는 전환시대인 근세를 사회의 전 영역에서 성공적으로 열어가고 있었다. 백성들은 역사의 주체로 그 지위를 높이면서 능동적 역량을 확대하였고, 상호 소통하고 배려하면서 다음 시대인 근대를 준비하였다.

역사적인 역량은 갑자기 얻어지는 것이 아니라 역사의 단계 단계를 성실하게 밟아가면서 축적된다. 우리의 선조들은 수백 년간 근대를 열기 위한 노력을 집중해 왔다. 인간이 평등하다는 인식을 정립하고, 평등한 인간이 어떻게 공동체를 운영해야 하는지를 모색하면서, 소통과 배려 속에서 민주주의를 위한 기초적 훈련도 진행해 왔다.

우리는 불행하게 식민지를 경험하였다. 그러나 그 이전의 긴 역사 속에서 단련된 소통하면서 배려하는 사회를 열 수 있는 능력을 식민지의 불평등과 폭압 속에서도 잃지 않았다. 우리는 역사적 역량을 바탕으로 단기간에 평등하고 자유로운 사회를 만들었고, 경제적 기적도 성취하면서 현재와 같은 국제적 지위를 확보할 수 있었다.

독자들은 이 책을 통해 우리 선조들이 가진 역사적 역량을 확인하고, 우리가 그 연장선 위에서 확보한 현재 위상에 대하여 자부심을 느껴도 좋을 것이다. 아직도 해결해야 할 많은 과제가 우리 앞에 놓여 있지만, 우리 선조들이 축적해온 역사적 역량을 바탕으로 지속해서 노력한다면 우리의 미래는 밝다는 자신감을 가져도 좋을 것이다.

2021년 이른 봄, 오정동에서
감사한 마음을 담아서

최이돈

목 차

제4부 열린 사회

어떻게 열린 신분제와 사회조직을 만들어 갔나?

제5부 공론정치

백성들이 어떻게 참정권에 접근할 수 있었나?

결론 : 전환시대 조선의 성격   291

서론

조선의 역사를 보는 시각

1. 조선의 역사와 시대구분

한국 역사의 중심, 조선시대사

한국사에서 조선시대사는 중심이 되는 영역이다. 한국사에서 중요하지 않은 시대는 없다. 고조선의 역사나, 신라의 역사, 고려의 역사, 나아가 근현대사 등 모두 중요한 시대들이다. 모든 시대가 우리 선조들의 삶을 보여주고 있으며 우리는 그러한 시대들의 연장선 위에 서 있다.

그러나 조선시대사를 한국사의 중심에 있다고 보는 것은 고려사 이전의 역사는 그 중요성에 비하여 많은 자료를 남기지 못하였기 때문이다. 역사의 체계적인 서술은 자료에 의존한다. 즉 우리의 고대사나 중세사가 중요하지 않은 것이 아니나, 이를 체계적으로 설명해줄 수 있는 자료가 충분하지 않다. 그러므로 그 시대상을 충실하게 서술하기 어렵다. 이는 비단 우리나라 역사만의 상황은 아니다. 서양사도 고대사나 중세사는 자료 부족으로 다양한 가설에 의존하고 있다.

근현대사도 한국사의 중심에 있다고 보기 어렵다. 근현대사의 중요성을 아무리 강조해도 부족하지만, 근현대사는 이미 세계사에 편입되면서 관심 주제가 달라지고 있다. 근현대사 연구자들은 한국적인 것에 관한 관심보다는 한국이 세계사의 큰 조류에 어떻게 편입될 수 있었는가에 관심을 집중하고 있다. 도도하게 밀려오는 변화의 파동을 이기고 세계사의 일원으로 자리를 잡기 위한 몸부림에 관심을 기울이고 있다.

이에 비하여 조선시대의 역사는 아직 세계사의 영향을 크게 받지 않았다. 또한 조선은 그 역사를 체계적으로 구성하기에 충분한 자료를 남기고 있다. 조선 전기부터 우리는 『조선왕조실록』이라는 양과 질에서 세계적으로 가장 높은 수준의 역사자료를 가지고 있다. 세계 각국에서 우리만큼 충실하게 역사자료를 가지고 있는 나라는 손에 꼽을 정도이다. 그러므로 우리는 충분한 자료를 가지고 조선시대가 전개되는 모습을 체계적으로 연구할 수 있다. 따라서 우리는 조선시대사를 통해 우리 역사의 중심체계를 잡을 수 있다.

조선시대를 통해 우리 역사의 중심체계를 잡을 수 있다는 의미는 무엇일까? 조선시대사를 통해 우리 역사의 정체성을 만날 수 있다는 의미이다. 우리가 역사의 전통과 문화를 거론할 때 이를 만날 수 있는 시대가 조선시대라는 뜻이다.

종합사적 접근

우리는 조선시대에 대하여 많은 것을 알고 있다. 세종, 성종, 정조 등 많은 왕들의 이름과 치적을 알고 있으며, 정도전, 조광조, 정약용 등 많은 인물의 이름과 행적을 알고 있다. 또한 무수하게 많은 조선의 제도들도 알고 있다. 그러나 이러한 정보들을 통해 과연 우리는 조선 역사의 본질에 접하고 있는 것일까? 우리 역사의 중심체계가 되는 조선에 대해 바르게 알고 있는 것일까?

역사의 가장 큰 특징은 종합이다. 역사학은 모든 학문의 중심이 되고자 하는 큰 의욕을 가지고 있다. 정치학이나 경제학은 정치나 경제 분야의 원리를 밝히려 노력한다. 이에 비해 역사는 모든 분야를 종합하여 그 실체를 밝히려 한다. 종합한다 하여 모든 것을 다 망라하거나 설명하려는 것은 아니다. 종합에 중심이 없으면 잡다한 지식의 나열이 될 수밖에 없고 혼란을 일으킬 수도 있다. 핵심을 관통하는 초점이 있어야 한다.

역사가 밝히려는 실체는 바로 인류의 삶이다. 우리는 삶의 다양한 모습을 경제, 정치 등으로 나누어 이해하고 있지만, 우리가 대면하는 삶의 본질은 언제나 종합적이다. 경제나 정치의 구분은 편의적인 나눔일 뿐이다. 그러므로 삶을 이해하는 데 있어 경제나 정치 등 한 부분에만 의존하는 것은 바른 접근방식이 되기 어렵다. 그러므로 인류는 이를 종합적으로 설명해보려는 궁극적 욕구를 품어왔고, 이를 자신의 사명으로 자처한 학문의 분야가 역사이다.

조선 역사의 본질

그러므로 조선을 이해한다는 것은 조선을 종합적으로 이해한다는 것이다. 조선을 종합적으로 이해할 때 우리 역사의 중심체계를 이해할 수 있다. 역사를 종합적으로 이해할 때 우리는 역사적 정체성을 만날 수 있다.

그간 조선을 연구하는 연구자들은 조선을 종합적으로 이해하기 위해 모든 열정을 투자하였다. 그러나 이러한 열정에 의하여 만들어진 결과물들이 독자들에게 잘 전달되고 있을까? 현재까지 나온 한국사에 관한 교양서를 보면 충분하지 못한 것 같다. 조선의 체제를 한

권의 책으로 전달하기는 쉽지 않은 일이기 때문이다. 그러므로 독자들은 단편적 지식, 재미있는 일화 등을 많이 알고 있지만 조선의 본질에 대해 잘 알지 못하고 있는 듯하다.

이 책은 조선의 본질을 독자들에게 보여주고자 구성된 것이다. 그러나 조선시대를 모두 설명하는 것은 한 권으로 달성하기 어려운 과욕이므로, 조선이 건국되고 그 성격이 선명해지는 조선 중기까지만 설명하고자 한다. 한정된 내용이기는 하나 조선의 본질을 이해하는 데 부족함이 없을 것이다.

조선의 종합사적 이해와 시대구분

조선의 역사를 종합사적으로 이해하고자 할 때 가장 빠른 방법이 시대구분으로부터 시작하는 것이다. 시대구분은 역사 연구자들이 최종적으로 하는 작업이다. 연구자들은 조선의 정치, 경제, 문화 등을 연구하고, 연구 결과를 종합하면서 조선시대가 역사의 어떤 단계에 위치하였는지를 결정하는 시대구분을 한다. 그러므로 시대구분은 연구자들이 조선을 평가하는 결론에 해당한다.

따라서 시대구분에서부터 조선에 접근하는 것은 조선시대를 가로질러 가는 것이다. 이와 같은 접근법은 한 권의 책으로 조선을 종합적으로 설명하기 위한 불가피한 방법이라 할 수 있다.

시대구분의 이해

역사학자들은 역사를 고대, 중세, 근세, 근대 등의 몇 시대로 나누고 있다. 연구자들은 인류의 역사가 공통으로 몇 단계를 거쳐 발전하였다고 생각하고 있다. 각국의 역사는 모두 독특하게 전개되었지만 서양사나 우리 역사 모두 공통된 역사의 단계를 거쳐 발전해왔다고 이해하고 있다. 서양사의 고대와 우리 역사의 고대는 기본 성격이 같다고 본다.

물론 각 시대 사이에는 큰 차이가 있었다. 각 시대 간에는 중심가치가 달랐고, 경제, 정치, 사회 등의 구조가 크게 달랐다. 한 예로 개인의 지위를 판단하는 기준을 비교해보면, 중세와 근대 사이에 크게 달랐다. 중세에서는 혈통에 의해 지위를 결정하였으나, 근대에서는 능력에 의해 그 지위를 부여하였다. 혈통을 기준으로 하는 것과 능력을 기준으로 하는 것은 인간을 이해하는 가치관이 서로 달랐다. 따라서 혈통에 의해 지위를 결정하는 사회와 능력에 의해 지위를 결정하는 사회는 그 사회구조가 달랐다.

혈통에 의해 지위를 부여하는 사회는 이를 가능하게 하는 신분구조를 만들 수밖에 없었다. 또한 신분구조에 상응한 정치구조, 경제구조를 만들었다. 그러므로 한 시대를 중세로 보는 견해와 근대로 보는 견해는 그 시대를 이해하는 관점이 전혀 다를 수밖에 없다.

3시대구분과 4시대구분

역사학자들은 다양한 방식으로 시대구분을 하고 있다. 고대, 중세, 근대 등으로 나누는 3시대구분 방식을 가장 널리 사용하고 있지만 고대, 중세, 근세, 근대로 나누는 4시대구분 방식도 자주 사용한다. 3시대구분 방식과 4시대구분 방식은 전혀 다른 방식이 아니라, 3시대구분 방식을 보완한 것이 4시대구분 방식이다.

그 차이는 전환기를 별도의 시대로 설정하는가에 있다. 각 시대는 서로 다른 모습을 넘어 서로 대치되는 모습을 가지고 있었다. 그러므로 시대의 전환이 짧은 시간 안에 일어나기 어려웠다. 보통 한 시대는 수백 년 이상 지속하였다. 수백 년을 지속하던 사회의 가치관과 구조가 전혀 다른 형태로 바뀌는 데는 오랜 시간이 걸릴 수밖에 없었다. 한 시대가 수백 년 이상 연속되었으므로 한 시대에서 다른 시대로의 전환에도 수백 년의 시간이 필요하였다. 그러므로 역사가들은 수백 년의 전환기를 별도의 시대로 인정하여 전환시대로 설정하고 있다.

전환에 수백 년이 걸리면서 전환시대에 대한 적절한 이름을 붙이는 것도 필요하였다. 중세에서 근대로의 전환시대 수백 년을 서양에서는 'Early Modern'이라 부르고, 우리 역사에서는 '근세'라 부른다.

2. 조선시대 연구의 동향

조선시대를 보는 다양한 시각

조선을 종합사적으로 이해하기 위해 우리는 시대구분이라는 지름길을 택하여 가로질러가고 있으나, 이 길에도 역시 쉽지 않은 난관들이 기다리고 있다. 가장 어려운 점은 연구자들이 조선을 바라보는 관점이 다양하다는 것이다.

연구자들은 조선을 고대, 중세, 근세 등 다양한 입장에서 바라보고 있다. 앞에서 밝힌 것처럼 조선을 고대로 보는 것과 근세로 보는 것은 조선의 이해에 큰 차이가 있다. 조선을 완전히 다른 사회로 이해하고 있다. 이러한 상황은 독자들이 조선시대를 이해하는데 큰 걸림돌이 된다. 이미 일어나버린 역사적 사실을 놓고 이렇게 다양한 주장을 펼치고 있는 연구의 상황을, 연구자들은 독자들에게 전달하기 매우 어려웠다. 따라서 교양서를 통해 독자들은 대부분 단편적 사실만을 전달받았다.

독자들의 입장에서 바람직한 것은 연구자들이 조선시대를 보는 견해를 빨리 합의하여, 조선의 성격을 단일하고 간결하게 전달해주는 것이다. 그러나 짧은 기간 안에 이러한 일이 일어날 수 있는 가능성은 전혀 없다고 말할 수 있다. 사실상 우리는 가깝게 지내는 한 사람을 종합적으로 이해하기도 쉽지 않다. 평생을 함께 산 아내나 오래 사귄 친구에게서 전혀 새로운 면모를 보는 것은 그리 어려운 일이 아니다.

따라서 역사의 한 시대 수백 년을 종합하면서 연구자들이 견해를 일치시키는 것이 쉬울 리 없다. 현재로서는 다소 복잡하기는 하지만 독자들이 연구의 상황을 이해하는 것이 가장 쉬운 방법이다. 저자는 연구자들이 조선을 이해하는 다양한 입장을, 복잡한 것은 모두 피하고 최소한의 내용만으로 가장 간단하게 설명해보겠다.

연구자들이 조선시대를 보는 입장은 다양한데, 조선시대를 중세로 이해하는 '조선중세론'과 근세로 이해하는 '조선근세론'이 주된 입장이다. 물론 조선을 고대로 이해하는 '조선고대론'도 있으나 이는 일본의 식민사학자들이 주장하였던 내용으로, 현재까지 이러한 주장을 이어가는 연구자는 극소수이다.

조선중세론

조선중세론에서는 고대, 중세, 근대의 3단계 시대구분 중에서 조선을 중세로 이해하고 있다. 그간의 유럽사에서 중세는 '농노제', '봉건제' 등의 특징을 갖는 시대로 이해되었다. 물론 한국 역사에서 농노제나 봉건제 등과 같은 구체적 현상은 나타나지 않았다. 그러나 토지를 매개로 국가와 지배신분, 백성 간에 농노제와 유사한 관계가 형성되었다고 이해하였다. 그러므로 조선에서 왕과 관원은 물론 전지 소유자[1]까지 서양의 영주에 준하는 지배 신분으로 이해하였다.

물론 그간의 연구에서 조선중세론을 정립한 것은 연구사적으로 볼 때 매우 중요한 성과였다. 일본의 식민사학자들은 식민지 경영을 정당화하기 위해 한국사에는 중세가 없었다는 '조선고대론'을 주장하였다. 조선 말기까지도 고대의 단계에 정체되어 있었으나 식민지를 통해 조선을 근대화시켰다고 주장하였다.

그러므로 연구자들에게 한국사에서 중세의 존재를 밝히는 것은 중요한 연구과제였다. 연구자들은 정체성론을 주장하는 근거가 된 '토지국유제론'[2]을 부정하고, 일찍부터 전지가 사유화되고 있었음을 밝혔다. 이에 더하여 통일신라 이후 국가가 시행한 '토지분급제'[3]를 중세적 성격을 가진 것으로 주장하면서, 통일신라 이후 우리 역사는 중세의 단계에 진입하였다고 밝혔다. 그러므로 조선중세론을 정립한 것은 조선고대론을 극복한 매우 소중한 성과였다.

조선근세론

조선이 중세임을 논증하는 연구과제가 정리되어 가면서 연구자들은 좀 더 여유를 가지고 조선의 역사를 검토할 수 있었다. 연구자들은 조선 역사를 깊이 있게 검토하면서 중세를 넘어선 근대적 요소들이 사회운영 원리로 적용되고 있는 것을 확인하였다.

연구자들은 근대의 핵심 지표인 '능력'이 조선사회에서 중시되는 현상을 주목하였다. 연구자들은 중세사회의 특징인 '혈통'에 입각한 귀속적 지위와 대비되는, '능력'을 기반으로 하는 성취적 지위가 조선사회의 운영에 주요 요소로 작용하는 모습을 주목하였다.

연구자들은 '능력'이 중시되는 모습을 우선 관원체제를 통해 파악하였다. 시험에 의해 관원을 선발하는 '과거제', 정기적으로 관원의 능력을 평가하는 '고과제', 친인척의 영향력을 제한하는 '상피제' 등 능력을 중시하는 현상들을 주목하였다. 연구자들은 이를 묶어 '관료제'로 정리하면서 조선근세론을 제시하였다.

연구자들은 조선근세론의 기초를 관료제로 마련하면서 그 영역을 신분제까지 확산시켰다. '능력'을 조선사회의 주요 운영 원리라고 해석하면서, 과거제를 능력에 의해 신분의 벽을 넘을 수 있는 신분 상승의 사다리로 이해하였다. 조선의 신분제를 그 경계가 견고하여 넘어설 수 없는 구조가 아니라, 능력으로 넘어갈 수 있는 구조로 이해하였다. 연구자들은 조선의 신분제를 중세의 신분제보다 더 열린 구조로 해석하면서 이를 '양천제론'[4]으로 정리하였다. 그러므로 '관료제론'과 '양천제론'을 근거로 조선근세론을 정립할 수 있었다.

조선시대 성격 논쟁

조선근세론이 그 영역을 신분제까지 넓히면서 조선중세론과의 충돌은 불가피하였다. 양천제론에서는 조선 초기에 지배신분이 없다고 주장하였다. 이에 비해 조선중세론에서는 중세적 신분제론인 '통설'을 통해 양반을 중세의 지배신분으로 설명하였다. 그러므로 양천제론은 통설과 정면으로 충돌하였다. 양천제론과 통설 간의 논쟁은 신분제에 관한 논쟁으로 시작되었으나, 이는 결국 조선시대의 성격에 관한 논쟁이었으므로 논쟁은 매우 심각하고 격렬하였다.

논쟁의 진행과정에서 조선근세론이 주도하였다. 양천제론은 '능력'이 중시되는 현상 주목하면서, 이를 바탕으로 신분을 설명하는 논리를 체계적으로 정리하였으므로 통설의 한계를 명료하게 지적하였다. 이에 비하여 통설은 전근대사회에서 신분과 계급은 중첩된다는 통념 위에서 신분제를 정리하였으므로 논리적으로 양천제론의 공격을 잘 방어하지 못하였다. 논쟁이 진행되면서 통설은 그 입지가 크게 흔들렸다.

보완된 조선근세론

논쟁을 통해 조선의 모습이 깊이 있게 이해되면서 조선은 중세적 모습과 근대적 모습이 공존하는 것으로 드러났다. 중세사회의 핵심 원리는 '혈통'에 의한 지배신분의 세습이었다. 혈통을 매개로 부모의 경제적, 정치적 지위가 아들과 손자에게 전달되었다. 통설에서는 이와 같은 요소들을 강조하면서 조선이 중세적 신분제를 가지고 있다고 주장하였다.

그런데 조선 사회는 능력에 입각한 성취도 중시하였다. 시험으로 관직을 주는 '과거제'나, 관원의 능력을 평가하는 '고과제' 등은 근대적 모습이었다. 그러므로 양천제론에서는 근대적 모습을 강조하였다.

논쟁에서는 조선근세론이 조선의 근대적 모습을 강조하면서 논쟁을 주도하였으나, 조선은 여전히 중세적 모습도 보여주고 있었다. 그러므로 조선에서 보이는 중세적 모습과 근대적 모습을 모두 포괄하는 전체적인 역사상을 설명하는 것이 주요 과제로 제기되었다.

그러므로 최근 연구에서는 '근세'에 대한 이해를 좀 더 심화시키면서 조선근세론을 보완하고 있다. 즉 근세를 전환시대로 해석하고 있다. 전환시대인 조선시대에는 중세적 모습과 근대적 모습이 공존할 수 있다고 해석하고 있다. 조선이 중세와 근대의 모습을 같이 공존시키고, 이를 제도화시킨 사회라고 주장하였다. 그러므로 이 책에서는 최신의 연구 경향을 따라 보완된 조선근세론의 입장에서 조선시대의 성격을 설명한다.

세계사의 추세

근세를 전환시대로 설정하는 동향은 세계사를 살펴보아도 비슷하게 나타나고 있다. 서양의 중세와 근대도 그 내적 구조가 질적으로 전혀 다른 사회였다. 수백 년을 지속하였던 중세사회가 하루아침에 근대사회로 전환하기 어려웠다. 그러므로 중세에서 근대로의 전환에 수백 년의 전환시대가 필요하였다. 따라서 전환시대에는 중세적 요소가 여전히 남아 있었고 새로운 근대적 요소도 나타나면서 중세와 근대가 중첩되는 전환시대의 모습을 보여주었다.

서양사에서 고전장원이 해체되어 순수장원[5]이 형성되고, 근세도

시가 만들어지면서 중세를 벗어나 근대를 향한 발걸음이 시작되었다. 그러므로 '혈통'에 의한 귀족이 18세기까지 그 지위를 유지하였으나, 이미 14세기경부터 '능력'으로 지위를 성취한 시민이 등장하면서, 양자가 공존하는 전환시대의 모습을 보여주었다. 따라서 서양사 연구자들은 이 시기를 별도로 구분해 'Early Modern'이라 칭하고 있다.

이러한 추세는 이웃 중국이나 일본에서도 동일하다. 중국에서는 늦어도 12세기 남송에서부터 강남지역의 농업경제력을 바탕으로 중세를 벗어나기 시작하였고, 일본에서는 17세기 에도막부에서부터 근세에 진입하였다고 주장하고 있다.

이러한 상황을 따라 최근 조선을 근세로 보는 조선근세론이 부각되고 있다. 우리 역사는 고려 말부터 근세로의 변화를 준비하였고, 조선 건국과 함께 근세에 진입했다고 주장되고 있다.

3. 이 책의 서술 방향

종합사적인 시대사 서술

이 책은 조선의 역사를 종합사적인 관점에서 설명하고 있다. 정치, 경제, 사회 등의 구조를 설명하고, 새시대를 열기 위한 구조변화가 어떻게 일어났는지를 설명하였다. 이러한 각각의 영역이 어떻게 다른 영역과 결합하여 영향을 주고받으면서 변화하였는지도 서술하였다. 이를 통해 조선의 본질을 종합적이고 동태적으로 이해할 수 있도록 하였다.

물론 조선을 근세로 보는 입장에서 서술되어 있다. 조선의 정치, 경제, 사회 등의 영역에서 어떻게 중세를 넘어 근세로 진입하였는지 그 변동을 설명하고, 물론 이러한 각 영역의 변화가 서로 어떻게 결합하면서 근세 조선을 만들었는가도 설명하였다.

근세로의 변화는 고려 말부터 시작하였다. 고려 말부터 시작된 변화는 결국 조선을 건국하도록 이끌었고, 조선은 이러한 발전적 변화를 사회제도 내에 정착시키면서 근세사회의 체제를 완비할 수 있었다. 그러므로 이 책에서는 고려 말부터 근세체제가 완비되는 조선 중기까지를 서술의 대상으로 하였다.

백성 중심의 서술

이 책은 백성의 관점에서 서술되고 있다. 조선시대에서 백성은 피지배층으로 역사의 주인은 아니었다. 그러나 조선에서 백성들은 이미 무기력한 존재가 아니었고, 역사를 변화시키는 주체로서 지속적으로 변화를 추구하였다. 그러므로 백성들은 항시 변화의 중심에 있었다.

따라서 백성의 관점에서 볼 때 조선의 변화와 발전과정을 가장 명료하게 볼 수 있다. 그러므로 이 책에서 백성들이 어떠한 개혁을 추진하였는지, 그리고 개혁을 통해 어떠한 지위를 확보하였는지 검토하였다. 백성들은 개혁을 통해 능동적으로 서로 소통하고 배려할 수 있는 지위를 점점 확대해가고 있었다.

백성들을 중심으로 서술하였지만, 왕과 대신들로 구성된 지배신분에 대해서도 배려하였다. 이들은 지배신분으로 조선 역사의 주인으로 모든 변화과정에서 이해당사자로서 참여하고 있었으므로 그들의 동향도 자세히 서술하였다.

5개의 키워드 중심 서술

저자는 조선의 변화과정을 5개의 키워드를 중심으로 서술하였다. 이념과 사상에서 ①천민론, 정치에서 ②공공통치와 ③공론정치, 경제에서 ④민생론, 신분과 사회에서 ⑤열린 사회 등의 5개 키워드를 중심으로 검토하였다.

이 키워드들은 백성들이 변화를 추진해간 방향을 제시하고 있고, 나아가 백성들이 성취한 지위도 압축적으로 보여주고 있다. 5개의 키워드들은 각기 다른 영역에서의 변화를 보여주고 있으므로 그 내용은 모두 다르나, 이들은 모두 유기적으로 연결되면서 같은 방향을 지향하고 있었다.

이 키워드들은 모두 새로운 시대를 지향하고 있었다. 그러므로 5개의 용어를 한 단어 '근세'로 압축할 수 있다. 조선의 백성들은 각 영역에서 확보한 지위를 바탕으로 역사 발전단계에서 근세의 지점에 다다르고 있었다.

물론 이 5개의 단어는 내적으로 '근대'적 요소들을 품고 있었다. 조선은 아직 중세적 요소들이 남아있어 근대에는 이르지 못하였으나, 내부에 품고 있는 근대적 요소들을 계속해서 키워가면서 근대를 준비해갔다.

1 '전지소유자'를 다른 책에서는 '지주'라고 부른다. 조선 전기에 지주는 주로 수령
  을 의미하였다.

2 모든 토지가 국가의 소유라는 주장이다.

3 분급제는 국가가 백성으로부터 세금을 받을 수 있는 권리를 관원에게 수조권으로
  나누어주었던 제도이다. 전시과 과전법 등이 그 예이다.

4 조선 전기에 신분은 양인과 천인만으로 구성되어 있다고 주장하고 있다. 양반과
  중인 등은 신분이 아니라 직업으로 해석하였다.

5 고전장원에서는 농노가 부역노동의 형태로 지대를 내면서 인신적 구속을 당하였
  다. 순수장원에서는 지대를 현물로 내거나 금납화하면서 농노가 인신적 지배를
  벗어날 수 있었다. 그러므로 고전장원에서 순수장원으로 변화하면서 농노 지위는
  상승하였다.

제1부
천민론

새국가의 꿈과 건설은
어떻게 진행되었는가?

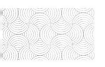

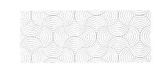

제1강

고려 말의 과제와 농민전쟁

1. 고려 말의 혼란

고려사회의 성격

고려는 중세적 특징을 가진 사회였다. 고려는 지방호족의 연합정권으로 출발하였다. 국가는 호족들을 중앙정치에 끌어들이면서 중앙집권체제를 갖추려 노력하였다. 그러나 결국 향촌의 지배를 향리에게 위임하면서 분권적 형태를 극복하지 못하였다.

고려의 정부가 중앙집권체제에 실패한 것은 기본적으로 고려사회의 낮은 생산력에 기인하였다. 물론 고려의 농업생산력은 서양 중세의 농업생산력과 비슷한 수준이었다. 서양 중세에서도 낮은 생산력으로 인해 분권적으로 국가를 운영하였다. 국가는 영주에게 지배권을 나누어주고 영주를 매개로 백성을 간접 지배하였다.

고려시대의 농업생산력은 낮아서 백성의 다수가 부세를 담당하기 어려운 미자립농이었다. 그러므로 국가는 군역 등 부세를 담당하기에 경제적으로 여유가 있는 계급을 정호(丁戶)로 편성하고, 경제적으로 어려운 계급을 백정(白丁)으로 편성하였다. 국가는 정호인 향리를 통해 백정을 관리하는 분권화된 정치체제를 형성하였다.

물론 고려는 직접적인 지배를 위하여 노력하였다. 중앙정치체제를 갖추고 수령을 파견하였다. 그러나 수령을 파견한 지방의 군현은 소수에 불과하였고, 다수의 지방에는 수령을 파견하지 못하였다. 그러므로 일원적인 지방 통치체계를 형성하지 못하여, 지방은 군, 현, 속군, 속현, 향, 소, 부곡 등 다양한 모습으로 누적적(累積的)으로 편제되었다.

국가는 간접지배를 허용하면서 향리를 지역 지배자로 인정하였다. 향리는 고려 초 호족이 지배하였던 연장선상에서 그 지위를 세습하면서 지방을 지배하였다. 향리는 국가로부터 관품을 부여받았고, 상응하는 수조권도 분배받았다. 향리는 국가에서 공인받은 지역의 지배자였다.

이러한 상황에서 지역의 각 단위는 지위가 동질하지 않았다. 그 지역단위에 속한 백성들의 지위 역시 균질하지 않으며 백성들이 지는 국가에 대한 의무도 균질하지 않았다. 따라서 백성들은 소속단위를 자유롭게 바꿀 수 없었고, 그 지역에 구속되어 자유롭지 못하였다.

국가의 재정도 일원화되어 있지 못하였다. 중앙의 각 부서는 직접 일정 지역을 장악하고, 수세를 받아 부서를 운영하는 경비를 충당하였다. 이러한 사정은 왕실도 예외가 아니었다. 왕실은 수백 개의 장처(莊處)를 직접 관리하면서 필요한 경비를 충당하였다. 그러므로 고려는 기본적으로 귀족에 의해 다스려졌던 서양의 중세와 유사한 분권적 지배구조를 가진 중세사회였다.

지배층의 확대와 갈등

고려의 낮은 농업생산력은 고려 중기까지 많이 늘어나지 못하였다. 그러나 지배신분은 늘어나고 있었다. 고려의 귀족은 중앙의 상급 귀족에서 지방의 향리인 하급귀족까지 그 수가 적지 않았다. 더욱이 시간이 흐르면서 상대적으로 좋은 환경 속에 있던 귀족들은 그 수가 더욱 확대되었다.

낮은 농업생산력으로 생산량이 한정된 사회에서 지배층의 증가는 지배층 상호 간의 갈등을 일으킬 수 있었다. 고려 중기의 혼란은 귀족 간의 갈등으로 시작되었다. 먼저 상급귀족인 문신 간의 갈등이 노출되었고, 상황이 혼란해지자 중급귀족인 무신이 상급귀족에게 도전하는 쿠데타도 일어났다.

이자겸의 난

고려 중기 귀족층 내의 갈등은 이자겸의 난이 일어나면서 표면화되었다. 이자겸은 1126년(인종 4)에 왕위를 찬탈하고자 반란을 일으켰다. 이자겸의 세력과 이자겸을 견제하고자 하는 세력 간의 갈등이 원인이 되었다.

고려 초기 이래 인주이씨는 가장 세력이 강대한 귀족이었다. 그들은 문종 이후 왕실과 중복되는 혼인 관계를 맺어 왔고, 이자겸 때에 와서 세력의 절정기를 맞았다. 이자겸은 예종에게 딸을 결혼시켜 인척이 되었고, 그 딸이 낳은 인종이 왕에 즉위하면서 정치적 주도권을 잡았다.

이자겸은 척준경과 결탁하여 무력 기반을 확보하고, 측근들을 요직에 배치하여 권력을 장악하면서 중앙귀족 내의 갈등을 일으켰다. 이자겸은 집권 초기부터 자신을 반대하는 문신과 무신을 제거하고, 유배시키면서 주도권을 장악하였다.

이자겸의 세력이 권력을 장악하고 경제적 비리를 저지르면서 갈등을 일으키자 반대 세력도 인종을 중심으로 결집하였다. 인종은 측근을 동원하여 이자겸 세력을 제거하고자 하였다.

그러나 이자겸은 척준경을 동원하여 반대 세력을 제거하고 왕까지 연금하여 위세를 떨치면서 오히려 왕위까지 넘보았다. 이에 왕은 측근인 최사전의 계략에 따라 이자겸과 틈이 생긴 척준경을 회유하였고, 척준경의 도움을 받아 이자겸을 유배시키고 난을 수습하였다.

이자겸의 난은 이자겸이 정치적 주도권을 가지고 경제적 이권을 독점하자 그에 반발한 귀족들이 저항하면서 나타난 갈등이었다. 이자겸의 난으로 귀족층 내의 갈등과 분열이 밖으로 표출되면서 귀족 사회는 크게 동요하게 되었다.

묘청의 난

이자겸의 난 이후 정치권에서는 김부식을 중심으로 하는 개경 출신 귀족들과 정지상, 묘청을 중심으로 하는 서경 출신 귀족들 사이의 갈등이 부각되었다.

묘청은 고려가 어려움을 겪게 된 것은 개경의 지덕(地德)이 쇠약한 때문이라고 역설하였다. 나라를 중흥시키고 국운을 융성하게 하려면 지덕이 왕성한 서경으로 수도를 옮겨야 한다고 주장하였다. 이에 인종과 정지상 등 많은 귀족들이 지지하자 서경으로의 천도가 추진되었다. 그러나 김부식 등 개경의 귀족들은 서경천도 계획에 반대하였고, 묘청 일파를 적극 배척하여 인종이 서경천도 계획을 포기하도록 유도하였다.

서경천도 운동이 실패하자 묘청 일파는 1135년(인종 13) 서경을 거점으로 반란을 일으켰다. 정부는 김부식에게 반란 진압의 책임을 맡겼고, 반란군은 1년 넘게 항전을 계속했으나 결국 진압되면서 난은 실패하였다. 묘청의 난 이후 귀족 간의 정치경제적 갈등은 심화되면서 고려사회는 더욱 혼란해졌다.

무신의 난

문신 귀족 사이의 갈등이 증폭되고 난까지 거듭 일어나자 문신 중심 체제에 대한 중급귀족인 무신의 저항도 일어났다. 문신귀족들은 문신 지배체제를 강화하면서 무신 이하의 백성들의 이해관계를 배려하지 못하였다. 문신 내의 갈등이 확대되면서 이러한 경향은 더욱 강화되었다.

문신 귀족체제가 강화됨에 따라 무신에 대해 대우가 상대적으로 악화하였고, 심지어 무신 경시 풍조까지 나타났다. 중하급 문신이 최상위 무신인 상장군 정중부의 수염을 태우는 일도 발생하였다. 이에 정중부를 중심으로 하는 무신들은 왕의 호위군을 동원하여 1170년(의종 24) 난을 일으켰다. 무신은 군인을 동원하여 문신들과 환관들을 살해하고, 왕과 태자를 유배시키면서 권력을 장악하였다.

무신들은 난을 일으켜 권력을 장악하였지만 조위총 등 문신들이 저항하였고, 무신 내의 권력투쟁도 치열하였다. 투쟁과정에서 정중부, 경대승, 이의민 등이 차례로 권력을 잡았다. 특히 이의민은 천인 출신으로 무신란에 공을 세우면서 관직에 올랐고, 급기야 최고 권력까지 잡았다. 짧은 기간 안에 권력이 빈번하게 교체되면서 혼란이 극심하였다. 정국의 안정은 최충헌이 이의민을 제거하고 권력을 잡으면서 가능해졌다. 최충헌은 권력을 장악하고 정국을 안정시켜 장기 집권체제를 구축하였다.

무신의 난은 중급귀족인 무신이 상급귀족인 문신에 대하여 저항하면서 일어났다. 이와 같은 중급귀족의 저항은 단순히 차대를 받는다고 해서 나타날 수 있는 것은 아니었다. 이자겸의 난이나 묘청의 난 등 문신 간의 갈등이 극대화되면서 무신이 저항할 수 있는 여건이 이미 조성되고 있었다. 고려의 근간이 되는 질서가 흔들리고 있었다.

이와 같이 문신의 난에 이어서 무신의 난이 일어나고, 정권을 장악하기 위한 투쟁이 심화되면서 백성들의 안정적 생활기반은 더욱 심각하게 위협받게 되었다.

2. 농민전쟁

백성의 저항과 농민전쟁

문신 귀족의 난이 일어나고, 무신들까지 문신 귀족에 반발하는 난을 일으키는 대혼란이 일어나자 가장 큰 피해자는 백성들이었다.

귀족들이 권력과 재화를 장악하기 위한 투쟁을 하는 와중에 백성들의 어려움을 돌아보지 못하였다. 귀족들의 정쟁 속에서 백성들에 대한 수탈이 가중되었고, 무신이 집권하면서도 이러한 상황은 개선되지 못하였다.

더구나 고려 말부터 자연재해가 빈번해지면서 어려움이 가중되었다. 자연재해로 기근과 전염병까지 만연하자 백성들은 정상적인 삶을 지탱하기 어려웠다.

이러한 어려운 상황에서 백성들은 이를 극복하기 위한 돌파구를 찾기 시작하였다. 백성들은 먼저 소극적인 저항을 하였다. 국가의 과도한 조세수취를 감당하기 어렵게 되자 지역을 벗어나 유망(流亡)하면서 소극적으로 국가와 정권에 저항하였다. 그러나 이러한 소극적 저항이 충분하지 않자 백성들은 좀 더 적극적으로 저항하였다. 유망한 백성들은 무리를 지어 조직적으로 저항하기 시작하였다. 급기야 무장을 하고 정권에 대항하여 봉기하였다.

이러한 무장봉기에 모든 백성들이 참여하였으며 천인도 예외는 아니었다. 전주에서는 병사와 천인들이 합세하여 난을 일으켰고, 공주에서는 명학소의 천인들이 주도적으로 난을 일으켰다.

크고 작은 난이 빈번하게 일어나면서 규모도 확대되었다. 규모가 큰 난의 경우에 참가한 백성이 수만 명에 이르기도 하였다. 백성들이 주요 지역을 점거하여 기세를 높이는 경우도 적지 않았다. 1176년에 공주의 백성들이 난을 일으켜 공주를 점령한 후 개경으로 북진하였다. 1182년 전주의 백성들이 난을 일으켜 전주를 점령하였고, 수도인 개경을 향하여 북진하였다. 백성들이 지역을 장악하고 이어 수도인 개경으로 북진하였다는 것은 농민 봉기가 민란의 단계를 넘어 전쟁 단계로 진입하고 있었음을 보여준다.

농민전쟁의 지향

농민 봉기는 백성들이 정상적인 삶을 회복하고자 하는 현실 문제의 해결을 위해 시작하였다. 그러나 시간이 가면서 백성들은 현실의 문제를 해결하는 것이 간단하지 않다는 것을 분명하게 인식하게 되었다. 그들은 그 원인이 수탈하는 귀족 개인의 문제가 아니라 체제의 문제라는 인식을 하게 되었다. 급기야 국가와 지배세력에 대한 개혁이 없으면 해결할 수 없다는 인식에까지 이르렀다.

최충헌의 노비였던 만적은 "장군과 재상이 원래 씨가 따로 있는가?"라고 의문을 제기하고, "종의 문서를 불태워버리고 이 나라에서 다시는 천인이 없게 만들면 공경과 장상을 우리들이 할 수 있다"라고 주장하였다. 만적은 백성들의 어려운 상황을 타개하기 위해 신분 해방은 물론 정권을 장악하는 것이 필요함을 분명하게 인식하고 있었다.

백성들은 신분의 해방과 권력의 장악을 위해 고려를 대신할 새로운 세상을 건설하는 일까지 추진하였다. 신라의 부흥을 주장한 김사미의 난(1202년), 고구려의 부흥을 주장한 최광수의 난(1217년), 백제의 부흥을 주장한 이연년의 난(1237년) 등은 고려를 대신할 새국가의 건설을 계획하였다. 고려를 대신할 국가로 고구려, 신라, 백제 등을 주장한 것은 복고적이고 지역적인 한계를 가지고 있었다. 그러나 고려의 체제 안에서 자신들의 문제가 해결되기 어렵다는 것을 백성들은 분명히 인식하고 있었다.

백성들이 새국가의 건설을 요청했지만 자료의 부족으로 구체적인 모습이 어떠하였는지 확인하기 어렵다. 다만 귀족의 다툼 속에서 국가의 관리체계가 무너지고, 지배층의 수탈이 무한히 자행되는 상황을 경험하면서 백성들은 합리적 통치를 수행하는 새로운 국가와 정부를 꿈꾸었을 것이다.

즉 백성들은 자신들의 생존을 보호할 수 있는 새로운 국가를 요구하였다. 백성들이 지향한 사회는 귀족이 없는 사회였을 것이다. 그렇지 못하더라도 귀족의 특권을 규제하여 무제한의 수탈을 막을 수 있는 체제를 기대하였을 것이다. 즉 백성들은 지배층의 사적 지배[1]를 규제하고 공공통치를 실현하는 국가의 건설을 기대하였다.

이러한 백성들의 혁명적 봉기는 무인정권이 안정되고, 몽고가 침입하면서 무산되었다. 최충헌은 정권을 안정적으로 장악하면서 백성의 저항을 강력하게 탄압하였다. 백성들은 무신정권의 강압 위에, 몽고가 침공하여 민족 존망이 위태하게 전개되자 자신들의 꿈을 이루기 위한 저항을 유보하였다. 외적의 침입 속에서 백성들은 저항의 우선순위를 바꾸어 정부군과 연합하여 맹렬하게 몽고에 항쟁하였다.

내외의 급변하는 상황에서 백성들은 새로운 세상을 이루고자 노력하였으나 쉽지 않았다. 백성들의 노력은 실패로 돌아갔다. 백성들은 비록 실패했지만 개혁의 목표에 대한 보다 선명한 모습을 정립할 수 있었다. 또한 힘을 결집하는 과정에서 어느 정도 자신들의 힘도 확인하였다. 그러므로 새로운 사회에 대한 보다 구체적인 이해와 자신들

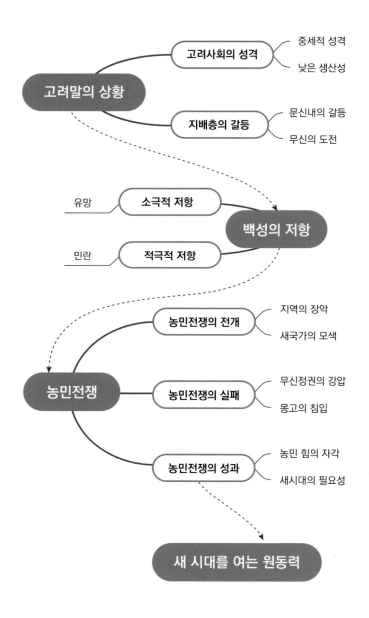

고려말의 상황

고려사회의 성격
　중세적 성격
　낮은 생산성

지배층의 갈등
　문신내의 갈등
　무신의 도전

백성의 저항

소극적 저항　유망

적극적 저항　민란

농민전쟁

농민전쟁의 전개
　지역의 장악
　새국가의 모색

농민전쟁의 실패
　무신정권의 강압
　몽고의 침입

농민전쟁의 성과
　농민 힘의 자각
　새시대의 필요성

새 시대를 여는 원동력

의 힘에 대한 자각은 다음 시대를 열어가는 원동력이 될 수 있었다.

만적의 선언

사동(私僮) 만 적 등 6명이 북산에서 땔나무를 하다가, 공사(公私)의 노예들을 불러 모아서는 모의하며 말하기를, "국가에서 경인년(1170)과 계사년(1173) 이래로 높은 관직도 천예(賤隷)에서 많이 나왔으니, 장상(將相)에 어찌 타고난 씨가 있겠는가? 때가 되면 누구나 차지할 수 있는 것이다. 우리들이라고 어찌 뼈 빠지게 일만 하면서 채찍 아래에서 고통만 당하겠는가?"라고 하였다. 여러 노(奴)들이 모두 그렇다고 하였다. (중간 생략) "우리가 흥국사 회랑에서 구정(毬庭)까지 한꺼번에 집결하여 북을 치고 고함을 치면, 궁궐 안의 환관들이 모두 호응할 것이며, 관노는 궁궐 안에서 나쁜 놈들을 죽일 것이다. 우리가 성 안에서 벌떼처럼 일어나, 먼저 최충헌을 죽인 뒤 각기 자신의 주인을 죽이고 천적(賤籍)을 불태워 그리하여 삼한에서 천인을 없애면, 공경장상(公卿將相)이라도 우리가 모두 할 수 있을 것이다"라고 하였다.[2]

농민전쟁이 진행되는 가운데, 노비 만적은 공경과 장상을 누구나할 수 있다고 제시하였다. 이는 만인평등 사상을 주장한 것이다. 이러한 주장은 계속적으로 유지되었는데, 고려 말 주자학자들은 이러한 사상을 발전시켜 "사람의 본래의 지위는 모두 같다"라고 주장하는 '천민론'을 정립하였다. 천민론은 근세 조선을 운영하는 중요한 이념으로작용하였다.

서양 중세 농민전쟁의 성격

고려 말 농민전쟁은 실패하였으나 결국 근세를 여는데 큰 자극이 되었다. 이는 비슷한 시기에 일어난 유럽의 농민전쟁과 비교가 된다. 유럽도 농민전쟁 이후 근세로 진입하였기 때문이다. 14세기 유럽은 페스트로 인하여 큰 타격을 입으면서 경작할 수 있는 농민이 부족한 상황에 이르렀다. 노동력이 부족한 상황이 전개되면서 농민들의 지위는 상승하였다. 농민들은 그 지위를 더욱 상승시키기 위해 영주들과 대립하면서 예속적으로 운영되는 노동지대를 현물지대로 바꾸고, 지대도 인하하고자 노력하였다.

이러한 저항에 부딪히면서 영주들은 부역노동에 의해 운영하였던 고전장원(古典莊園)을 해체하고, 생산물지대를 받는 순수장원(純粹莊園)으로 이행하기도 하였다. 그러나 일부 영주들은 오히려 고전장원의 해체를 위기로 인식하고, 봉건반동(封建反動)을 강화하여 지대를 높여 농민과의 갈등을 가중시켰다. 이에 농민들은 무력으로 영주의 폭압에 대응하였다. 농민전쟁에 농민만이 아니라 같은 폭압을 받은 도시 시민들도 함께 연합하여 참여하였다.

농민전쟁은 14세기에서 16세기에 걸쳐 프랑스, 독일, 영국 등 유럽 전역에서 일어났는데, 농민전쟁은 주로 농민의 지위가 높아지면서 경제적으로도 앞서가던 지역에서 일어났다.

농민전쟁들은 대부분 실패하였다. 전쟁을 준비하는 과정이나 진행하는 과정이 체계적이고 조직적이지 못하였기 때문이었다. 그러나 농민전쟁은 결국 농민의 지위를 상승시키는데 기여하였으며, 새로운 시대를 여는 자극제가 되었다.

| 미 주 |

1　사적 지배는 지배자 개인의 자의적인 뜻에 따르는 지배로, 법에 입각한 공공통치
　　와 대비된다.

2　『고려사』 권129, 열전42, 반역, 최충헌.

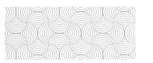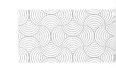

제2강
농업생산력의 향상과 인구의 증가

1. 농업생산력의 향상

백성의 자구 노력

자원의 부족으로 지배층 간의 갈등이 심화되고 무분별한 지배층의 수탈이 자행되자 백성들은 치열하게 지배층에 저항하면서, 새로운 국가 건설에 대한 꿈을 꾸었다.

그러나 이러한 투쟁은 순조롭게 성공하지 못하였다. 이에 백성들은 생존을 위한 자구 노력을 추진하였다. 백성들은 우선 자신들의 경제적 형편을 개혁하기 위하여 노력하였다. 개간 등을 통해 농지를 확대하고, 생산과정을 개선하여 농업생산력을 높이고자 노력하였다.

고려의 휴한농법

농경은 신석기 후반에서부터 시작되었다. 인류는 화전으로 시작한 농경방식을 개선하여 농업생산력을 계속 늘려왔다. 농작물은 전지의 영양소를 흡수하면서 성장하였다. 전지의 영양소인 지력(地力)은 농작물을 생산하면서 소실되어 갔다. 그러므로 지력의 회복을 위해 경작지를 쉬게 하는 것이 필요하였다. 농업기술이 발전하면서 부정기적으로 휴식을 하는 휴경농법의 단계를 거쳐 정기적으로 휴식을 하는 휴한농법의 단계로 발전하였다.

고려의 농경방식은 1년을 경작한 이후에 1년 혹은 2년의 휴식을 시행하는 휴한농법이었다. 휴한농법은 고려뿐 아니라 중세의 보편적 경작 방식이었다. 우리가 잘 아는 서양 중세의 삼포제도 휴한농법의 하나였다.

고려의 농업은 주로 밭농사였다. 논농사도 없지는 않았으나 그 비율이 낮았다. 논농사가 활성화된 것은 조선에 들어서 가능하였다. 고려의 농민들은 주로 휴한농법에 의해 밭을 경작하였다. 휴한농법 하에서 고려 백성들의 농업생산력은 낮을 수밖에 없었고, 백성들의 생활은 여유를 가지기 어려웠다. 여기에 지배층의 수탈까지 겹치면서 농민들의 생존은 어렵게 되었다.

휴한농법의 극복

백성들은 농업생산력을 높이기 위해 휴한농법을 극복하려 노력하였다. 휴한농법을 극복하기 위해서는 경작지의 지력을 회복시킬 수 있는 방법을 개발하는 것이 필요하였다. 백성들은 지력을 회복시키기 위해 거름을 확보하고, 이를 전지에 뿌려 전지에 영양분을 공급하고자 하였다.

이를 시행하기 위해서는 여러 가지 세부적인 과제들을 해결해야 하였다. 거름을 준다고 하여도 남는 문제가 있었다. 잡초가 무성하여 거름의 영양분을 흡수한다면 그 효과가 작을 수밖에 없었다.

이미 고려에서도 전지에 거름주기를 시행하고 있었다. 그러나 잡초의 제거가 쉽지 않았으므로 씨앗의 주위에만 거름을 뿌려주는 분종(糞種)의 방식으로 제한적 시비를 시행하였다. 그러므로 거름의 효과를 극대화하기 위해 잡초를 제거해주는 제초과정이 필요하였다. 이를 쉽게 수행하기 위해 적절한 농기구를 개발하는 것도 필요하였다.

농기구의 개량

휴한농법을 극복하기 위해 잡초 제거 방식을 개선하는 것이 필요하였다. 이에 백성들이 먼저 주목한 것은 잡초를 쉽게 제거할 수 있는 농기구를 개량하는 일이었다.

백성들은 호미나 보습 등 제초를 위한 농기구들을 개량하였다. 호미는 제초를 위한 가장 기초적인 농기구였다. 제초의 필요성이 높아지면서 다양한 모양의 호미를 개량하였다. 호미의 기본 모습은 유지되었지만, 기후와 토질 그리고 재배하는 곡물에 따라 가장 효율적인 모습을 찾아 호미를 최적화하는 것이 필요하였다. 그러므로 최적의 효과를 낼 수 있는 다양한 호미를 지역과 재배하는 곡식의 종류에 따라 개량하였다.

가장 주목되는 것은 보습의 개량이었다. 보습은 쟁기에 부착하여 땅을 깊게 파는 농기구였다. 보습을 쟁기에 달고, 쟁기를 사람이나 가축이 끌게 하여 땅을 깊게 뒤집을 수 있었다. 쟁기로 땅을 깊게 갈아 뒤집으면서 땅속 깊이에 있는 지력을 이용할 수 있었고, 잡초의

호미의 분포도 지역에 따라 토질과 강수량이 달랐으므로 다양한 호미가 사용되었다. 물론 기르는 곡종에 따라서도 호미의 모양은 달라졌다.

출처: 농업박물관, 서울.

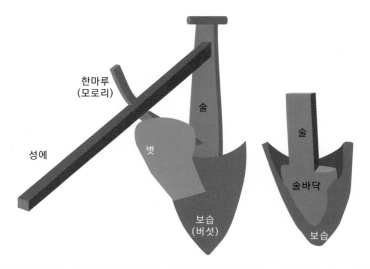

쟁기 부위의 명칭 쟁기의 한쪽에 볏을 붙이면서 좀 더 깊이 땅을 일굴 수 있게 되었다. 이는 생산력의 증진으로 연결되었다.

출처: 『한국토지농산조사보고』 농촌진흥청 2009.

깊은 뿌리를 제거할 수 있게 되어 농업생산력이 증진되었다.

보습의 초기적인 모습은 이미 신석기 시대부터 확인된다. 고려 말 백성들은 보습을 개량하여 땅을 더욱 깊이 뒤집을 수 있도록 하였다. 즉 흙을 깊게 뒤집을 수 있도록 보습 옆에 날개 모양의 반전판인 볏을 달았다. 볏은 보습으로 퍼 올린 흙을 옆으로 회전시켜, 퍼 올린 흙을 쉽게 밖으로 배출할 수 있도록 작용하였다. 그 결과 볏 달린 보습은 흙을 쉽게 밖으로 떨어버리면서 보습이 받는 흙의 저항을 최소화하여 보습의 기능을 더욱 높일 수 있었다.

백성들은 볏 달린 보습을 이용하여 땅을 더욱 깊이 갈 수 있었고, 제초의 효과도 높일 수 있었다. 이와 같이 호미와 보습 등으로 잡초를 쉽게 제거할 수 있게 되면서, 농작물들이 거름의 효과를 충분히 받게 되어 농업생산량은 더욱 늘어날 수 있었다.

거름의 확보

농기구의 개량으로 잡초의 제거가 쉬워지면서 백성들은 거름을 충분히 확보하는 것에도 관심을 기울였다. 이전에는 잡초의 제거가 쉽지 않아서 전지에 충분한 거름주기를 할 수 없었다. 그러므로 거름이 많이 필요하지 않았다. 잡초의 제거가 쉬워지면서 경작지에 전면 시비하는 분전(糞田)의 방식을 도입할 수 있었다. 이에 따라 거름의 충분한 확보가 필요하였다.

이전에는 거름으로 가축의 분뇨나 초목을 태우고 남은 재 등을 사용하였다. 거름의 적극적인 확보가 필요하게 되면서 다양한 재료를 거름으로 사용하였다. 가장 주목되는 것은 인분(人糞)을 거름으로 사용하기 시작한 것이었다. 인분은 쉽게 많은 양을 확보할 수 있었다. 인분을 낙엽이나 볏짚 등을 부숙시킨 퇴비와 함께 혼합하여 사용하면서 양질의 거름의 양을 늘릴 수 있었다. 거름을 확보하면서 경작지에 전면 시비할 수 있었고, 이는 농업생산력을 높이는데 크게 도움이 되었다.

상경의 시행

농업기술이 발전하면서 매년 농사를 지을 수 있는 상경(常耕)이 가능해졌다. 1년 이상 쉬는 휴한농법을 극복하면서 농업생산력은 당연히 증가하였다. 물론 이러한 변화는 시간을 가지고 서서히 진행되었다. 고려 말부터 시작된 변화는 기술이 전국적으로 전파되면서 조선 초기까지 이어졌다.

상경으로 인한 농업생산력의 향상은 얼마나 되었을까? 농업생산력은 전지의 비옥도에 따라 그 소출량에 편차가 심하였으므로 일률적으로 말하기는 쉽지 않다. 연구에 의하면 이전과 비교하면 단위면적당 생산력이 수배에 달하였다. 고려 전기에는 1결당 소출이 6석에서 11석 정도로 추정되고 있다. 조선 초기의 기록에 의하면 1결당 소출이 50~60석을 넘는 곳도 있었고, 적어도 20~30석에 달하였다. 그러므로 고려 말에서 조선 초에 걸친 농업생산력의 향상은 약 4~5배에 이르는 매우 획기적이었다. 생산력의 향상으로 나타난 변화는 각 영역에 영향을 주면서 사회체제 전반에 변화를 줄 수밖에 없었다.

농업기술과 강남농법

고려 말 농업기술의 발전은 백성들의 노력에 따른 결과였다. 정치사회적 혼란 속에서 백성들은 생존을 위하여 농업기술 개발에 집중적인 노력을 기울였다. 그러나 이러한 중요한 기술을 고려 자체적인 노력만으로 성취할 수 있었을까? 최근 연구에서는 외국으로부터의 영향도 고려하고 있다.

당시 동아시아 상황을 살펴보면, 상경으로의 변화는 농업의 선진 지역인 중국에서도 일어나고 있었다. 중국은 남송대에 강남지방에서 논농사를 중심으로 집약적인 농업기술을 개발하였다. 흔히 강남농법이라 불리는 새로운 농업기술로, 이로 인해 중국은 연작상경을 이루었고, 단위면적당 생산력도 상승시켰다.

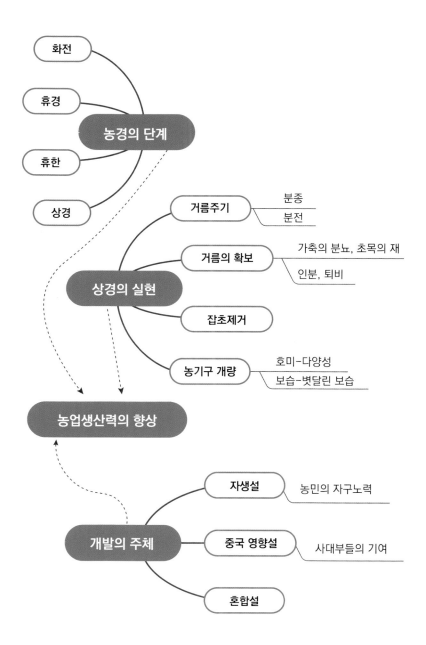

고려 말 신진사대부들은 남송대의 농업개혁을 잘 알고 있었다. 사대부들은 중국의 농업기술의 변화에 주목할 수밖에 없었고, 선진 농업기술을 자연스럽게 도입하여 우리 농업의 변화에 이용하였다. 즉 우리 백성들은 고려 말의 상황을 극복하기 위하여 노력하였고, 지식인이었던 신진사대부들도 중국 강남농법의 기술을 적극적으로 전달하였을 것이다. 즉 이러한 노력이 모이면서 농업기술이 발전하여 상경을 가능케 하였다.

2. 인구의 증가

의약의 발전

상경으로 농업생산력이 늘어 경제 형편이 좋아지면서 인구도 늘어나게 되었다. 경제력 증진으로 백성들의 영양 상태가 좋아졌고, 질병의 관리에도 관심이 높아졌다.

질병 관리를 위해 의술에도 관심을 기울였다. 특히 약재의 개발에 관한 관심이 높아졌다. 약재는 주로 중국에서 수입되는 '당약(唐藥)'이었으므로 백성들이 이용하기에 너무 비쌌다. 백성들이 혜택을 받기 위해 토산 약재의 개발이 필요하였다. 따라서 토산 약재인 '향약(鄕藥)'에 대한 연구도 진행되었다. 향약에 관한 관심이 높아지면서, 그러한 연구 성과로 의약서인 『향약구급방』(1236년)을 발행할 수 있었다. 이후에도 이러한 노력이 지속되면서 향약에 관한 연구가 활성화되었는데, 조선조 세종대 『향약집성방』(1433년)은 그러한 성과를 집대

성한 것이었다.

의학서에는 민간에서 쉽게 구할 수 있는 약재인 향약을 기록하였을 뿐 아니라 다양한 병에 대한 처방문을 기록하였다. 그러므로 백성들은 질환의 관리에 도움을 받을 수 있었다. 특히 소아(小兒) 질환에도 관심을 가지고 연구하면서 유아 사망이 크게 줄었다. 백성의 평균 수명에 유아 사망이 큰 영향력을 미쳤으므로, 이는 백성들의 평균 수명 상승에도 도움이 되었다.

이러한 결과 고려 말의 인구는 많이 늘어났다. 고려의 인구는 300만 정도로 추산되었는데, 조선 초기에는 500만 정도로 급증하였다. 16세기 말에 조선의 인구는 1000만에 육박하게 되었다.

새 시대의 준비

인구가 늘어 노동력이 크게 확대되면서 경작지의 개간에도 힘쓰게 되었다. 산비탈이나 저습지, 해안가 등을 개간하여 농지를 늘리면서 고려 말 경제적 수준이 더욱 향상될 수 있었다.

농업생산력의 향상과 인구의 증가는 사회를 크게 변화시키는 원동력이 될 수 있었다. 즉 농업생산력이 늘어나면서 먼저 경제에 영향을 주었고, 경제의 변화는 사회의 각 부분에 영향을 주어 상응한 변화를 일으켰다.

경제, 사회, 정치의 변화는 결과적으로 고려가 중세사회를 벗어나 새로운 시대에 진입할 수 있는 원동력으로 작용할 수 있었다. 백성들은 생산력의 증진을 기반으로 농민전쟁을 통하여 성취하지 못한 새로운 국가에 대한 꿈을 조금씩 실현해갔다.

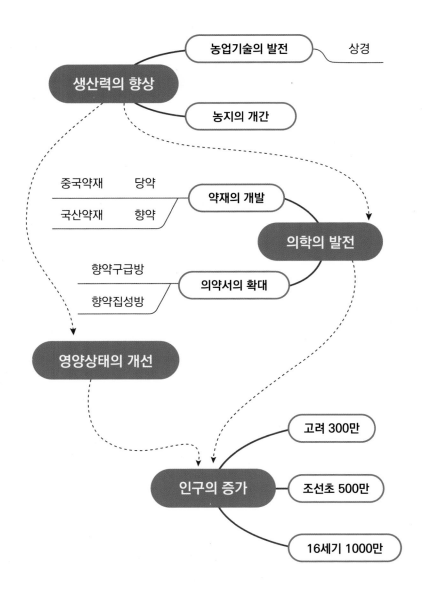

생산력의 향상
농업기술의 발전 — 상경
농지의 개간

중국약재 — 당약
국산약재 — 향약
약재의 개발

의학의 발전

향약구급방
향약집성방
의약서의 확대

영양상태의 개선

인구의 증가
고려 300만
조선초 500만
16세기 1000만

고려의 농업생산력

공전(公田)의 조(租)는 생산량의 4분의 1을 거둔다. 수전(水田) 상등(上等) 1결(結)의 조는 2석(石) 11두(斗) 2승(升) 5홉[合] 5작[勺]이며, 중등(中等) 1결의 조는 2석 11두 2승 5홉, 하등(下等) 1결의 조는 1석 11두 2승 5홉이다. 한전(旱田) 상등 1결의 조는 1석 12두 1승 2홉 5작, 중등 1결의 조는 1석 10두 6승 2홉 5작, 하등 1결에 대해서는 누락되어 있다.[1]

이 기록에 의하면 고려 상등전의 경우 1결의 소출은 (2석 11두 2승 5홉 5작)x4였으므로 8석 44두 8승 20홉 20작이었다. 이를 환산하면 약 11석이 되었다.

조선의 농업생산력

경상 전라도와 같은 연해 지대의 논에는 1, 2두의 볍씨를 뿌리면 그 소출이 10석이 달하여, 1결의 소출이 많으면 5, 60석을 넘고 적어도 2, 30석을 내려가지 않으며 밭도 역시 아주 비옥하여 소출이 매우 많은 데 반하여 경기 강원도와 같은 산을 의지해 이루어진 고을들은 비록 1, 2석의 볍씨를 뿌린다 해도 소출이 5, 6석에 불과하오니, 일률적으로 조세를 거둘 수 없다는 것은 명백한 사실입니다.[2]

경상도, 전라도 등의 비옥한 지역에서는 1결의 소출이 50~60석에 이르렀고, 척박한 지역도 20~30석에 이르렀다.

서양 중세 농업생산력

서양 중세의 농업생산력은 어떠하였을까? 우리의 중세인 고려와 비교할 때 어떠한 수준이었을까? 서양에서는 주로 파종량에 비하여 수확량이 어떠하였는가를 기준으로 생산력을 측정하였다.

서양도 그 생산력은 토질에 영향을 받았으므로 지역에 따라 편차가 심하였다. 14~15세기를 기준으로 하여 파종량과 비교하면 수확량은 유럽의 전체 평균이 5배 정도로 추정되지만, 선진 지역에서는 15배 정도에 이르는 지역도 있었다.(『서유럽농업사』 베르나르트 슬리허 반 바트, 이기영 역, 까치 1999)

조선에서는 앞에서 살핀 세종대의 자료에 의하면 경상, 전라도는 1, 2두를 뿌리면 수확이 10석에 달한다는 기록이 있어 파종량과 비교하면 수확량이 75배에서 150배에 이르렀는데, 강원도의 산간지역의 경우는 1, 2석을 파종하면 5~6석이 생산된다고 이야기하고 있어 지역 간의 편차는 매우 컸다.

그러므로 조선의 농업생산력을 서양 중세에 비교하기는 쉽지 않다. 그러나 서양 중세의 농업 선진 지역과 조선의 농업 선진 지역을 비교하면 최소 5배 이상의 생산력 차이는 있었던 것으로 추정된다. 이러한 차이는 조선의 농업생산력이 고려의 농업생산력과 4~5배 차이가 있다는 것을 고려한다면, 고려의 농업생산력이 서양 중세의 농업생산력과 거의 비슷한 수준이었다고 추정할 수 있다.

향약집성방

1433년(세종 15)에 간행된 향약에 관한 의약서로 85권 30책의 방대한 책이다. 세종은 우리나라 사람의 질병을 치료하는 데는 우리나라 풍토에 적합하고 우리나라에서 생산되는 약재가 더 효과적일 것이라는 생각으로 향약방을 종합 수집한 『향약집성방』을 편찬하였다.

내과 및 전염병, 외과, 이비인후과, 안과, 산부인과, 소아과 및 치과 등에 이르는 임상 각 과가 거의 망라되어 있어 종합된 의방서로서 넓은 범위에 걸쳐 자세히 서술하였다.

이 책은 중국의 의약서 160여 종과 우리 의약서를 참조하였다. 우리 의약서로 『삼화자향약방(三和子鄕藥方)』, 『본조경험방(本朝經驗方)』, 『향약구급방(鄕藥救急方)』, 『향약혜민방(鄕藥惠民方)』, 『향약간이방(鄕藥簡易方)』, 『어의촬요방(御醫撮要方)』, 『동인경험방(東人經驗方)』, 『향약고방(鄕藥古方)』, 『제중립효방(濟衆立效方)』 등을 참고하였다. 이러한 의약서는 향약을 보급하고자 하는 연구가 그간 꾸준히 되었음을 보여준다.

이 책을 편집하기 위해 국내에서 생산되는 향약을 당약과 비교하는 연구를 추진하였고, 각 도 각 읍에 분포된 향약의 실태도 조사하였다. 이 책의 편성으로 조선은 향약의 의약체계를 정비할 수 있었다. (김두종 『한의학사』 탐구당 1966)

| 미 주 |

1 『고려사』 권78, 식화1, 전제.
2 『세종실록』 권49, 세종 12년 8월 무인.

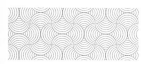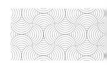

제3강
재야지식인의 확대와 주자학

1. 재야지식인의 형성

재야지식인

농업생산력이 늘자 작은 전지를 경작하면서도 국가의 의무를 감당할 수 있는 자립농이 늘어났다. 국가는 자립농이 늘어나자 이를 직접 지배하는 체제를 만들기 위해서 수령 파견을 확대하였다.

생산력이 늘어나는 변화 속에서 자립농의 수준을 넘어서는 상위계층의 백성들도 늘어났다. 이들은 경제적 여유를 바탕으로 학문에 관심을 가지면서 재야지식인으로 성장하였다.

향리의 일부도 재야지식인에 합류하였다. 국가에서 수령의 파견을 확대하면서 향리들은 향촌을 다스리던 지위를 상실할 수밖에 없었다. 그러므로 그들은 보유하였던 경제력을 바탕으로 학문에 관심을 가지면서 자연스럽게 재야지식인에 합류할 수 있었다. 재야지식인이 늘어나면서 고려 말의 분위기는 달라지기 시작했다. 재야지식인들은 혼란해진 고려 말의 사회상황을 비판하고, 새로운 사회를 열수 있는 방안을 적극적으로 모색하게 되었다.

사림과 양반, 사대부

고려 말 재야지식인 계층이 형성되면서 이들을 부르는 칭호도 정비되었다. '사림'이라는 칭호가 그것이다. 사림이라는 용어는 사대부나 양반 등의 용어와 그 용례가 달랐다. 양반은 문무의 관원을 지칭하였고, 사대부는 사와 대부로 구성된 관원을 의미하였다. 이에 비하여 사림은 범위가 넓었다. 사림은 기본적으로 재야지식인을 의미하였으나 사림 중 과거를 통해 관직에 나아간 이들도 사림으로 부를 수 있었다.

신진사대부

고려 말의 혼란 속에서 녹봉조차 받기 어려운 상황이 전개되면서 개혁의 필요성을 느끼는 관원들이 늘어났다. 관직에 나아간 사림은 개혁의 필요성을 느끼는 관원들과 힘을 모았다. 그러므로 사림은 개혁의 필요성을 느끼는 사대부들과 함께 활동하면서 '신진사대부'로 불렸다.

사림이 중앙정치에서 활동하면서 정치의 상황이 달라졌다. 재야의 사림들은 정치에 대한 여론을 형성할 수 있었고, 신진사대부들은 이러한 여론에 힘입어 정치의 문제점을 지적하고, 개혁의 방안을 제시할 수 있었다. 따라서 사림은 고려 말의 폐단을 개혁하기 위한 새로운 개혁 세력으로 성장해나갔다.

2. 개혁 이념의 정비

새로운 이념의 필요

신진사대부들은 고려 말 혼란해진 공동체와 국가를 재건설하기 위해 개혁이념을 정립하기 시작하였다. 가장 기본적인 과제는 인간과 공동체에 대한 새로운 이해였다. 인간과 공동체에 대한 새로운 이해와 재해석 없이는 새시대를 여는 개혁안을 만들기 어려웠다.

사림은 고려 말 지배신분이 일으킨 혼란이 신분의 격차로 인한 것을 경험하면서, 이를 개혁하기 위해서는 이전보다는 평등한 인간관이 필요함을 인식하였다. 특히 사림은 지배신분이 아니었을 뿐 아니라 지배신분의 편입도 제한되는 상황이었으므로 자신들의 지위를 확보하기 위해서도 보다 평등한 인간관을 재정립할 필요가 있었다.

물론 사림은 공동체에 대한 인식도 새롭게 수립하고자 하였다. 보다 평등한 인간관에 입각하여 더불어 사는 공동체, 지배와 피지배의 관계하에 있는 공동체가 아니라 공존하는 자치적인 공동체의 모습을 모색하였다.

사림은 모색의 과정에서 신유학인 주자학을 만나게 되었다. 유학은 그 관심이 인간과 공동체에 있었다. 유학은 인간에 대한 깊은 이해를 바탕으로 공동체를 합리적으로 관리하고자 하였다. 주자학은 이러한 유학의 관심사를 변화하는 시대의 상황에 맞추어 심화시킨 학문이었다.

공자의 이상국가론

유학을 체계화한 공자는 '예(禮)'를 중심으로 이상국가론을 제시하였다. 공자의 사상은 『논어』에 잘 정리되어 있다. 그는 춘추시대의 혼란을 경험하면서 이러한 혼란을 해결하는 방안으로 '예'를 중심으로 사회의 질서를 재정비할 것을 제안하였다. 왕은 왕의 역할을 잘하고, 신하는 신하의 역할을 잘하고, 백성 역시 백성의 역할을 잘하는 사회를 이상적인 사회로 생각하였다.

공자는 춘추시대의 혼란 속에 살고 있었으나 여전히 주나라의 질서를 회복할 수 있다고 믿었다. 그러므로 주나라의 예법인 주례(周禮)를 복원하고 실현하면 이상정치가 이루어질 수 있다고 생각하였다.

맹자의 이상국가론

공자의 이상국가론을 재정비한 것이 맹자였다. 맹자는 공자가 죽은 후 약 100년 후에 태어나 전국시대의 대혼란을 경험하였다. 그는 대혼란 속에서 이미 이전의 질서로 돌아가는 것은 불가능하다고 생각하였다. 그러므로 새로운 시대를 열 수 있는 보다 적극적인 이상국가론의 정립이 필요하다고 생각하였다. 그러므로 그는 공자의 이상국가론을 적극적으로 재정비하였다.

맹자의 이상국가론은 백성의 지위를 새롭게 규정하는 것에서 출발하였다. 맹자는 백성의 지위를 하늘과 연결해서 정리하였다. 즉 백성을 천민(天民) 즉 '하늘의 백성'으로 규정하였다. 하늘이 백성을 만들었으므로 백성은 하늘의 백성이었고, 하늘의 속성을 따라서 선하게 태어났으며, 당연히 하늘의 뜻을 알 수 있는 존재라고 주장하였다.

이러한 생각은 매우 혁명적이었다. 이전부터 일반적으로 하늘을 지배층과 연관하여 생각하였다. 특히 왕은 하늘의 자손으로 미화되었고, 하늘과의 관계로부터 왕의 절대적 지위를 설명하였다. 하늘의 자손인 왕만이 하늘의 뜻을 알 수 있는 존재였으므로 왕은 하늘을 대신해서 백성을 지배할 수 있는 지위를 갖는다고 정당화하였다.

백성을 천민으로 정의하면서 백성과 왕의 관계를 이전과 다르게 해석하였다. 왕은 백성을 다스리도록 하늘이 부여한 천위(天位)를 받은 존재였으나 왕만이 하늘의 뜻을 아는 것이 아니라, 백성도 하늘의 뜻을 아는 존재로 이해하였다. 맹자는 한 걸음 더 나아가 백성의 생각이 하늘의 생각, 즉 인심이 천심이라고 주장하였다.

따라서 왕은 자기 뜻에 따라 임의로 백성을 통치해서는 안 되었다. 왕은 하늘의 뜻을 따라 백성을 통치하여야 하였다. 이것이 왕도정치이다. 왕이 하늘의 뜻에 따라 백성을 다스리지 아니하고 사사로운 마음으로 백성에게 피해를 주는 경우, 왕은 이미 하늘이 부여한 천위를 상실한 것으로 해석하였다. 천위를 상실한 왕은 이미 왕이 아니고 일부(一夫)[1]에 불과하였다. 맹자는 하늘의 뜻을 행하지 않는 왕은 일부에 불과하였으므로 백성들이 왕을 바꾸는 혁명까지 정당화하였다.

유학의 재발견, 주자학

맹자의 인간관과 정치관은 인간을 하늘의 백성으로 이해하면서 인간평등을 강조한 매우 진보적 사상이었다. 그러나 전국시대의 혼란을 수습하고 안정된 통일 왕조를 이룬 한나라와 당나라에서는 『맹자』의 이상국가론을 주목하지 않았다. 한당의 유학은 국가 체제 유지를 위한 이념으로 정리되면서 집권통치의 정당성을 부여하는 역할을 하였다. 그러므로 한당의 유학자들은 상하질서를 강조하면서 삼강(三綱)[2]의 질서를 중심으로 유교의 '예'를 재해석하였다.

중국은 송나라에 이르러 경제력이 크게 향상되었다. 특히 남송대에 이르러 강남지방을 중심으로 강남농법을 시행하면서 경제력이 크게 증진되었다. 이에 따라 백성의 사회경제적 지위 역시 크게 상승하였다. 특히 경제적 여유를 가지는 백성의 상위계층은 학문에 관심을 가지면서 지식인층으로 성장하였다. 이들은 자신들이 확보한 경제적 지위에 상응한 사회정치적 지위와 역할을 추구하였다. 이들은 자신들의 지위와 역할을 찾기 위해 인간과 공동체 그리고 나아가 국가를 새롭게 재해석하였다.

이들은 유학을 새로운 시각으로 검토하면서 새로운 해석을 시도하였고, 이러한 모색의 과정에서 신유학이 형성되었다. 신유학의 움직임은 이미 북송에서부터 나타났고, 남송의 주희가 이를 종합하면서 주자학으로 체계화하였다.

주희는 유학의 본질이 한당을 거치면서 변질되었다고 생각하였다. 새로운 인간관과 세계관을 공자와 맹자의 원시 유학에서 발견하였고, '사서(四書)'를 중심으로 유학을 재정비하였다. 공자와 맹자의 어록인『논어』와『맹자』를 핵심으로 하고, 여기에『대학』과『중용』[3]을 추가하였다. 사서의 중심은『논어』와『맹자』였으나 주자학자들은 새 시대의 영감을『논어』보다는『맹자』에서 더 얻었다.

주자학자들은 경제적 변화를 기반으로 백성의 지위가 상승하고, 공동체 내에서 그 역할이 확대되는 현상을 주목하면서 백성의 지위를 재해석하기 위하여 맹자의 천민론에 수용하였다. 주자학자들은 천민론을 중심으로 유학을 다시 해석하였다. 주자학자들은 새로운 인간관과 세계관을 정립하면서 수직적 관계보다 수평적 관계를 강조하였다. 이로써 주자학에서 백성들을 일방적인 명령을 받는 수동적 존재들이 아니라 공동체와 국가의 경영에 참여할 수 있는 능동적 존재로 이해하게 되었다.

주자학의 수용

고려 말 경제적인 변화로 국가의 사회경제적 상황이 남송대와 유사하게 변화하고 있었다. 그러므로 사림은 주자학을 검토하면서 주자학이 제기하는 핵심 쟁점들에 대하여 쉽게 공감할 수 있었다.

신진사대부는 천민론을 수용하고, 이를 바탕으로 주자학이 정립한 인간관과 정치관 그리고 공동체 운영에 대한 방안 등을 수용하면서 새시대를 여는 개혁안들을 구체적으로 구상하고 추진할 수 있었다.

3. 교육기관의 정비와 사림세력의 형성

중앙 교육기관의 정비

신진사대부들이 개혁 이념으로 주자학을 수용하면서 시급하게 시행한 과제는 교육기관을 정비하는 것이었다. 신진사대부들은 사회의 변혁을 추진하기 위해서 교육을 통해 새로운 이념을 보급하고, 인재도 기르고자 하였다. 즉 자신들의 이념에 공감하고 개혁을 함께 추진할 수 있는 세력을 기르는 것이 매우 중요하다고 생각하였다.

사대부들은 주자학을 교육하고 전파하기 위해서 교육의 체제를 정비하였다. 유교에 대한 교육은 이전부터 시행되고 있었고, 과거의 시험과목으로 이용되고 있었다. 신진사대부들은 과거시험을 치기 위한 공부 외에, 성리학을 깊이 있게 이해하기 위한 교육체제를 별도로 갖추어갔다. 국자감에 주자학을 교육할 수 있는 별도의 교수를 임명하여 주자학을 본격적으로 교육하였다.

국자감의 교육시설도 확장하였다. 유교의 성현을 모시는 대성전(大成殿)을 마련하였고, 국자감의 이름을 성균관으로 개칭하였다. 성균관을 성리학 교육의 중심기관으로 만들면서 신진사대부들은 성균관의 관원으로 활동하였다. 이러한 변화로 성균관은 고려 후기 개혁의 추진 과정에서 주요 기관으로 부각되었다.

지방 교육기관의 확대

신진사대부는 성균관을 정비하면서 지방의 교육에도 관심을 기울였다. 신진사대부는 교육의 대상을 확대하기 위해 지방 교육체제를 정비하고자 하였다. 신진사대부가 교육을 통해 새로운 인재를 기르고자 하는 움직임은 백성들의 요구에도 부합한 것이었다. 백성들은 농업생산력을 향상시켜 그 경제적 지위를 높이면서 지식인으로 성장하기 위해 교육기관의 확대를 요청하고 있었다.

이러한 분위기 속에서 고려 말 지방에 교육기관이 설치되었다. 고려 전기에 국가는 교육기관을 개성과 서경 등 주요 지역에만 설치

은진향교 고려 말에 세워진 대표적인 향교이다. 고려말 지방에 향교를 세우는 흐름 속에서 1380년(우왕 6)에 세워졌다. 향교를 통해 지방의 인재들이 지식인으로 성장할 수 있었다.

하였다. 국가는 지방에도 향교를 설치하고자 하였으나, 수령도 충분하게 파견하지 못하는 상황이었으므로 지방에 향교를 두고 관원을 파견하기는 쉽지 않았다.

고려 후기에 이르러 생산력이 높아지고 국가의 재정도 다소 좋아지면서 신진사대부들은 향교의 설치를 추진할 수 있었다. 향교는 지방민의 교육을 그 목적으로 하였으므로 귀족은 물론 백성의 자제에게도 입학을 허용하였다. 향교가 각 지방에 세워지게 되면서 지방에서도 유학교육이 본격화되었다.

신진사대부들은 국가에서 세운 향교 외에도 사설 교육기관인 서재(書齋)를 세우면서 지방교육의 활성화를 도모하였다. 지방에서 유학교육이 활성화되면서 유학 교육을 받은 지식인들이 확대될 수 있었다.

신진사대부 세력의 형성

이와 같이 교육기관이 정비되면서 고려 말 경제적 변화 속에서 성장한 백성의 상위계층들은 자녀들에게 성리학을 교육시킬 수 있었다. 이들은 지방의 향교를 통해 교육을 받았고, 나아가 성균관에서 공부하면서 지식인으로 성장하였다. 이들 중 일부는 과거를 통해 중앙정치에 진출하였다. 관원으로 중앙정치에 진출한 이들은 신진사대부로 세력을 결집하면서 개혁을 추진하는 새로운 정치세력으로 성장하였다.

신진사대부들은 세력을 결집하면서 국가 개혁을 본격적으로 추진하였다. 신진사대부들은 주자학의 이념을 바탕으로 고려 말의 사회를 개혁하여 건강한 국가를 만들고자 하였다.

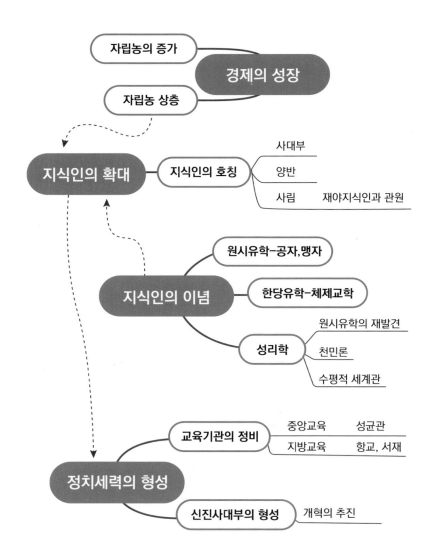

맹자의 천민론天民論

하늘이 이 백성을 낼 때에 먼저 아는 사람으로 하여금 나중에 아는 사람을 깨우치게 하고, 먼저 깨달은 자로 하여금 나중에 깨닫는 자를 깨우치게 하였다. 나는 천민(天民) 중에서 먼저 깨달은 자이니, 내 장차 이 도로서 이 백성들을 깨우칠 것이다. 내가 이들을 깨우치지 않는다면 그 누가 깨우치겠는가?[4]

맹자는 백성을 하늘이 낸 것으로 설명하면서, 하늘이 낸 백성을 천민으로 칭하였다.

고려의 천민론天民論

노비가 비록 천하다고 하더라도 또한 천민(天民)인데, 예사로 재물로 논하며 거리낌 없이 매매하고 혹은 소나 말과 이를 바꾸기도 하는데 1필의 말에 대해 노비 2~3명을 지급하고도 오히려 값을 치르기에 부족하니, 소와 말이 사람 목숨보다 더욱 중요하게 되었습니다.[5]

공양왕 3년 신진사대부들은 노비까지도 천민(天民)이라고 주장하였다. 그들은 노비를 천시하는 상황을 개혁하기 위해 노비매매를 제한하고자 하였다.

조선의 천민론

하늘이 백성을 낼 적에 본래부터 양민과 천민이 없었습니다. 일반 천민(天民)을 가지고 사사 재물로 여기어 아비와 할아비의 노비라 칭하여 서로 다투며 송사(訟事)함이 끝이 없으니, 골육을 상잔(相殘)함에 이르고 풍속을 손상하는 데 이르니, 가슴 아픈 일이라 하겠습니다.[6]

형조판서 심온은 백성을 모두 천민이라 말하고 있다. 그는 양민과 천민의 구별도 세상에서 만든 것에 불과하다고 주장하였다.

|미 주|

1 일부(一夫)는 평범한 백성이라는 의미이다.

2 군위신강(君爲臣綱), 부위자강(父爲子綱), 부위부강(夫爲婦綱)으로, 왕과 아버지
   와 남편의 지위를 높여 상하질서를 강조하였다.

3 『대학』과 『중용』은 5경중 하나인 『예기』의 일부를 단행본으로 만든 저서이다. 『대
   학』은 공자의 제자인 증자가, 『중용』은 증자의 제자이며 공자의 손자인 자사가 만
   든 것으로 전해진다. 맹자는 자사의 제자에게서 배웠으므로, 공자-증자-자사-맹
   자로 이어지는 학통을 보여주고 있다.

4 『맹자』 만장장구 상.

5 『고려사』 권85, 형법2, 노비.

6 『태종실록』 권29, 태종 15년 1월 기미.

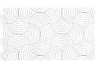

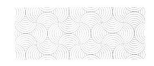

신진사대부의 정치개혁과 조선의 건국

1. 신진사대부의 정치개혁

신진사대부의 결집

신진사대부들은 고려 말 주자학을 적극적으로 도입하고, 교육체제도 정비하면서 재야지식인들을 육성하였다. 교육을 받은 재야지식인들은 과거를 통해 중앙정치에 진출하면서 새로운 정치세력으로 결집하였다.

이들은 백성을 수탈하던 권문세족들과 맞서 개혁을 추진하였다. 왕들 역시 권문세족이 일으키는 사회경제적 비리를 잘 알고 있었으므로 신진사대부들과 뜻을 같이하여 개혁을 추진하고자 하였다. 그러므로 신진사대부는 개혁적인 성향의 왕들을 지원하면서 개혁을 추진하였다.

충선왕, 공민왕 등이 대표적으로 개혁을 추진한 왕들이었다. 신진사대부들은 이들을 지원하면서 개혁을 추진하였다. 신진사대부들은 권문세족 아래 사민(私民)이 되어 있던 백성들에게 공민(公民)의 지위를 찾아주고자 하였다. 즉 전민변정도감(田民辨正都監)[1]을 설치하여 귀족들이 수탈한 전지를 돌려주고, 귀족의 압력으로 노비가 된 백성들을 해방시켜 주고자 하였다.

충선왕대의 개혁

먼저 충선왕대에 개혁이 추진되었다. 충선왕과 신진사대부들은 정치, 경제, 사회 전반에 걸쳐 고려가 당면하고 있던 폐단을 개혁하고자 하였다. 충선왕은 우선 정치개혁을 단행하였다. 인사행정을 담당해 오던 정방(政房)을 폐지하여 한림원(翰林院)에 합치고, 한림원의 기능을 강화하여 사림원(詞林院)으로 이름을 바꾸었다. 사림원은 인사행정, 왕명의 전달 등 핵심 임무를 수행하면서 권력기관화 하였다. 충선왕은 여기에 신진사대부를 학사로 임명하여 이를 중심으로 개혁을 추진하고자 하였다.

충선왕은 원나라와의 관계 속에서 폐단을 일으키는 친원파 세력을 제거하고, 이들이 불법적으로 백성의 전지를 빼앗고, 백성을 노비로 삼은 것을 개혁하고자 하였다. 백성들에게 신분을 회복시켜주고 전지를 돌려주고자 하였다. 그러나 충선왕은 개혁의 대상이던 권문세족의 반발과 원나라의 간섭으로 강제 퇴위를 당하면서 개혁 정치는 좌초되었다.

이후 충선왕은 충렬왕이 죽자 다시 왕위에 올라 한 번 더 개혁을 추진하였다. 충선왕은 인재를 등용하고, 권문세력의 횡포를 규제하고, 조세를 공평하게 부과하는 등의 혁신정치를 천명하였다. 그러나 이와 같은 개혁도 권문세족의 반대와 원의 간섭으로 성과를 내지 못하였다. 개혁의 실패는 충선왕의 개혁을 지원해줄 수 있는 국내외적 여건이 갖추어지지 못하였기 때문이었다. 원과 친원 세력이 여전히 강했고, 충선왕의 개혁을 지원할 신진사대부의 정치적 성장이 미흡하였다.

퇴진 후 충선왕은 연경에 머물면서 만권당(萬卷堂)을 세워 많은 서적을 수집하였다. 또한 이제현 등 신진사대부들을 불러 원나라의 유학자들과 교유하게 하면서 개혁을 준비할 수 있도록 배려하였다. 신진사대부들은 이러한 교류를 통해 성리학을 깊이 이해하면서 고려 말 개혁의 방향을 보다 구체적으로 모색할 수 있었다.

공민왕대의 개혁

공민왕도 신진사대부들과 더불어 개혁을 추진하였다. 공민왕은 14세기 후반, 명나라가 세워지면서 원나라를 견제하는 중국의 정세를 이용하여 개혁을 추진하였다. 대외적으로 원의 영향력을 제거하고, 대내적으로 권문세력을 견제하면서 안정적인 국가를 만들기 위한 개혁을 추진하였다.

공민왕은 정방(政房)을 폐지하여 인사권을 장악하고, 전민변정도감을 설치해 귀족들이 겸병한 전지를 원래의 소유자에게 환원시키는 한편, 불법으로 노비가 된 사람들을 해방하였다.

공민왕은 원나라와의 관계도 개혁하였다. 먼저 변발, 호복 등의 몽고 풍속을 폐지하였고, 몽고의 연호를 폐지하였으며, 내정을 간섭하던 이문소도 폐지하였다. 또한 쌍성총관부를 폐지하여 원나라에게 빼앗겼던 영토를 회복하였다. 특히 원나라의 황실과 인척관계를 맺고 권세를 부리던 기철 일파를 숙청하였다.

그러나 공민왕은 왕비 노국대장공주가 죽자 실의에 빠져 국사를 모두 신돈에게 맡겼다. 신돈은 권신들을 축출하고, 전민변정도감을 설치하여 권세가들에게 불법적으로 탈취된 토지와 노비를 원주인에게 돌려주면서 개혁을 이어갔다. 그러나 신돈이 저지른 부정이 드러나면서 처형을 당하자, 공민왕이 신돈을 통하여 추진한 개혁은 실패로 돌아갔다.

공민왕은 개혁을 추진하면서 개혁의 성공을 위해서는 개혁세력을 양성하는 것이 필요하다는 것을 깊이 이해하고 있었다. 공민왕은 국자감을 성균관으로 개편하고, 이색, 정몽주, 정도전 등을 배치하여 인재들을 교육하고 양성하였다. 과거도 문학 중심에서 경학 중심으로 바꾸면서 성리학을 익힌 인재들을 선발하고자 노력하였다. 이러한 노력으로 권근, 길재 등 개혁을 위한 인재들을 배출하여 다음 시기의 개혁을 준비하였다.

2. 조선의 건국

온건개혁파와 급진개혁파

신진사대부들은 개혁을 추진하기 위하여 그 세력을 확대해가고 있었다. 특히 중국에서 홍건적이 난을 일으키고, 주원장이 명나라를 세우자 신진사대부들은 국제적인 상황을 이용하여 친원세력을 제거하여 세력을 확대하였다.

신진사대부는 그 수가 늘어나면서 권문세족을 견제하여 개혁의 주도권을 잡게 되었다. 세력이 강해지자 신진사대부 내부에서 개혁의 방향을 두고 입장이 둘로 나누어지고 있었다. 온건한 개혁을 추진하는 온건개혁파와 급진적 개혁을 추진하는 급진개혁파로 나누어졌다.

온건개혁론자인 이색, 정몽주 등은 고려의 국가체제를 인정하는 범위에서 개혁을 추진하자고 주장하였다. 이에 비하여 급진개혁론자인 정도전, 조준 등은 고려체제 내에서의 개혁은 한계가 있다는 것을 주장하였다. 즉 신진사대부들은 고려 말의 혼란을 수습하기 위한 개혁의 필요성에는 모두 합의하였으나 개혁의 방향과 목표에 대하여 의견이 나누어졌다.

양 세력의 입장 차이는 고려 말의 문제점을 파악하고 이를 바꾸려는 방식에서 잘 드러났다. 가장 중요한 문제는 토지제도의 개혁이었다. 온건개혁파는 토지제도를 기존의 체제를 인정하는 선에서 개선하고자 하였다. 이에 비하여 급진개혁파는 수취제도를 포함해서 토지제도를 개혁하여 농민의 지위를 높이려 하였다.

양 세력 간에 입장 차이는 점차 확대되면서 불교를 이해하는 방식에까지 영향을 주었다. 불교사원 역시 토지를 겸병하면서 비대해지고 있었으므로 사원경제 또한 개혁의 대상이었다. 온건개혁파는 사원경제의 문제점을 인식하고 있었으나 불교에 대한 비판을 자제하였다. 그러나 급진개혁파는 사원경제에 대한 문제점을 지적하면서 불교의 교리까지 비판하였다. 정도전이 『불씨잡변』을 지어 불교를 강하게 비판한 것이 그 한 사례였다.

이러한 입장 차이는 결국 국가체제의 문제에까지 번져갈 수밖에 없었다. 온건개혁파는 고려의 국가체제를 유지하면서 개혁을 추진할 수 있다고 생각하였고, 급진개혁파는 고려의 국가체제와 기득권층을 그대로 두고는 새로운 사회를 건설할 수 없다고 생각하였다. 그러한 상황에서 양 세력의 갈등은 심각해질 수밖에 없었다.

급진개혁파의 주도

온건개혁파와 급진개혁파의 갈등은 양 진영에 무력을 동원할 수 있는 신흥무장이 합류하면서 더욱 심해졌다. 갈등이 논리적인 논쟁으로 해결할 수 있는 정도를 넘어가면서 양 세력은 힘의 우위를 다툴 수밖에 없었다. 이러한 상황에서 신흥무장을 영입해 무력을 확보하여 주도권을 장악하고자 하였다.

급진개혁파는 신흥무장 이성계를 영입하면서 그 힘을 더하였다. 정도전은 이색에게서 성리학을 배웠고, 개혁의 핵심 기관인 성균관 교관으로 인재를 양성하면서 개혁에 참여하였다. 그는 권신인 이인임의 정책을 정면으로 반대하다가 9년 동안 유배를 당하였다. 유배를 마치고 정도전은 동북면도지휘사로 있던 이성계를 찾아가 뜻을 같이하면서 힘을 결집하였다.

이성계는 함흥 출신의 신흥무장으로 최영과 더불어 홍건적과 왜구를 토벌하면서 전공을 세워 입지를 확대하고 있었다. 이성계는 우왕 말기에 최영과 협력하여 권신 이인임을 몰아내고 문하시중에 오르면서 지위를 견고히 하였다.

이성계, 정도전을 중심으로 급진개혁파는 세력을 결집하면서 정치적 주도권을 잡을 기회를 엿보기 시작하였다. 온건개혁파인 이색, 정몽주 등은 신흥무장 최영과 함께 움직이면서 급진개혁파의 세력이 강화되는 것을 견제하였다.

양 세력의 대립에 분수령이 된 것은 요동 정벌이었다. 명나라는 철령 이북 지역에 철령위를 설치하겠다고 통보하였다. 이러한 무리한 요구에 대하여 고려는 반발하였다. 최영 등 온건개혁파는 요동 정벌을 급진개혁파를 견제하는 기회로 사용하고자 하였다. 최영은 이성계를 요동 정벌에 보내고, 계속해서 그곳의 주둔군 사령관으로 머물게 하여 중앙정치에서 배제하고자 하였다.

이러한 상황을 알고 있던 이성계는 요동 정벌을 반대하였다. 원에 맞서 새롭게 부상하는 명과 대립하는 것은 외교적으로 적절하지 않다고 주장하였다. 특히 비가 많은 여름철을 맞아 군사를 일으키는 것은 전략적으로도 적절하지 않다고 주장하였다. 그러나 최영 등 온건개혁파는 요동 정벌을 강행하였다.

이에 이성계는 요동정벌군을 함께 지휘하던 조민수와 더불어 압록강 하류에 있는 위화도에서 군대를 돌리는 위화도회군을 단행하였다. 이성계 등 급진개혁파는 조민수 등의 도움을 받아 우왕과 최영을 제거하고, 우왕의 아들을 창왕으로 세우면서 주도권을 잡았다.

과전법의 추진과 조선의 건국

이성계와 정도전 등 급진개혁파는 정치적 주도권을 잡으면서 개혁을 추진하였다. 농업은 경제의 핵심이었기 때문에 토지제도 개혁은 핵심 과제였다. 고려 말의 혼란 속에서 경제의 근간이 되는 토지제도와 조세제도가 무너졌고, 이에 따라 국가의 경영은 물론 백성의 삶도 어려워졌다.

급진개혁파는 경제제도의 개혁을 위해 새로운 토지분급제인 과전법을 추진하였다. 고려 말의 혼란은 전시과체제가 무너지면서 일어났으므로 과전법은 전시과의 운영에서 나타난 폐단을 개혁하기 위한 제도였다.

고려의 관원들은 수조권을 매개로 백성들에게 영향력을 행사하였고, 나아가 실질적으로 백성들을 지배하고 있었다. 고려 말 국내외적인 혼란이 심화되면서 귀족들은 수조지의 약탈을 일삼았다. 국가는 수조권의 분급을 정상적으로 할 수 없었고 이러한 상황에서 백성의 부담은 가중되었고 국정 운영은 혼란해졌다.

전시과의 운영 상황이 이러하였으므로 신진사대부들은 이를 개혁하고자 하였다. 새로운 수조권의 분급방식으로 과전법을 제시하였다. 신진사대부들은 국가에서 관원에게 수조지를 적정하게 분배하고, 백성의 부담도 줄여주고자 하였다. 신진사대부들은 먼저 수조율을 1/10로 축소하고, 경기 지역에 한정하여 수조지를 분배하면서 수조권을 근거로 백성을 지배하는 수조권적 지배를 제한하고자 하였다.

급진개혁파는 이와 같은 개혁적 성격을 가진 과전법을 추진하였으나 시행하기는 쉽지 않았다. 조민수, 이색 등 보수 세력이 반대하였고, 창왕도 이들의 주장에 동조하고 있었다. 급진개혁파는 과전법을 시행하기 위해 조민수, 이색 등을 몰아내고, 창왕을 대신하여 공양왕을 옹립하는 개혁을 추진하였다. 이후 급진개혁파는 과전법의 내용을 다듬고 정비하여 공양왕 3년(1391)에 과전법을 공포하였다.

태조 이성계 이성계는 걸출한 왕이었다. 정도전 등 신진사대부의 도움을 받아 조선을 건국하여 근세의
새시대를 열었다.

출처: 문화재청, 전주 경기전.

급진개혁파는 과전법을 시행하여 경제적 기반을 안정시켰다. 백성들은 이러한 개혁을 환영하였고, 백성의 인심을 얻으면서 급진개혁파는 입지를 분명하게 다질 수 있었다. 그러므로 급진개혁파는 여세를 몰아 새로운 국가의 건설까지 추진하였다. 정몽주 등 온건개혁파를 제거하고, 공양왕도 하늘이 버렸다는 명분을 내세워 폐위하였다. 신진사대부들은 1392년 7월 이성계를 왕으로 추대하는 혁명을 통해 조선을 건국하여 새로운 시대를 열었다.

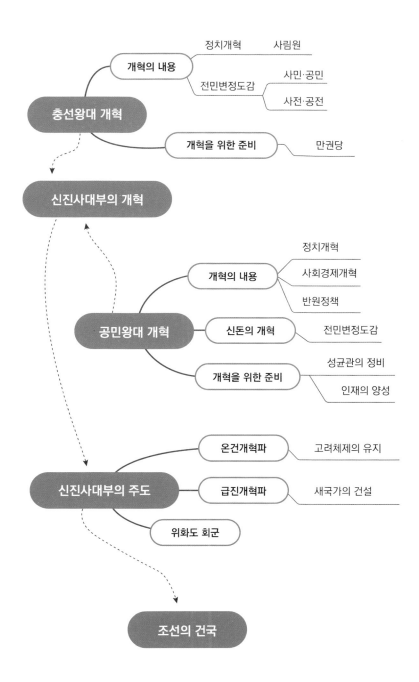

충선왕 즉위 교서

선왕께서 제정하신 서울과 지방의 전정(田丁)은, 각각 직역(職役)에 따라 공평하고 균등하게 나누어 지급함으로써 민생을 돕고, 또한 국가 재정을 지탱하게 하였다. 최근 들어 세력이 있고 교활한 무리들이 오래전부터 묵은 땅이라는 핑계를 대고 산과 내로 표식을 하며 거짓으로 사패를 받아 자기의 소유로 만들어 공조(公租)를 납부하지 않으니, 논밭과 들판이 비록 개간되었다고 하더라도 국가의 수입은 해마다 줄어들었다.(중간 생략)

마땅히 각 도의 안렴(按廉) 및 수령으로 하여금 그 죄상을 끝까지 캐어내어 토지를 주인에게 돌려주도록 하고, 만약 주인이 없는 것은 서울과 지방의 군인과 한인(閑人)에게 지급하고 호를 세워 역(役)에 충당시키도록 하라.

경기 8현의 토지는 원래 그 주인이 있었는데, 국가에 근래 변고가 많아 양반의 녹봉이 줄어들었기 때문에 처음에 개간된 토지를 지급하였다. 그 외에도 황무지가 자못 많았는데, 자신의 이익을 우선시하는 자들이 틈을 타서 토지를 하사받고 그 주인을 인정하지 않으며 관청에 조도 납부하지 않은 채 자신의 이익만을 오로지 거두고 있다. 심한 자는 또한 양반들이 지급받은 토지까지 모두 차지하여 직에 따라 교대로 받지 못하게 하고 있는 일도 많다.

충선왕은 즉위하면서 개혁을 시작하였다. 가장 중요한 것은 토지제도였으므로 토지제도로부터 개혁을 시작하였다.

태조 이성계의 즉위 교서

왕은 이르노라. 하늘이 많은 백성을 낳아서 군장(君長)을 세워, 이를 길러 서로 살게 하고, 이를 다스려 서로 편안하게 한다. 그러므로 군도(君道)가 득실(得失)이 있게 되어, 인심이 복종과 배반함이 있게 되고, 천명(天命)의 떠나가고 머물러 있음이 매였으니, 이것은 이치의 떳떳함이다. (중간생략)

나는 덕이 적은 사람이므로 이 책임을 능히 짊어질 수 없을까 두려워하여 사양하기를 두세 번에 이르렀으나, 여러 사람이 말하기를 "백성의 마음이 이와 같으니 하늘의 뜻도 알 수 있습니다. 여러 사람의 요청도 거절할 수가 없으며, 하늘의 뜻도 거스릴 수가 없습니다" 하면서, 이를 고집하기를 더욱 굳게 하므로, 나는 여러 사람의 심정에 굽혀 따라, 마지못하여 왕위에 오른다.

나라 이름은 그전대로 고려라 하고, 의장(儀章)과 법제(法制)는 고려의 고사(故事)에 의거하게 한다. (중간 생략) 아아, 내가 덕이 적고 우매하여 사정에 따라 조치하는 방법을 알지 못하는데, 그래도 보좌하는 힘을 힘입어 새로운 정치를 이루려고 하니, 그대들 여러 사람은 나의 지극한 마음을 몸받게 하라.[2]

이성계는 하늘의 뜻에 의해 왕위에 오른다고 천명하였다. 그는 나라의 이름을 고려로 하고, 법도 고려의 법에 따른다고 말하고 있다. 형식상 고려의 법과 관행을 그대로 따른다고 언급했으나, 조선은 이미 과전법의 시행 등을 통해 새국가의 건설을 하나하나 구현해가고 있었다.

| 미 주 |

1   전은 토지, 민은 백성을 의미하였다. 전과 민의 잘못된 것을 살펴서 바르게 잡아주는 관청이라는 의미였다. 임시 관청이었으므로 고려 말 필요에 따라 여러 차례 설치되었다.

2   『고려사』 권78, 식화1, 전제.

제2부
공공통치

근세적 공공통치를 어떻게
실현하였는가?

제5강

공공통치 이념의 정립

1. 천민론의 수용

농업생산력의 확대로 경제력이 늘어나면서 경제를 둘러싼 주체들의 관계도 달라지고 있었다. 이는 결국 국가의 체제를 바꾸는 변화까지 진행되어 조선이 건국되었다. 조선의 정치는 어떻게 정비되었을까? 먼저 정치이념이 어떻게 정비되었는지 살펴보자.

중세정치와 근대정치

정치 발전의 관점에서 볼 때, 조선의 정치는 고려의 정치보다 집중성과 개방성을 높인 것이었다. 즉 조선에서는 고려보다 더욱 집중된 행정체제를 형성하였다. 또한 권력구조를 개방하여 소수의 귀족이 백성을 자의적으로 지배하는 방식을 지양하고, 백성의 정치 참여를 확대하여 합리적인 통치를 추구하는 방향으로 나아갔다.

이러한 정치의 발전과정은 서양에서도 유사하였다. 서양 중세

정치의 특징은 '분권적 통치'와 '사적 지배'였다. 국가는 백성의 통치를 영주에게 위임하였고, 영주는 위임받은 권력을 가지고 제 뜻대로 백성을 지배하였다. 분권적 통치에 기인한 영주의 사적 지배는 동전의 양면과 같았다.

그러므로 중세의 정치의 특징을 한마디로 규정하면 '사적 지배'라 할 수 있다. 중세의 영주는 '불수불입(不輸不入)'[1]의 권력을 가지고 국가의 간섭을 받음이 없이 농노들을 자의적으로 다스렸다. 영주는 농노를 법에 의하여 통치한 것이 아니었다. 심지어 농노를 영주에 속한 소유물로 간주하였다. 농노가 다른 지역 영주에 의해 손상을 입는 경우 그 보상을 영주가 받았다.

정치가 발전하여 근대국가로 전환되어 가면서 나타나는 현상은 '중앙집권'과 '공공통치'였다. 국가는 중앙집권체제를 만들어 영주의 자의적 지배권을 회수하고, 임의로 백성을 다스리지 않고 법에 의해 공공통치를 시행하였다. 물론 법을 만드는 과정에서 시민이 정치참여층으로 참여하여 개방성이 확보되면서 피지배층의 이해관계가 법에 반영될 수 있었다. 그러므로 중세정치의 특징은 사적 지배, 근대정치의 특징은 공공통치라고 이해할 수 있다.

고려 말의 정치적 과제

신진사대부들은 조선을 건설하면서 정치, 경제, 신분 등의 체계를 정비하였다. 먼저 사대부들은 정치의 개혁을 추진하였다. 사대부들은 고려 말 폐단의 가장 중요한 원인이 왕과 관원들의 권력에 의한 '사적 지배'에 있다고 인식하였다. 사대부들은 왕과 관원들이 백성을 사적으로 지배하면서 사익을 추구하여 사회의 모순을 심화시켰고, 결국 고려를 파국으로 몰고 갔다고 생각하였다.

그러므로 사대부들은 왕과 관원의 사적 지배를 제한하고, 법에 의한 공공통치를 지향해야 한다고 생각하였다. 이를 위해 왕과 관원의 권력을 적절한 수준에서 제한하고, 백성의 정치적 지위를 높여야 한다고 생각하였다.

천민론과 정치

신진사대부들은 정치개혁을 새로운 정치이념을 정리하는 것으로 시작하였다. 신진사대부들은 그 이념을 앞에서 살핀 것처럼 주자학을 통해 발견하였다. 개혁의 핵심 이념은 백성을 '천민(天民)'으로 이해하는 데서 시작하였다. 백성을 천민, 즉 '하늘의 백성'으로 이해하였다.

고대로부터 왕이 권력을 가지는 것을 합리화하는 방안으로 왕을 하늘과 관련지어 해석하였다. 단군신화가 그 대표적인 예였다. 단군은 하늘의 자손이었다. 그러므로 하늘의 자손인 단군만 하늘의 뜻을 이해할 수 있었다. 왕은 하늘의 뜻을 알지 못하는 백성에게 하늘의 뜻을 알려주는 것으로 통치를 정당화할 수 있었다. 따라서 왕의 모든 행위와 명령은 하늘의 뜻으로 분식되었다.

이와 같은 생각은 고려에서도 유지되었다. 왕의 정통성을 하늘과 관련지어 해석하였다. 왕은 하늘의 뜻을 따라서 왕이 되었고, 하늘의 뜻을 행하는 존재로 이해되었다. 하늘의 버림을 받으면 왕을 유지할 수 없다고 이해하였다. 신진사대부들은 조선의 건국 과정에서 공양왕을 퇴위시키는 명분으로, 공양왕이 '하늘'의 버림을 받았다고 합리화하였다.

그러나 신진사대부들은 하늘을 백성과 연결시켰다. 백성은 '천민'으로 하늘의 뜻을 알 수 있는 존재가 되었다. 따라서 왕과 백성 간에는 본질적인 차이가 없는 것으로 이해하였다. 신분적 차이가 엄연하게 존재하는 현실 상황을 인정하였으나 이를 바람직한 상황으로 이해하지 않았다. 이와 같이 백성을 천민으로 이해하는 천민론은 신진사대부들이 가지는 이상정치론의 핵심이 되는 개혁 이념이었다.

2. 천민론과 공공통치

천민론과 왕

백성을 천민으로 생각할 때, 왕이나 관원의 지위는 새롭게 해석되었다. 물론 왕을 '천위(天位)'를 부여받은 존귀한 존재로 이해했다. 왕은 하늘로부터 왕위를 받고, 백성을 다스리는 직책을 받았다고 보았다.

그러나 왕만이 하늘의 뜻을 아는 것이 아니라고 규정하면서 왕의 지위는 절대적인 것이 아니라 상대적인 것이 되었다. 왕은 하늘의 뜻을 잘 알고 행하는 성인(聖人)이 되어야 하였다. 현실에서 왕은 성인이 아니었으므로 성학(聖學), 즉 주자학을 공부하고 그에 입각해서 백성을 통치해야 하였다. 이러한 조건은 왕이 성학을 공부하여 성인이 되지 못한다면 왕의 지위를 유지하지 못할 수도 있다는 의미를 함축하고 있었다.

왕을 성인으로 만들기 위해서 왕을 교육하는 경연을 새롭게 설치하였다. 왕과 핵심 관원들은 경연에 참여하여 유학의 경전을 같이 공부하면서 하늘의 뜻이 무엇인가를 공부하였다. 이러한 과정에서 국가의 주요 정책들이 논의되었는데, 논의의 주도권을 주자학에 정통한 관원들이 가질 수밖에 없었다. 또한 하늘의 뜻은 백성의 인심에 반영되는 것으로 이해하였으므로 백성의 여론을 반영하여 민생(民生)을 개선하고자 하는 논의가 경연에서 핵심 주제가 될 수밖에 없었다.

천민론과 관원

천민론을 수용하면서 왕과 관원의 관계도 달라질 수밖에 없었다. 관원은 하늘로부터 천직(天職)을 부여받은 것으로 이해되었다. 관원을 하늘로부터 부여된 관직을 가지고, 하늘의 뜻을 시행하는 존재로 설명하였다. 그러므로 관직을 공기(公器)로 칭하였다. 관직을 왕이 내리는 사적인 것이 아니라 하늘이 내리는 공적인 지위로 이해하였다.

그러므로 관원의 지위를 '왕신(王臣)'으로만 설명하지 않았다. 관원은 왕에 대하여 책임을 지는 존재가 아니라 하늘에 대하여 책임을 지는 존재로 정리하고 있다. 즉 관원의 지위를 왕에게 종속된 관계로 설명하고 있지 않았다. 그러므로 왕과 관원의 관계는 상하관계보다 수평관계가 크게 강조되었다.

이와 같이 관원의 지위가 달라지면서 왕과 관원 간에 새로운 관계가 정립되어야 하였다. 왕과 관원은 하늘의 뜻에 따라 백성을 다스리기 위해 협조하는 관계로 정리되었다. 즉 왕과 관원은 하늘의 뜻을 이루기 위하여 백성을 공치(共治)해야 하였다. 하늘과 연결해서 왕과 관원의 관계를 해석하면서 신진사대부들은 새로운 권력론으로 군신공치론(君臣共治論)[2]을 이상시하였다.

천민론과 백성

천민론에서 백성의 지위도 이전과는 다르게 설명하였다. 백성을 '천민(天民)' 즉 하늘의 백성으로 규정하면서 백성을 '왕민(王民)'으로만 설명하지 않았다. 피지배층인 백성을 왕과 관원에게 종속된 존재로 인식하지 않았다.

백성이 지배층에게 종속된 존재가 아니라 하늘에 속한 존재였으므로 왕과 관원들은 '자의'가 아니라 '하늘의 뜻'에 따라 백성을 다스려야 하였다. '사적 지배'가 아닌 하늘의 뜻에 따라 통치해야 하였다.

하늘의 뜻인 '천심(天心)'은 '인심(人心)'에 반영되는 것으로 이해하였으므로 '인심'을 모은 공론(公論)에 의해 통치해야 하였다. 공론에 의한 통치는 공론을 모아 만든 '법'에 의한 통치와 연결되었다. 법과 공론에 근거한 통치는 결국 '사적 지배'가 아닌 '공공통치'의 실현이었다. 그러므로 천민론에 근거한 공공통치 하에서 백성의 정치적 지위는 이전보다 향상될 수밖에 없었다.

물론 천민론이 제기되었다 하더라도 이러한 이상이 바로 실현되지는 않았다. 그러나 신진사대부들은 이러한 이상론을 실천하려고 노력하였다. 그러므로 조선의 사회가 신진사대부들이 꿈꾸는 이상사회로 조금씩 접근해가고 있었다.

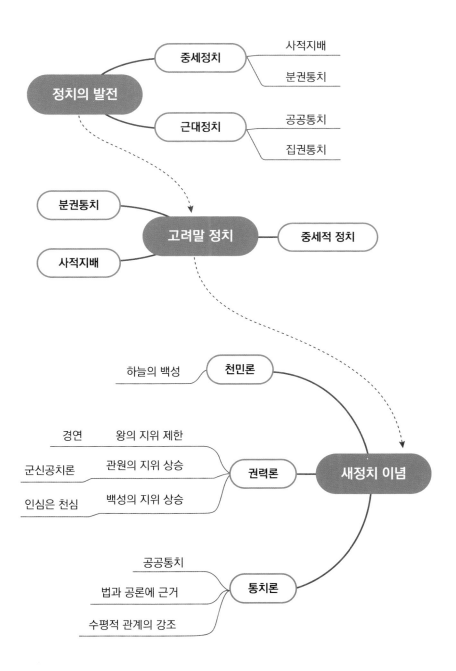

고려 말 천민론과 정치

하늘은 백성을 살리기는 하나, 그 백성들로 하여금 각자의 살아갈 길을 마련해 주지는 못합니다. 그러므로 반드시 성인으로 하여금 그 임금이 되어서 하늘을 대신하여 백성을 다스리게 합니다. 때문에 그 지위를 '천위(天位)'라 하고 그 백성을 '천민(天民)'이라 합니다. 그리고 관직을 설치 분장시키는 것은 '대천공(代天工)' 즉 천공을 대행하는 것입니다.

신진사림파의 일원이었던 윤소종은 천민론의 입장에서 왕과 관원과 백성의 지위를 설명하고 있다. 윤소종은 하늘과 연관지어 백성과 왕, 관원의 지위를 새롭게 정리하였다.

세종의 근신공치론

백성은 나라의 근본이니, 근본이 튼튼해야만 나라가 평안하게 된다. 내가 박덕 (薄德)한 사람으로서 외람되이 생민의 주가 되었으니, 오직 이 백성을 기르고 무수(撫綏)하는 방법만이 마음속에 간절하여, 백성에게 친근한 관원을 신중히 선택하고 출척(黜陟)하는 법을 거듭 단속하였는데도, 오히려 듣고 보는 바가 미치지 못함이 있을까 염려된다. 이에 헌부에 명하여 풍문(風聞)을 듣고 규탄하여 순량 (循良)한 관리를 얻어 백성을 공치(共治)하기를 희망한다.[3]

군신공치론에 대해서는 왕들도 동의하고 있었다. 대표적으로 세종은 백성이 국가의 근본이라고 말하면서, 순량한 관리를 얻어 함께 백성을 공치하고 싶다는 군신공치론을 표현하였다.

천민론과 만민평등사상

천민론은 서양의 근대를 열었던 만민평등사상과 유사하였다. 서양사에서 만민평등사상은 하루아침에 만들어지지 않았다. 그에 대한 모색은 14세기부터 시작하였다. 경제적으로 풍요로워진 도시를 중심으로 르네상스 문화가 형성되었는데, 르네상스의 핵심 주제는 인간과 공동체에 대한 새로운 이해였다. 그 과정에서 평등한 인간상에 대한 모색은 만민평등사상의 기초가 될 수 있었다.

이후 16세기 종교개혁을 통해 한 단계 구체화되었다. 루터의 '만인사제설'이 그것이었다. 루터는 종교적으로 백성들이 하나님 앞에서 평등하다고 주장하였다. 현실에서 사제는 하나님과 백성을 연결하는 고귀한 존재로 인식되었고, 신분적으로도 귀족이었다. 루터는 모든 백성이 사제의 도움 없이 하나님과 직접적으로 만날 수 있다고 주장하면서, 하나님 앞에는 모두가 평등하다고 천명하였다. 만인사제설은 평등사상을 천명한 것으로 근대 만민평등사상의 모태가 되었다.

17~18세기에 이르러 만인사제설이 세속화되면서 '천부인권설'이 제시되었다. 로크와 루소는 천부인권설을 주장하였고, 이는 혁명을 거치면서 근대 만민평등사상으로 정립될 수 있었다. 만민평등사상은 수세기에 걸쳐 서서히 정비되었고, 근대를 여는 핵심 사상이 되었다.

조선의 사대부들은 천민론의 이념을 제시하였으나 이는 이상론으로 현실과는 거리가 멀었다. 서양사에서 만민평등사상이 실현되는데 수세기의 시간이 필요하였던 것과 같이, 천민론은 새로운 평등사상의 뿌리가 되었으나, 이를 실현하는 데에는 많은 시간이 필요하였다.

그러나 일단 사대부들이 천민론을 제시하였다는 것만으로도 매우 중요한 변화였다. 신진사대부들의 이상론은 조선의 건설과 제도 정비과정에서 점진적으로 실현되어 갔다. 이러한 이념을 제시하고 이를 실현하고자 노력하였던 조선의 사대부들은 근세 사회를 만들어가고 있었다.

| 미 주 |

1 국왕이나 관리가 영주의 재판이나 과세 등에 관여할 수 없게 한 제도이다. Immunity라 하였다.
2 왕과 관원이 백성을 공동으로 통치한다는 뜻이다.
3 『세종실록』권21, 세종 5년 7월 신사.

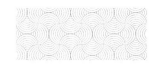

제6강
중앙집권적 정치체제와 관료제

1. 중앙집권적 정치체제

의정부와 육조의 정비

사대부들은 천민론을 정치에 적용하고자 할 때 이에 상응한 관원체제와 운영방식의 정비가 필요하였다. 강력한 중앙집권체제를 만들어 분권적 통치를 극복하고, 합리적이고 투명한 관원체제를 만들어 왕과 관원의 사적인 권력 남용도 막고자 하였다.

먼저 강력한 중앙집권제를 정비하기 위해 일사불란한 행정조직체제를 추구하였다. 의정부를 핵심으로 하는 '의정부-육조-아문'으로 연결되는 체제를 구축하였다.

3정승이 중심이 된 의정부를 만들고, 그 아래에 국정을 6부분으로 나누어 이를 관장하는 6조를 두었다. 이조, 호조, 예조, 병조, 형조, 공조 등으로 업무를 조직적으로 나누고 관리하였다. 6조 아래에는 하위 기관으로 전문성을 고려하여 각종 행정기관인 아문(衙門)을 두

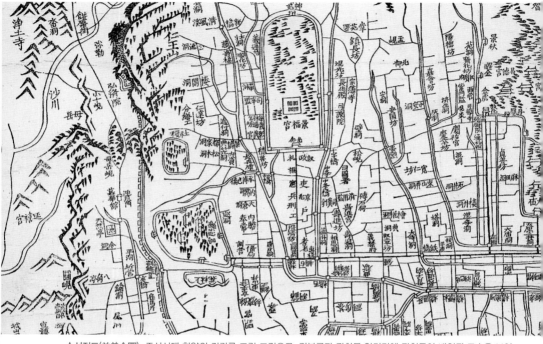

수선전도(首善全圖) 조선시대 한양의 거리를 그린 그림으로, 경복궁과 광화문 앞거리에 관청들이 배치된 모습을 보여준다. 광화문 앞 오른쪽에 의정부가 있었고, 왼쪽에 예조가 있었다. 사헌부는 예조 아래에 배치되었고, 사간원은 경복궁 우측에 배치되어 있었다. 육조와 주요 아문들이 경복궁을 둘러싸고 배치되어 있었다.

출처: 서울역사박물관.

고 육조의 지휘를 받게 하였다. '의정부-육조-아문'에 이르는 일사불란한 행정체제를 정비하여 중앙집권체제를 형성하였다.

이는 고려의 행정체제보다 집중성과 효율성을 높인 것이었다. 대표적으로 고려에서 정치의 중심 기구는 도평의사사였다. 이는 70~80명에 이르는 재추(宰樞)들의 합의로 운영되었다. 사대부들은 이러한 집단지도체제를 대신하여 합리적이고 강력한 의정부체제를 만들어 행정을 집중적이고 효율적으로 운영하였다.

아문의 정비

조선에서는 육조 아래에 약 70개에 달하는 행정기관인 아문을 운영하였다. 각 부서는 전문 영역에 따라 역할이 나누어졌다. 아문은 그 역할에 따라 아문의 크기와 책임자의 품계가 달랐다. 아문을 책임자의 품계에 따라 3품아문, 4품아문, 5품아문 등으로 분류하기도 하였다.

조선의 관직의 총수는 약 5,600직에 이르렀다. 『경국대전』에 의하면 문관직은 1,779직, 무관직은 3,826직으로 관원의 총수는 5,605직에 이르렀다. 문무관원 외에도 다수의 서리들이 행정에 참여하고 있었으므로 행정 인원은 1만 명을 넘어서고 있었다.

조선은 '의정부-육조-아문'의 조직을 체계적으로 정비하고, 다수의 행정 인원을 갖추면서 근세의 어느 나라보다 강력한 중앙집권체제를 갖출 수 있었다.

2. 권력구조의 정비

재상 역할의 강화

사대부들은 중앙집권체제를 정비하는 것만으로 사적지배를 제거하기 어렵다는 것을 알고 있었다. 고려 말기의 경험을 통해 권력을 쥐고 있는 왕과 재상들을 견제할 수 있는 체제를 갖추어야 한다는 것을 알고 있었다.

그러므로 사대부들은 일단 국정 운영의 중심은 왕이 아니라 의정부 재상이 되어야 한다고 생각하였다. 천민론에 입각하면 우선 개선해야 할 것은 왕의 지위였다. 고려 말의 혼란을 경험하면서 왕이 국정을 독주할 때 하늘의 뜻, 즉 민심에 따르는 정치가 불가하다고 생각하였다.

왕의 주도권을 견제할 수 있는 것은 관원이었고, 관원의 대표가 되는 이는 재상이었다. 그러므로 사대부들은 국정을 왕이 아니라 재상이 주도해야 한다고 생각하였다. 사대부들은 이를 분명하게 하려고 이러한 이상을 법전에 분명하게 명시하였다. 신진사대부의 대표였던 정도전은 『조선경국전』을 편찬하면서 이러한 생각을 법으로 명시하였다.

그는 왕이 혈통적으로 그 지위를 세습하기 때문에 능력과 관계없이 왕이 될 수 있다고 보았다. 그러나 재상은 경쟁을 통해 그 지위에 오르기 때문에 능력이 검증된다고 주장하였다. 그러므로 재상이 국정을 주도하고, 왕은 적절한 인물을 재상에 임명하고, 재상들의 의견을 수용하는 것으로 역할을 제한하였다. 즉 재상을 통해 왕의 역할을 견제하고자 하였다.

사간원과 사헌부의 견제 기능

사대부들은 왕을 견제하기 위해 재상이 정국을 주도하여야 한다고 생각하였으나, 왕의 견제만으로 충분하다고 생각하지 않았다. 왕을 포함해 재상을 견제할 수 있는 제3의 권력을 형성하는 것이 필요하다는 것도 인식하고 있었다.

신진사대부들은 공공통치의 실현을 위해 왕과 재상을 적절하게 견제하는 것이 필요하다고 생각하였다. 공공통치는 권력의 분립을 바탕으로 상호 견제와 균형이 작용할 때 가능하였다.

사대부들은 이러한 생각을 실현할 수 있는 기구를 만들었다. 그 기구가 사간원과 사헌부, 즉 양사(兩司)였다. 사대부들은 양사를 통해 왕은 물론 재상들도 견제하고자 하였다. 사간원은 왕을 견제하는 기구로, 왕의 행동과 정책을 비판하는 역할을 하였다. 왕을 견제하는 기구를 별도로 만든 것은 중국이나 일본에서도 찾기 어려운 특별한 것이었다. 사헌부는 재상을 비롯한 관원을 감찰하는 기구였다. 재상은 왕을 견제하는 역할을 하였지만, 재상에게 권력이 몰리는 경우 이를 견제하지 않으면 문제가 될 수 있다고 생각하였다.

권력의 적절한 분리는 정치의 이상이었다. 사대부들은 왕-재상-양사로 나누어지는 3권의 분립을 추구하였다. 이러한 3권 분립은 현대의 입법, 사법, 행정 등의 3권분립과는 다른 것이었으나, 분리와 상호 견제를 통한 권력의 합리적 운영이라는 핵심 원리는 동일한 것이었다. 양사는 주어진 임무를 따라 왕에게 간쟁을 하였고, 관원의 행동을 감찰하였다. 양사가 활동하면서 조선의 정치는 이전에 비하여 합리적이고 투명하게 운영될 수 있었다.

그러나 사간원과 사헌부는 관서를 만든 의도를 처음부터 충분하게 시행하기 어려웠다. 사대부들은 양사가 그 기능을 잘 수행하기를 원했지만, 이는 새로운 시도로 역사적 경험이 없었으므로 그 기능을 수행하기에 충분한 제도를 갖추지 못하였다.

양사가 왕과 재상을 견제하면서 백성의 이해관계를 대변할 수 있는 권력기관으로 기능하기에는 아직 부족하였다. 양사가 백성들을 위한 제3의 권력으로 기능을 다 하기 위해 권력구조를 개혁하는 것이 필요하였다. 이러한 변화를 위한 개혁은 공공통치에 대한 백성들의 열망이 높아지면서 추진될 수 있었다.

3. 관료제의 정비

과거제

사대부들은 중앙집권적 정치체제를 확보하고, 나아가 왕과 재상을 견제할 수 있는 합리적인 권력구조를 만들었다. 이러한 변화와 더불어 관원들을 합리적으로 관리하는 관직체제도 정비하였다. 관직체제의 핵심은 합리적인 인사제도였다. 합리적인 인사체제를 정비하기 위해서는 혈통보다는 능력을 중시하는 시스템을 도입하는 것이 필요하였다. 그 핵심에는 과거제가 있었다. 과거제는 시험에 의해 능력을 기준으로 관원을 선발하는 제도였다.

과거제는 이미 고려대에서부터 시행되었으나 고려의 신분구조 아래서는 그 기능을 다 하기 어려웠다. 조선의 사대부들은 신분구조를 개혁하여 양인 신분을 확대하면서 과거제의 기능을 활성화하였다.

조선의 정부는 관원의 기능에 따라 관원의 직렬을 나누고, 해당 직렬마다 별도의 시험을 시행하여 관원을 선발하였다. 문과, 무과, 잡과 등의 시험을 시행하여 적절한 관원을 선발하였다. 문과는 문관을,

무과는 무관을, 잡과는 기술관을 선발하였다. 시험은 엄격하였고 절차도 복잡하였다.

가장 중요한 과거는 문과였다. 문과는 소과(小科)와 대과(大科)로 나누어 운영하였다. 소과는 3년에 한 번씩, 초시와 복시의 2차 시험을 통해 생원과 진사를 각각 100명씩 선발했으며, 합격하기 매우 어려운 시험이었다. 소과에 합격한 생원과 진사에게 관직을 주지는 않았으나 국가는 관원에 준하는 대우를 하였고, 미리 관원으로 진출하고자 하는 자에게는 하급관원의 길도 열어주었다.

대과는 3년에 한 번씩 초시, 복시, 전시 등 3차의 시험을 통해 33인의 합격자를 선발하였다. 대과에는 주로 생원과 진사가 응시하였으나, 생원과 진사가 아니어도 응시할 수 있도록 길이 열려 있었다. 대과 합격자는 성적에 따라 6품에서 9품까지 품계를 부여받고 관직에 진출하였다.

무과는 무관을 선발하는 시험으로, 3년마다 초시, 복시, 전시 등 3차에 걸친 시험을 통해 28인을 선발하여 성적에 따라 7품에서 9품까지 품계를 주고 관직에 임명하였다. 잡과는 의관(醫官)과 역관(譯官) 등 기술관을 선발하는 시험으로 초시와 복시 2차례의 시험을 통해 관원을 선발하였다. 조선에서는 능력에 의하여 시험으로 관원을 선발하면서 유능한 관원을 확보할 수 있었고, 효율적인 행정의 관리도 가능하였다.

고과제(考課制)와 상피제(相避制)

정부는 관직에 임명된 관리들을 합리적으로 관리하였다. 대표적

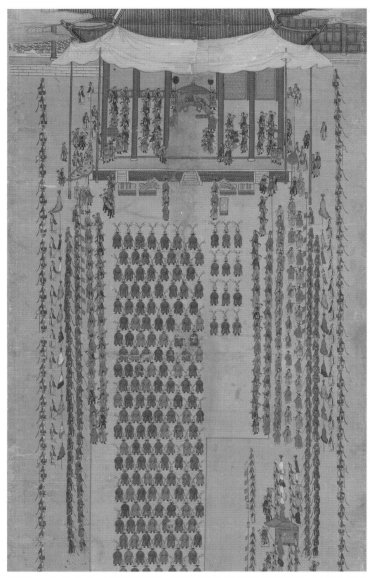

방방도 1795년 정조는 수원에 행차하여 과거를 치르고 합격자를 발표하였다. 오른쪽은 문과, 왼쪽은 무과합격자들이다. 합격자들은 모두 어사화를 머리에 쓰고 있다.

출처: 낙남헌방방도 『화성능행도』, 국립중앙박물관.

인 제도가 고과제와 상피제였다. 정부는 고과제를 시행하여 관원의 근무태도와 능력을 성적으로 평가하고 이를 승진과 퇴출의 기준으로 삼았다. 부서의 책임자는 관원들을 매년 6월과 12월의 두 차례에 걸쳐 평가하였다. 이 평가 성적을 누적하여 관원의 승진에 반영하였다. 그러므로 관원은 능력을 발휘하여 좋은 평가를 쌓아가면서 경쟁의 사다리를 올라갔다.

정부는 관원 관리의 투명성을 높이기 위해 상피제도 적용하였다. 상피제는 가까운 친족 간에 같은 부서에서 근무할 수 없게 하는 제도였다. 친족이 같은 부서에 있는 경우 고과에 악영향을 미치는 등 합리적인 관원의 관리가 되기 어려웠다.

상피제를 지방관 임명에도 적용하여 관원을 자신의 고향 등 연고 지역에 수령으로 배치하지 않았다. 또한 시험을 관리하는 시관의 경우에도 친족이 과거에 응시하는 경우에 상피제에 의해 시관이 되는 것을 금하였다. 이러한 조치 역시 친인척 간의 유착을 막아 관직 운영의 투명성을 확보하고자 하는 조치였다.

이상에서 볼 때, 조선은 관원의 관리를 능력에 입각해 투명하게 운영하고자 노력하였다. 관원을 과거제에 의해 능력에 따라 선발하고, 고과제에 의해 능력에 따라 승진하도록 하였다. 또한 상피제를 시행하여 친인척 간에 나타날 수 있는 비리를 미리 배제하였다.

이와 같이 조선은 강력한 중앙집권체제를 구축하고, 권력자인 왕과 재상을 견제할 수 있는 권력체제를 만들었다. 또한 관원의 관리를 투명하고 합리적으로 운영하는 관료제를 만들면서 근세적인 정치체제를 구축해갔다.

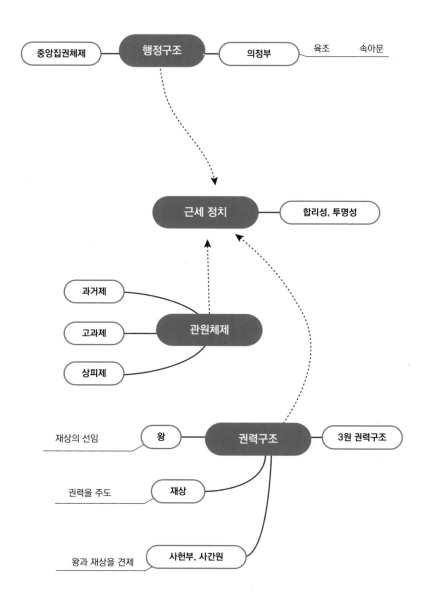

6조 소속 아문

① 이조(7개): 충익부(忠翊府) 내시부(內侍府) 상서원(尙瑞院) 종부시(宗簿寺) 사옹원(司饔院) 내수사(內需司) 액정서(掖庭署)

② 호조(16개): 내자시(內資寺) 내섬시(內贍寺) 사도시(司䆃寺) 군자감(軍資監) 제용감(濟用監) 사재감(司宰監) 풍저창(豊儲倉) 광흥창(廣興倉) 전함사(典艦司) 평시서(平市署) 사온서(司醞署) 의영고(義盈庫) 장흥고(長興庫) 사포서(司圃署) 양현고(養賢庫) 오부(五部)

③ 예조(30개): 홍문관(弘文館) 예문관(藝文館) 성균관(成均館) 춘추관(春秋館) 승문원(承文院) 통례원(通禮院) 봉상시(奉常寺) 교서관(校書館) 내의원(內醫院) 예빈시(禮賓寺) 장악원(掌樂院) 관상감(觀象監) 전의감(典醫監) 사역원(司譯院) 세자시강원(世子侍講院) 종학(宗學) 소격서(昭格署) 종묘서(宗廟署) 사직서(社稷署) 빙고(氷庫) 전생서(典牲署) 사축서(司畜署) 혜민서(惠民署) 도화서(圖畫署) 활인서(活人署) 귀후서(歸厚署) 사학(四學) 문소전(文昭殿) 연은전(延恩殿) 기내(畿內)의 능(陵)과 전(殿)의 참봉

④ 병조(6개): 오위(五衛) 훈련원(訓鍊院) 사복시(司僕寺) 군기시(軍器寺) 전설사(典設司) 세자익위사(世子翊衛司)

⑤ 형조(2개): 장례원(掌隸院) 전옥서(典獄署)

⑥ 공조(7개): 상의원(尙衣院) 선공감(繕工監) 수성금화사(修城禁火司) 전연사(典涓司) 장원서(掌苑署) 조지서(造紙署) 와서(瓦署)[1]

정도전의 재상론

총재에 그 훌륭한 사람을 얻으면 6전(典)이 잘 거행되고 모든 직책이 잘 수행된
다. 그러므로 "인주(人主)의 직책은 한 사람의 재상을 논정(論定)하는 데 있다" 하
였으니, 바로 총재를 두고 한 말이다.

총재라는 것은 위로는 군부를 받들고 밑으로는 백관을 통솔하며 만민을 다스리
는 것이니, 그 직책이 매우 큰 것이다. 또 인주의 자질에는 어리석은 자질도 있
고 현명한 자질도 있으며 강력한 자질도 있고 유약한 자질도 있어서 한결같이
않으니, 총재는 인주의 아름다운 점은 순종하고 나쁜 점은 바로잡으며, 옳은 일
은 받들고 옳지 않은 것은 막아서, 인주로 하여금 대중(大中)의 지경에 들게 해야
한다. 그러므로 상(相)이라 하니, 즉 보상(輔相)한다는 뜻이다.[2]

정도전은 총재, 즉 재상이 국정을 주도해야 한다고 주장하였다.
그 가장 중요한 이유로 왕의 자질을 논하고 있다. 왕은 혈통에 의해 왕
위를 세습하므로 국정을 주도하기에 적절하지 못한 자질을 가질 수도
있다고 주장하였다.

이에 비하여 재상은 경쟁을 통하여 재상의 지위에 오르는 만큼
왕보다는 국정을 주도하기에 적절하다고 주장하였다. 그러므로 왕의
역할을 재상을 임명하는 것에 한정하였다.

| 미 주 |

1 『경국대전』
2 『삼봉집』 13권 『조선경국전』 상, 치전, 총서.

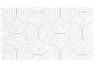 

제7강

지방정치와 수령의 지위

1. 지방제도의 정비

자립농과 일원적 국가체제

조선은 중앙의 정치체제를 정비하면서 지방통치 제도도 정비하였다. 사대부들은 중앙정치에서 정비한 집권체제를 지방의 관리에까지 적용하고자 하였다. 조선은 자립농을 국가 운영의 기반으로 삼으면서 백성을 직접적으로 관리할 수 있는 지방제도를 만들고자 하였다. 즉 고려에서 보여주었던 향리를 통한 간접적 통치를 극복하고 직접적 통치를 실현하고자 하였다. 이를 위해 국가에서는 지방의 모든 군현에 수령을 배치하였다.

조선은 지방에까지 중앙집권 체제를 적용하고자 하였으므로 수령이 고려 향리의 역할을 대신하기를 바라지 않았다. 조선은 수령을 배치하면서 통치자만 바꾼 것이 아니었다. 중앙집권체제를 확립하기 위해 지방에서 통치자의 역할과 지위도 바꾸고자 하였다.

고려의 지방통치와 향리

고려의 지방 통치는 중세적인 성격이 강하였다. 고려에서는 국가가 백성을 직접 관리하지 못하고 그 관리를 향리에게 위임하여 백성을 간접적으로 통치하였다. 고려의 향리는 혈통적으로 그 지위를 세습하는 지방 토착 세력으로 지방을 장악하고 있었다. 따라서 이들은 서양 중세 영주와 유사하게 대를 이어 향촌을 지배하는 하급귀족이었다.

물론 고려에서도 수령을 파견하였으나 일부 지역에 한정되어 있었다. 국가가 직접적으로 백성을 관리하는 역할은 제한되었다. 고려의 지방은 군현, 속군현, 향, 소, 부곡 등 다양한 모습으로 구성되어 있었고, 국가에서 일원적으로 백성을 관리하지 못하였다.

고려는 지방의 관리를 위해 안찰사도 파견하였다. 그러나 안찰사는 수령과 향리들을 관리하기에 부족한 위치에 있었다. 안찰사는 그 품계가 5, 6품이어서 수령과 관품의 차이가 적었고, 임기도 6개월에 불과하였다. 특히 안찰사는 임명된 지역에 관청을 두고 거주하면서 지역을 관리하는 것이 아니라 지역을 순시하는 데 그쳤다. 따라서 안찰사는 지역을 장악하고 수령을 관리하면서 백성을 통치할 수 있는 지위에 있지 않았다.

일원적 통치체제와 수령

조선의 사대부들은 향리에 의한 지방의 통치를 해소하기 위해 지방 군현에 수령을 파견하여 백성들을 직접 관리하고자 하였다. 국가가 백성을 일원적으로 관리하는 체제를 만들면서 각 지역의 백성

지위가 비로소 균질해질 수 있었다.

조선에 들어서 모든 지역에 수령을 파견할 수 있었던 것은 경제적 변화와 밀접한 관련이 있다. 고려 말부터 농업생산력이 높아지면서 백성들은 부세를 감당할 수 있는 자립농으로 성장해갔다. 신진사대부들은 이러한 현상을 주목하고, 자립농을 기반으로 하는 국가 건설을 추진하였다. 그러한 노력이 성공하면서 국가가 재정적 여유를 가지게 되었고, 모든 지역에 수령을 파견하여 일원적인 지방통치체제를 구축할 수 있었다.

전국에 고르게 수령을 파견할 수 있게 되면서 상위 행정구역으로 8도를 두었다. 각 도에는 수령을 관리하는 상위의 관원으로 관찰사를 파견하였다. 정부에서는 관찰사의 직급을 대신으로 올리고 임기도 2년으로 늘렸다. 또한 관찰사가 머무는 감영(監營)과 행정조직도 갖추어 관찰사가 수령을 관리하면서 담당 지역을 잘 다스릴 수 있도록 정비하였다.

수령의 역할

전국에 수령이 파견되면서 수령의 역할은 어떠하였을까? 조선 정부는 수령이 어떠한 기능을 수행하기를 기대했을까? 수령을 파견하면서 부여한 임무는 수령7사(守令七事)에 잘 정리되어 있다. 수령7사는 농상성(農桑盛), 호구증(戸口增), 부역균(賦役均), 사송간(詞訟簡), 간활식(奸猾息) 학교흥(學校興), 군정수(軍政修)[1] 등이었다. 7사의 내용은 앞의 5개 항목과 뒤의 2개 항목으로 나누어 살필 수 있다.

앞의 5항목을 살펴보면, 수령의 기본적인 행정적 기능은 백성을 관리하고 국세를 거두는 것이었다. '호구증', '농상성', '부역균'의 3가지 조목은 이를 잘 보여준다. 국가는 수령에게 사법의 임무도 부여하였다. '사송간', '간활식'의 조목은 이를 잘 보여준다. 이와 같은 내용을 고려에서는 '수령5사'로 규정하여 시행하였다.

조선에서는 수령에게 앞의 5항목 외에 2항목의 임무를 추가하였다. '학교흥', '군정수'의 임무였다. 수령에게 학교의 관리와 군정을 관리하는 임무를 추가로 부여하였다. 이 2가지 임무는 양인을 교육과 군역의 대상으로 삼으면서 추가된 것이다. 고려에서는 일반 백성인 백정은 교육과 군역의 대상이 아니었다.

조선에 들어서 양인이 군역을 담당할 수 있는 능력을 갖추면서 양인에게 군역을 부과하는 국민개병제(國民皆兵制)를[2] 시행할 수 있었다. 양인이 군역을 지면서 자연스럽게 수령에게 군정을 관리하는 의무를 부과하였다.

조선에 들어서 양인의 경제적 형편이 좋아지면서 교육을 받을 수 있는 여유가 생겼고, 국가도 재정에 여유를 가지면서 교육할 수 있는 체제를 정비하여 모든 군현에 향교를 세웠다. 학생은 기숙사에 거주하면서 교육을 받았다. 향교 경영에 필요한 제반 경비는 국가가 부담하였다. 백성의 교육이 보편화되면서 수령에게 교육을 관리하도록 책임을 지웠다.

이러한 변화에 따라 조선의 수령은 행정과 사법은 물론이고, 교육과 군사의 기능까지 담당하는 매우 포괄적인 임무를 수행하게 되었다.

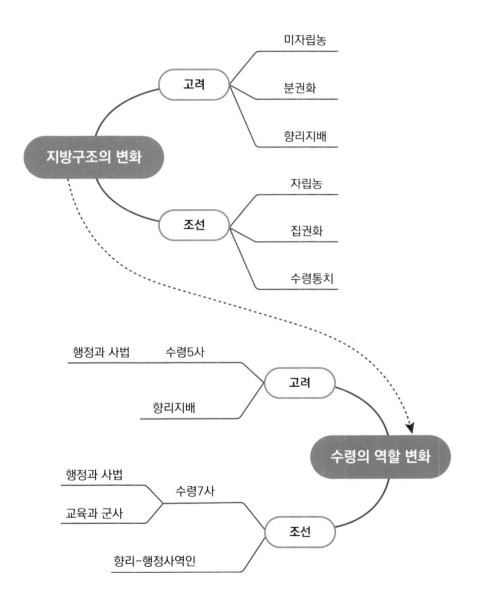

2. 수령의 지위

공공통치와 수령

앞에서 살펴본 바와 같이 조선에서 수령의 역할은 범위가 매우 넓었다. 그러면 수령의 지위는 어떠하였을까? 일반적으로 지위는 그 역할과 연관이 되었으므로 수령의 지위도 높았을 것으로 추정된다.

그러나 여기서 좀 더 세심하게 살펴보고자 하는 것은 백성과의 관계에서 보이는 수령의 지위이다. 백성의 지위는 조선시대의 성격을 보여주는 매우 중요한 지표이다. 백성의 지위는 백성과 만나는 첫 권력자인 수령과의 관계에서 상당 부분 결정되었다. 서양 중세의 농노의 지위가 영주와의 관계에서 결정되었던 것과 비슷하다. 즉 백성과의 관계에서 드러나는 수령의 지위가 조선시대의 성격을 보여주는 주요 지표였다.

사대부들은 고려 말 혼란의 원인을 권력자들이 백성을 마음대로 지배하는 데에 있다고 보았다. 사대부들은 권력자들의 자의적인 지배인 '사적 지배'로부터 백성을 보호하기 위해 '공공통치'를 시행해야 한다고 생각하였다. 사대부들은 이러한 생각을 일차적으로 백성과 수령의 관계를 통해 분명하게 구현하고자 하였다.

사대부들은 일단 수령이 법에 의해 백성들을 통치해야 한다고 생각하였다. 수령이 무분별하게 백성을 수탈하는 것은 고려 말과 같은 혼란을 일으켜 국가체제를 붕괴시킬 수 있다고 생각했다. 그러므로 백성들의 기본적인 권리를 법으로 규정하여 백성이 삶의 기반을 유지할 수 있도록 보호하고자 하였다. 사대부들은 수령이 법을 기반

으로 백성을 관리하고, 나아가 지방통치에 민심인 향론을 반영해야
한다고 생각하였다.

백성의 재판권

사대부들은 법에 의한 공공통치를 실현하기 위해 백성이 불법적
으로 피해를 입는 경우, 법을 통해 저항할 수 있는 재판권을 백성에
게 부여하는 것이 중요하다고 생각하였다. 법은 하늘의 뜻이었고 누
구나 지켜야 할 자연법이었다. 그러므로 백성은 불법을 행한 지배층
을 국가에 고소할 수 있어야 하였다. 사대부들은 백성에게 재판권을
부여하여 지배층에게 침해를 입는 경우 재판을 통해 공공권력에 의
해 보호받게 하였다.

3심 재판제도

백성들의 재판권을 활성화하기 위해 재판제도를 정비하였다. 백
성은 피해를 입는 경우 최소 3회의 재판을 받을 수 있었다. 먼저 수령
에게 나아가 재판을 받았다. 백성들은 수령의 재판에 불만이 있는 경
우, 2심 재판을 관찰사에게 요청할 수 있었다. 물론 관찰사의 재판에
도 불복하면 한양의 사헌부에 나아가 3심 재판을 신청할 수 있었다.

백성들은 하위 재판에서 상위 재판까지 3회의 재판을 받을 수
있었고, 이러한 과정을 통해 법에 의해 자신의 권리를 정당하게 보호
받을 수 있는 기회가 주어졌다. 물론 이와 같은 3심제는 단계를 차례
로 밟아가야 하였다. 절차에 따라 하위의 재판을 받지 않고 상위 재
판에 바로 고소하는 것을 월소(越訴)로 규정하여 금지하였다.

물론 백성이 3심의 재판의 판결에 불복하는 경우에는 특별한 방법으로 왕에게 나아가 재판을 받을 수 있었다. 국가에서 종종 백성이 왕의 재판을 받을 수 있도록 신문고[3]와 같은 제도를 운영하였다.

이러한 제도가 시행되지 않는 경우도 백성들은 비공식적으로왕의 재판을 받을 수 있었다. '가전상언(駕前上言)'이나 '격쟁(擊錚)'을 할 수 있었다. 가전상언은 왕이 출타하는 행차 앞에 뛰어들어 소란을 일으키고, 소란의 원인을 확인하는 과정에서 억울함을 아뢰는 방식이었다.

격쟁은 백성이 왕이 거하는 궁궐 옆의 높은 나무에 올라 쟁을 쳐서 소란을 일으키고, 그 소란의 원인을 확인하는 과정에서 억울함을 호소하는 방법이었다. 이러한 방법은 공식적인 방법이 아니었다. 그러나 백성들이 이러한 비공식적 방식을 통해서도 적극적으로 자신의 억울함을 풀 수 있는 길을 열어놓고 있었다.

수령의 사법권

백성은 이와 같이 여러 차례의 재판을 받을 수 있는 권리를 가지고 있었지만, 백성에게 가장 중요한 것은 수령과의 관계였다. 수령은 백성의 가장 가까이에 있는 권력자였고, 1차 재판의 재판장이었다. 고려 말의 혼란을 경험한 조선 정부는 수령에게 사법권을 부여하였으나 수령이 집행할 수 있는 형량을 제한하였다. 조선의 형벌은 태형, 장형, 도형, 유형, 사형[4] 등 차례대로 형량이 무거워지는 5등급 체제였다. 국가는 수령이 처벌할 수 있는 형량을 가장 하위의 태형으로 한정하였다.

조선의 관원들은 형의 집행을 『대명률』을 기준으로 하였다. 『대

거리의 판결 백성이 관원의 가마 앞에 뛰어들어 무언가를 호소하고 있다. 그림의 제목이 '판결'인 것으로 보아 억울함을 아뢰는 것으로 보인다. 이러한 모습은 백성이 왕 앞에 뛰어들어 호소하였던 가전상언의 모습을 떠올리게 한다.

출처: 행려풍속도병, 국립중앙박물관.

명률』에는 태형에 사용되는 태의 크기를 명시하고 있다. 태는 나뭇가지로 만들었으며 길이가 약 1m, 넓은 부분의 지름은 약 0.8cm, 얇은 부분의 지름은 약 0.5cm인 봉모양이었다. 태형은 이 나무로 볼기를 치는 것이었다. 태형은 10대에서 50대까지 5단계로 나누어 집행되었다. 수령이 가진 처형권을 태 50대를 치는 것으로 한정하였다.

백성의 수령 및 전주 고소권

국가는 백성에게 미치는 영향력이 큰 수령의 사법권을 제한하였지만 이러한 정도의 규제로 백성을 보호하는 것은 충분하지 않았다. 여전히 수령은 행정과 사법의 권한을 가진 존재로, 형법의 규정과 관계없이 백성에게 부정적 영향을 끼칠 수 있었다. 이를 방지하는 방법으로 마련된 것이 백성의 수령 고소권이었다.

건국 초기 아직 행정력이 강하지 못한 상황에서 국가는 수령이 지방의 통치를 원활하게 할 수 있도록 수령의 지위를 강화하였다. 특히 건국기에는 향리의 영향력이 아직 남아 있었으므로 백성이 수령의 비리를 고소하도록 허용하지 않았다. 그러나 세종대에 이르러 원악향리(元惡鄕吏)[5]를 처벌하는 규정을 마련하여 수령의 지위가 안정되면서 오히려 수령의 비리가 향촌에 부담을 주는 상황이 전개되었다.

이러한 상황에서 수령의 비리를 백성이 고소하는 문제가 조정의 논란거리가 되었다. 백성이 수령의 불법을 고소하게 되면, 지방 통치자의 권위에 흠집이 될 수 있었다. 그러나 수령의 불법을 묵인하는 경우 향촌의 안정적 운영에 큰 걸림돌이 될 수 있었다. 이에 정부는 오랫동안 논란을 계속하였으나 결국 백성이 수령을 고소할 수 있도록 허용하였다. 다만, 피해를 입은 본인과 그 친족만 수령을 고소할 수 있도록 제한하였다. 백성은 관찰사 이상의 상위 재판정에 나아가 비리를 저지른 수령을 고소할 수 있었다. 수령 고소가 허용되면서 백성의 수령 고소도 활성화되었다.

백성이 수령 다음으로 만나는 권력자는 수조를 받는 수조권자인 관원이었다. 국가는 수조권을 가진 전주가 과다한 수조를 하는 경우에도, 백성은 전주를 고소할 수 있도록 허용하였다. 수조권자는 대신을 비롯하여 왕족도 포함되어 있었으나 백성은 전주의 불법을 고소할 수 있었다.

수령과 영주

조선에서 수령의 역할은 매우 포괄적이었다. 이는 현대사회에서 지방을 행정과 사법은 물론 군사와 교육 등을 별도의 영역으로 분리하여 관리하는 상황과 달랐다. 조선의 수령은 포괄적인 역할을 담당하여 그 지위가 높았다. 그러므로 수령의 지위를 서양 중세의 영주와 유사한 것으로 이해할 수도 있다.

그러나 자세히 살펴보면 수령의 지위는 서양의 영주와는 달랐다. 영주는 중앙정부의 간섭을 받지 않는 불수불입(不輸不入)의 지위를 부여받고 백성을 단독으로 지배하였다. 영주는 그 지역의 절대자였고 영주의 의지가 곧 법이었다. 특히 영주는 이러한 지위를 대를 이어 세습하였다. 영주는 대대로 이어가면서 아주 강력한 토착적 지위를 확립할 수 있었다.

수령은 영주와 달리 불수불입의 권리를 가지지 못하였다. 수령은 중앙정부의 지휘 감독 하에 있었다. 정부는 수령을 잘 관리하기 위해 관찰사를 파견하였다. 관찰사는 지방에 거주하면서 수령을 관리 감독하였다. 정부는 관찰사와 별도로 부정기적으로 어사(御史)도 파견하여 수령을 감찰하였다.

수령은 영주와 달리 지위를 세습하지 못하였다. 수령은 임기제에 따라 임명되었다. 수령은 3년의 기본 단위로 빈번하게 교체되었다. 특히 수령은 상피제를 적용받아 출생지 등 연고지에는 임명되지 못하면서 토착적 지위를 확보하지 못하였다.

특히 수령이 가진 재판권도 서양 영주의 재판권과 달랐다. 서양 중세에 농노들은 영주에게만 재판을 받을 수 있었다. 영주의 재판이 최종 재판이었다. 따라서 농노가 영주의 재판에 불만이 있어도 이를 합법적으로 해결하기 어려웠다. 특히 농노가 영주에게 수탈을 당하는 경우 대응할 수단을 가지지 못하였다. 오히려 영주는 재판권을 이용하여 농노를 압박하면서 경제외적 강제를 시행할 수 있었다. 그러나 조선의 백성은 3심제 재판권과 수령 및 수조권자인 지배신분을 고소할 수 있는 고소권을 확보하고 있었다.

그러므로 수령의 역할은 광범위하여 서양의 영주와 유사하였으나 그 지위는 서양 영주와 달랐다. 수령은 중앙정부의 강력한 규제를 받았고 임기제로 임명되었다. 수령은 영주와 달리 절대적 지배자라기보다는 국가를 대신해서 지방을 통치하는 관리자였다.

국가가 이와 같이 수령의 지위를 제한한 것은, 사대부들이 사적 지배를 제한하고 공공통치를 실현하는 것을 국가 경영의 가장 중요한 방침으로 삼았기 때문이었다.

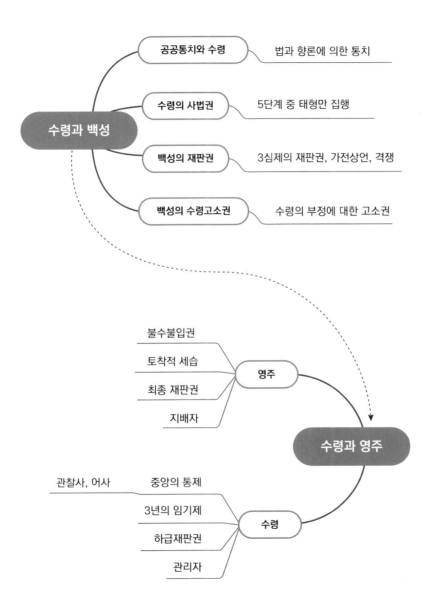

수령 고소의 활성화

수령이 법을 범하는 것은 죄를 주어야 하나, 부민이 수령의 잘못을 기록하여 (고소하니), 수령이 두려워 손을 움직이지 못하고, 관리들이 수하(誰何)할 수 없습니다. 부렴과 요역도 걸을 수 없습니다. 심지어 오히려 뇌물을 주는 자들이 있습니다.[6]

수령 고소가 허용된 이후 부작용도 드러났다. 이 기록에 의하면 수령이 고소를 무마하기 위해 고소자에게 뇌물을 주고 부세도 면해주었다. 심지어 수령이 "두려워 손을 움직이지 못합니다"라고 상황의 심각함을 표현하였다. 이는 고소가 향촌에서 활성화되는 과정에서 나타날 수 있는 부작용이었다.

조정의 의논이 이렇게 하면 악을 징계할 수 없다고 하니, 경이 이러한 뜻을 살펴서 핵문하여, 고소를 업으로 삼는다고 할 수 있는 자와 자신이 고소하지는 않지만, 사람들을 부추겨 고소장을 쓰게 하는 자를 같이 기록하여 아뢰라.[7]

이 기록에 의하면 수령의 고소를 허용하면서 고소를 악용하는 이들이 나타나 오히려 문제가 되었다. '고소를 직업'으로 하는 이들까지 나타나고 있었다. 그러므로 국가는 이들을 처벌하고자 하였다. 이러한 모습은 수령의 고소가 활성화되면서 제도로서 정착되어가는 모습을 보여준다.

원악향리의 처벌

이제부터 향리로서 영세민을 침해하여 도죄(徒罪)를 범한 자는, 청컨대 장형을 집행한 뒤에 영구히 그 도의 잔폐한 역의 역리로 귀속시키고, 유죄(流罪)를 범한 자는 장형을 집행한 뒤에 영구히 다른 도 잔폐한 역의 역리로 귀속시키며, 그 백성을 침해한 향리를 사람들로 하여금 고발하게 하고, 즉시 심리하지 않는 관리

도 아울러 율문에 의하여 죄를 주도록 하소서.[8]

　정부에서 백성을 침해한 향리에 대한 처벌을 강화하였다. 비리를
행한 향리를 타 지역에 역리로 영구히 삼는 조처를 하였다. 향리를 타
지역의 역리로 삼는 것은 향리의 근거지를 옮겨 토호적 지위를 말살
하려는 조치였다.

　정부는 향리 비리를 백성들에게 적극 고소하게 하였다. 백성이 적
극 고소하여 향리의 비리를 근본적으로 막아보려는 노력이었다. 이러
한 조치로 향리의 지위는 낮아졌고 비리도 적어질 수밖에 없었다.

삼심제 재판의 정비

원억(冤抑)을 펴지 못한 자는 경중(京中)에서는 주장관(主掌官)에게, 외방에서는 수
령 감사에게 올리고, 구치(求治)하지 않으면 사헌부에 올려라. 사헌부에서도 구
치하지 않으면 격고하라. 원억이 확연하면 이전의 관서에서 구치하지 않은 관리
를 법에 따라서 죄를 주겠다. 월소(越訴)자는 역시 법에 따라서 죄를 주겠다.[9]

　태종은 삼심제의 재판 규정을 만들었다. 백성은 억울한 일이 있으
면 가장 먼저 수령에게, 그 다음은 관찰사에게, 다음으로 사헌부에 재
판을 요청할 수 있었다.

1 농상성(農桑盛)-농업을 진흥시킨다. 호구증(戶口增)-인구를 늘린다. 부역균(賦役均)-부세를 고르게 부과하다. 사송간(詞訟簡)-재판을 공정하게 하다. 간활식(奸猾息)-간사한 무리를 물리친다. 학교흥(學校興)-학교를 부흥시킨다. 군정수(軍政修)-군대를 잘 단련한다.

2 모든 양인이 군역을 담당하게 한 제도.

3 태종은 백성들의 억울한 일을 직접 해결하여 줄 목적으로 대궐 밖에 신문고를 달고, 억울한 자들이 와서 북을 치도록 하였다.

4 태형은 태로 50대까지 때리는 것이었고, 장형은 장으로 100대까지 때리는 것이었으며, 도는 3년 이하의 유배였고, 유는 종신유배였으며, 사는 사형이었다.

5 비리를 행한 향리.

6 『성종실록』 권33, 성종 4년 8월 경신.

7 『성종실록』 권42, 성종 5년 5월 계묘.

8 『세종실록』 권43, 세종 11년 12월 계유.

9 『태종실록』 권3, 태종 2년 정월 기유.

제3부
민생론

중세의 신분적 경제를
어떻게 극복하였나?

제8강
과전법체제의 정비

1. 과전법의 시행

조선 초기 생산력의 발전

고려 말부터 시작된 농업생산력의 발전은 조선 초기까지 계속되었다. 백성들은 고려 말부터 휴한농법을 극복하면서 상경농법이라는 획기적인 농업기술을 개발하였고, 이로 인해 농업생산력이 높아졌다. 이러한 기술은 하삼도에서부터 시작되었으며 점차 북쪽으로 확대되었다. 기술의 보급을 위해 세종대에는 『농사직설』을 편찬하여 새로운 기술을 전국적으로 보급하였다. 이러한 노력으로 성종대에 이르면 북쪽지방인 함경도에 이르기까지 상경농법이 보급되었다. 상경농법이 활성화되면서 이전에 비하여 농업생산력이 4~5배 늘어나게 되었다.

조선 초기에는 논농사도 활성화되었다. 고려의 농경은 주로 밭농사였다. 야산 지역을 중심으로 밭농사가 주로 시행되었다. 논농사

논갈이 논농사가 활성화되면서, 논에 물을 채우고 소를 이용하여 쟁기로 논을 가는 모습도 보여주었다. 모내기도 시행되었으나 조선 전기에는 일부지방에서만 행해졌다.

출처: 단원풍속도첩, 국립중앙박물관.

는 물대기 좋은 계곡 주변 소수의 지역에서만 시행되었다. 그러나 조선에 들어서 마을 앞의 저평지(低平地)¹를 농지로 이용하면서 논농사를 확대하였다. 저평지는 지역이 낮아 비가 오면 침수되기 쉬웠으므로 농지로 활용하기 쉽지 않았다. 백성들은 물을 조절할 수 있는 수로를 개설하고, 관계시설을 통해 하천수를 끌어 사용하면서 논농사를 활성화시켰다.

논농사는 물관리가 중요하였다. 농업에 사용할 물을 관리하기 위해 물을 가두어두는 제언(堤堰)을 증축하고, 농경지에 물을 대기 위하여 둑을 쌓고 흐르는 냇물을 막아 수위를 조절하는 시설인 보(洑)와 천방(川防)을 새로운 수리방법으로 보급하면서 논농사를 활성화할 수 있었다. 이로써 조선 초기에는 논농사 비중이 30%까지 확대되었다. 이전에 경작지로 활용되지 않던 저평지가 활용되면서 농업생산량은 더욱 늘어났다.

국가에서 토지개간을 적극 장려하면서 전지를 더욱 확대하였다. 고려 말에는 60~80만결, 태종대에는 120만결, 세종대에는 172만결로 전지는 계속 늘어났다. 농업생산력의 증가와 전지의 확대로 국가와 백성은 경제 발전의 혜택을 누릴 수 있었다.

과전법체제의 형성

생산력이 확대되면서 국가와 생산을 담당하는 백성의 관계도 달라질 수밖에 없었다. 생산력이 증가하면서 많은 백성이 국가의 부세를 담당할 수 있는 자립농으로 성장해갔다. 그러므로 국가는 자립농을 바탕으로 새로운 국가체제를 구성할 수 있었다.

자립농을 바탕으로 운영하는 국가를 구상할 때 가장 중요한 것은 자립농의 재생산 기반을 유지하고, 자립농이 더욱 확대될 수 있도록 국가의 재정을 운영하는 것이었다. 신진사대부들은 고려 말 혼란이 백성에 대한 귀족의 무분별한 수탈에 원인이 있다고 보았다. 과도한 백성의 수탈은 결국 국가를 정상적으로 운영할 수 있는 기반을 흔드는 것으로 이해하였다.

그러므로 사대부가 관심을 집중한 것은 토지제도였다. 국가가 백성에게 부여하는 부세는 다양하였지만 가장 기본적인 것은 토지를 기반으로 하는 전조제도였다. 사대부들은 과전법을 중심으로 하여 토지제도를 개혁하였다.

과전법은 관원에게 수조지를 분급하는 규정에 불과하였다. 그러나 이 제도에는 사대부들이 경제를 바라보는 관점들이 응축되어 있었다. 사대부들은 과전법을 기초로 조선 초기 경제제도를 개혁하였다. 그러므로 조선 초기의 경제체제를 과전법체제라고 부를 수 있다.

고려의 전시과

과전법을 이해하기 위해서는 고려 전시과와 비교하는 것이 필요하다. 과전법은 전시과와 같이 국가가 관원에게 수조권(收租權)을 분배하는 규정이었다. 수조는 국가가 백성에게 전지에서 나오는 조세를 받는 것이었다. 국가가 백성에게 직접 조세를 받지 않고, 조세를 걷을 수 있는 권리의 일부를 관원에게 부여하여 관원이 백성에게 수조를 받도록 하였다. 이러한 권리를 수조권이라 하였다.

전시과에서 관원에게 수조지를 준 것은 봉직에 대한 대가였으나 이미 관원들에게 수조권과는 별도로 녹봉을 지급하고 있었다. 그러므로 연구자들은 수조지의 분급을 단순히 조세를 받는 권리로만 이해하지 않았다. 연구자들은 수조권의 분급을 수조권적 지배를 허용한 것으로 해석하였다. 즉 수조권과 더불어 수조지에 속한 백성을 관리할 수 있는 권리까지 부여한 것으로 이해하였다.

전시과의 수조권 분배를 수조권적 지배를 허용한 것으로 해석하는 것은 전시과의 시행을 전후한 상황을 검토할 때 타당할 수 있다. 호족연합정권으로 출발한 고려는 지역을 장악하였던 호족들의 권리를 인정하지 않을 수 없었고, 이러한 권리를 수조권의 형태로 승인하였을 것이다.

이미 전지의 사유화(私有化)가 일찍부터 진행되었으므로 국가에서는 수조권만을 부여하였으나, 국가는 지역의 유력자에게 소유한 전지에서 수조할 수 있게 하면서 사실상 지역의 관리까지 위임하였을 것으로 짐작된다.

이러한 성격은 향리의 지방통치를 허용한 것과 같은 맥락이었다. 향리에게 지방의 통치를 위임하고, 관품과 수조권을 부여함으로써 지배권을 공인하여 주었다. 그러므로 향리는 혈통에 따라 그 지역을 다스리는 하급 귀족이었다. 이는 서양의 중세에 영주에게 영지인 봉토를 주어 해당 지역의 농노를 관리할 수 있는 권한을 부여한 것과 유사하다. 그러므로 전시과체제 하에 있던 고려의 시대적 성격을 중세로 이해할 수 있다.

2. 과전법의 성격

상당수의 연구자들은 조선의 수조제인 과전법을 전시과와 유사한 것으로 이해하고, 이러한 관점에서 조선도 중세사회로 이해하고 있다. 그러나 과전법은 전시과와는 성격이 전혀 다른 제도였다. 이는 과전법의 운영에 관계되는 세 주체인 국가, 수조를 받는 관원인 전주(田主), 수조를 내는 백성인 전객(佃客)의 관계를 검토해보면 분명해진다.

과전법은 전시과와 다른 몇 가지의 특징이 있었다. ①수조율이 전시과에 비하여 현저하게 낮았다. ②수조권의 분배 지역을 경기로 한정하였다. ③나아가 과전을 국가에서 관리하는 과전국가관리체제[2]를 운영하였다. 이러한 조치를 통해 과전법은 전시과와 다른 성격의 제도가 되었다. 과전법의 성격을 하나하나 검토해보자.

수조율의 축소

과전법은 여러 가지 점에서 전시과와 차이가 있었다. 그중에 가장 큰 차이는 과전법에서 수조량이 많이 줄었다는 것이다. 수조량의 크기는 수조를 통한 국가, 전주, 전객 사이의 상호관계를 잘 보여준다. 수조량은 일차적으로 수조를 담당하는 백성의 부담을 보여줄 뿐아니라 수조를 받아 가는 국가나 수조권자인 전주의 상대적인 지위도 보여준다.

고려에서는 수조량이 1/4에 이르렀다. 이러한 수조량은 중세사회에서 보편적으로 보이는 수조량으로, 서양의 영주제에서도 영주는 약 30% 정도의 수조를 받는 것이 일반적인 현상이었다.

과전법에서는 수조량을 1/10로 줄였다. 이는 고려 말 조선 초의 생산력이 비약적으로 증가하였기 때문에 가능하였다. 국가의 재정을 고려할 때 수조율을 1/4에서 1/10로 줄이는 개혁은 농업생산량이 획기적으로 늘지 않았으면 불가능하였다.

즉 생산력이 증가하면서 소규모의 전지를 가진 백성들도 부세를 담당할 수 있는 자립농으로 성장해 갔다. 따라서 부세를 담당할 수 있는 백성이 늘었다. 사대부들은 이러한 변화를 긍정적으로 수용하여 과전법의 수조율을 1/10로 줄이면서 자립농의 성장을 더욱 촉진하였다. 이러한 정책이 성공하여 농업생산력이 더욱 늘어나자 세종대에는 공법을 제정하면서 수조율을 1/20까지 줄이는 정책을 시행할 수 있었다.

수조율의 크기는 수조를 통해 미칠 수 있는 영향력의 크기와 비례하였다. 1/20의 전조를 부담하는 전객의 지위는 1/4을 부담하던 상황에 비하여 현저히 높아질 수밖에 없었다. 따라서 국가나 전주의 지위는 수조의 양이 줄면서 상대적으로 축소될 수밖에 없었다.

과전 분배 지역, 경기

조선은 백성을 직접 관리하는 방향으로 정책을 정하면서 수조권의 분배 지역을 경기로 한정하였다. 경기의 전지는 전국토의 약 1/10 정도였으므로 국가는 9/10 지역의 전지를 직접 관리하였다. 이는 고려 전시과에서 전국의 전지를 수조권 분배의 대상으로 하였던 것과 다르다.

사대부들은 고려 말의 혼란을 경험하면서 수조지의 분배를 잘 관리하지 않으면 국가에 큰 부담이 된다고 생각하였다. 수조권을 분배받은 관원들은 백성들에게 법으로 정한 수조만을 받는 것이 아니라, 관원임을 내세워 수조권적 지배를 하면서 백성의 경제적 처지를 어렵게 하였다. 이는 고려 말 혼란의 주된 원인이었다.

사대부들은 이러한 폐단을 규제하기 위해 수조권을 나누어주는 지역을 한양에 인접한 경기도에 한정하고, 국가가 수조지의 관리에 관여하여 관원들이 일으킬 수 있는 비리를 제한하고자 하였다. 나머지 지역은 국가가 직접 관리하는 체제를 구축하여 관원들이 수조권을 매개로 백성들을 사사로이 지배할 수 있는 가능성을 줄였다.

수조지를 경기로 한정하는 정책에 반대하는 관원들도 있었다. 일부 관원들은 관원에게 분배하는 수조지가 부족하다는 이유를 들어 수조지를 경기도 밖의 지역에도 분배하자고 제안하였다. 그러나 정부는 수조지를 경기도에 한정해서 분배하는 원칙을 지켜 갔다. 가장 중요한 이유는 수조지를 한양에서 멀리 배치하는 경우 수조지를 매개로 한 관원들의 부정을 적발하여 관리하기 어려웠기 때문이었다. 수조지를 경기에 한정하면서 전주와 전객의 관계는 크게 변화하였다.

과전국가관리체제

수조율을 축소하고, 과전을 경기에 한정하여 분배하여 관리하면서 과전의 성격은 전시과와 다르게 되었다. 그러나 이러한 조치에도 문제는 남아 있었다. 과전을 분배한 경기지역의 백성들은 여전히 수조권의 영향력 하에 있었다.

국가에서는 과전을 한양에 가까운 경기에 두고 폐단이 일어나지 않도록 관리하고자 하였으나 경기에서는 폐단이 일어나고 있었다. 국가가 수조권을 경기에 분배한 것은 결국 경기지역의 백성들을 차별대우한 것이었다.

이에 경기 백성들은 삶의 어려움을 토로하면서 자신들이 차대를 받는다고 저항하였다. 경기의 백성들은 자신들이 차대를 받는다고 주장하면서 과전을 다른 지역으로 이전시켜 줄 것을 요청하였다. 정부는 경기 백성이 차대를 받고 있다는 사실을 인정하고 이 문제를 해소하기 위하여 노력하였다. 경기 백성의 요청을 빌미로 국가는 과전의 관리에 직접 관여하는 '과전국가관리체제'를 강화하였다.

경기 백성이 차대를 받는 것은 수조를 받는 자들의 지위가 관원이었으므로 수조권을 매개로 관원들이 수조 외의 이득을 취하고 있었기 때문이었다. 국가는 수조권을 부여하였으나 이는 수조를 받을 수 있는 권리를 부여하였을 뿐, 수조를 매개로 백성을 임의로 지배하는 것을 원하지 않았다.

그러므로 정부는 수조권을 관원에게 부여하였으나 과전의 관리를 전적으로 관원들에게 위임하지 않았다. 관원이 관직에 임명되면 과전을 분배하고, 관직을 벗어나면 거두어들였다. 물론 대신의 경우는 과전을 죽을 때까지 유지했으나, 대신이 사망하면 국가는 일단 이를 수용하여 대신의 처자식에 재분배하였다. 국가는 과전의 분배를 지속적으로 관리하고 있었다.

정부는 관원이 거두어가는 수조량에 대해서도 관여하였다. 수조량을 많이 거두려는 전주와 적게 내려는 전객 간에 갈등이 항시 발생하고 있었다. 국가는 분배된 수조지에서 거두어 갈 수 있는 최대 수조량을 법으로 규정하였다. 즉 관원은 수조지에서 생산량의 1/10에 해당하는 양의 곡식을 거두어갈 수 있었다. 조선 초기에는 1결당 평균 300두를 생산하는 것으로 계산하여 관원은 1결당 30두까지 거두어 가도록 규정하였다.

그러나 국가는 전주가 1결당 30두를 모두 거두어가도록 하지 않았다. 그 해마다 농사 상황을 고려해 수조량을 조절하였다. 즉 흉년이 들 때는 수조량을 감해 주었다. 수조량을 감해 주는 절차를 '손실답험(損實踏驗)[3]'이라고 하였다. 전주는 매년 손실답험을 시행하여 풍흉을 감안해 수조량을 감해 주어야 하였다. 수조량은 최대 30두였으나 흉년이 심한 경우에는 전액 감하여 수조를 면제해줄 수도 있었다.

대부분의 전주와 전객 간의 갈등은 손실답험 과정에서 일어났다. 국가는 수조권을 분배하면서 손실답험권도 전주에게 분배하였으므로 전주가 정당한 손실답험을 시행하지 않는 경우가 많았다. 이것이 전주와 전객 사이의 갈등 원인이 되었다.

국가는 손실답험 과정에서 갈등이 일어나면서 경기민들이 과전을 다른 지역으로 옮겨 달라고 요청하자 국가과전관리체제를 강화하였다. 결국 국가는 과전관리에 나서 전주의 손실답험권을 빼앗아 국가에서 선임하는 관원에게 맡기는 개혁을 단행하였다. 국가가 손실답험의 과정에 관여하면서 수조량의 산정은 더욱 합리적으로 운영되었다.

이에 더하여 국가는 전주가 수조를 과하게 거두어가는 경우 전객이 전주를 고소할 수 있도록 허용하였다. 전주는 관원이었으므로 전객은 전주를 고소하기 쉽지 않았다. 그러나 국가는 '전주고소권'을 허용하여 수조를 규정에 따라서만 수수할 수 있도록 관리하였다. 전객이 전주를 고소할 수 있게 되면서 과전을 매개로 전주가 전객을 임의로 지배할 수 있는 가능성은 줄어들었다.

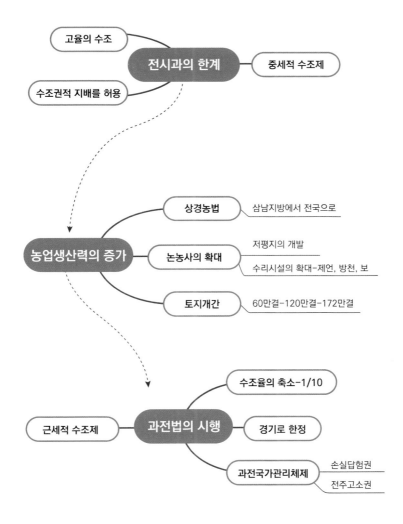

　　국가는 과전국가관리체제를 강화하여 수조량을 국가가 산정하고, 과도한 수조를 하는 경우 전객이 전주를 고소하도록 함으로써 과전으로 인한 경기지역 백성에 대한 차대를 해소할 수 있었다.

일원적 수조체제의 구축

이와 같은 상황이 전개되면서 국가는 일원적 수조체제를 구축하게 되었다. 세종대에 공법(貢法)의 제정은 일원적 수조체제를 만드는 것이었다. 국가는 공법을 시행하여 공전과 사전의 구분 없이 수조과정을 관리할 수 있게 되었다. 국가는 공법의 시행으로 과전국가관리체제를 완비하면서, 수조권을 빙자해 과도한 수취를 하는 신분적 경제를 해소하였다. 이로써 백성들의 경제적 지위가 상승하였다.

이와 같이 과전국가관리체제를 정비하면서 과전법의 성격은 전시과와 완전히 달라졌다. 전시과는 신분이 경제에 영향을 주는 신분적 경제의 성격을 가진 제도였으나, 과전법은 국가가 과전을 관리함에 따라 중세적인 성격을 탈피하였다. 그러므로 과전법은 수조지를 분급하였으나 경제외적 강제를 배제하고, 경제적 권리만을 부여한 근세적 성격을 가진 토지분급제였다.

3. 과전법의 평가

전지개혁론의 이상

과전법은 수조권에 대한 규정으로 소유권과는 관계가 없었다. 과전법은 토지제도의 개혁이었지만 소유권을 개혁하지 못한 불완전한 개혁이었다. 신진사대부들은 소유권을 개혁하려는 모습을 보여주지 않았다. 그러므로 그간 연구자들은 과전법을 불완전한 토지개혁으로 평가하고, 이러한 개혁 위에 건설된 조선의 건국도 '역성혁명(易

姓革命)'⁴으로 과소평가하였다.

그러나 역사적으로 볼 때 소유권의 개혁은 현대사회에서도 해결하지 못한 과제이다. 인류는 근대를 열면서 법적 평등을 확보할 수 있었고, 법적 평등을 실현하면서 다음 단계의 과제인 경제적 평등을 논할 수 있는 입지를 확보하였다. 근대 사회를 연 지 이미 200년이 경과한 현시점에서도 경제적 평등의 실현은 아직 요원하다. 그러므로 경제적 평등과 같은 이상론을 가지고 과전법을 평가하는 것은 적절하지 못하다.

고려 말 사대부들은 유교 경전에서 보이는 정전제[5]를 이상시하고 이를 실현하고자 하였다. 즉 정전제는 사대부 토지개혁의 이상이었다. 그러나 사대부들은 정전제의 실현을 토지의 재분배로 해석하지 않았다. 사대부들은 정전제의 의미를 국가의 역할과 국가가 백성에게서 거두어들이는 수조율로 이해하였다.

이와 같은 신진사대부의 정전제 이해는 편향된 것으로 보이지 않는다. 정전제의 이상론을 제시한 맹자도 그 관심이 수조율에 있었다. 고대 사회에서 전지의 확보는 그리 어려운 과제가 아니었으므로 정전제의 초점은 국가의 역할과 수조율에 있었다. 고려 말 사대부들은 아직 법적인 평등도 이루어지지 않았고, 무전지민(無田之民)[6]이 상당수에 달한 현실에서 소유권의 분배를 개혁의 목표로 설정하지 않았다.

수조율과 법에 의한 과세

고려 말 현실에서 가장 크게 인식되는 문제는 수조율이었다. 고려의 수조율이 1/4에 이르고 있었고, 고려 말의 현실에서는 그 이상의 수조가 약탈적으로 시행되었다. 전지를 소유한 백성마저도 과도한 수조율로 생계를 연명하기 어려웠다.

고려의 실제 수조량이 1/4을 상회하면서 권문세족들은 수조권의 확보에 집중하여 혼란은 극대화되었다. 권문세족들은 낮은 농업 생산력 하에서 관리의 비용까지 들어가는 병작제보다 권력으로 확보가 용이하고, 수조율도 높은 수조지의 집적에 더욱 집중하였다. 고려 말의 경제적 모순의 중심에 수조권적 농장[7]이 위치하였던 것은 당연하였다.

이러한 상황을 경험한 사대부들은 고려 말의 혼란을 해결하기 위해 맹자가 제시한 정전제의 수조율을 시행하는 것을 개혁의 핵심 과제로 생각하였다. 정전제의 수조율은 1/9이었으나, 사대부들은 1/10의 수조율을 실현하는 것이 정전제의 이상을 실현하는 것으로 이해하였다. 그러므로 사대부들은 과전법을 단행하여 1/10의 수조율을 시행하면서 자신들이 전지 개혁에 성공하였다고 자부하였다.

사대부들은 과전으로 수조지를 분배하였지만 정전제의 이상인 1/10 수조율을 시행하였다. 또한 과전국가관리체제를 강화하여 과전법의 운영에서 중세적인 '경제외적 강제'를 차단하면서 법에 의한 과세를 실현하였다. 그러므로 과전법은 중세를 넘어 새 시대를 여는 제도가 될 수 있었다.

명예혁명과 과전법

세계사적으로 혁명을 보는 시각은 다양하다. 영국은 무혈의 '명예혁명(名譽革命)[8]을 자랑하고 있다. 영국은 명예혁명으로 진정한 근세를 열 수 있었기 때문이다. 명예혁명의 핵심 성과는 법에 의한 과세였다. 법에 의하지 않은 자의적인 과세를 불법으로 규정한 것이었다.

과전법의 핵심 성과도 법에 의한 수조였다. 수조율 1/10을 법으로 규정하였고, 수조 과정에 나타날 수 있는 경제외적 강제를 불법으로 규정하고 제한하였다. 형식은 다르지만 과전법과 이어지는 다양한 국가의 조치들은 영국의 명예혁명과 실제적으로 같은 성과를 거두었다. 이와 같은 성격을 가진 과전법 위에 건설된 조선의 건국을 역성혁명(易姓革命) 정도로 평가 절하하는 것은 적절하지 않다. 그러므로 조선을 과전법의 명예혁명 위에 건설된 근세 국가라고 평가할 수 있다.

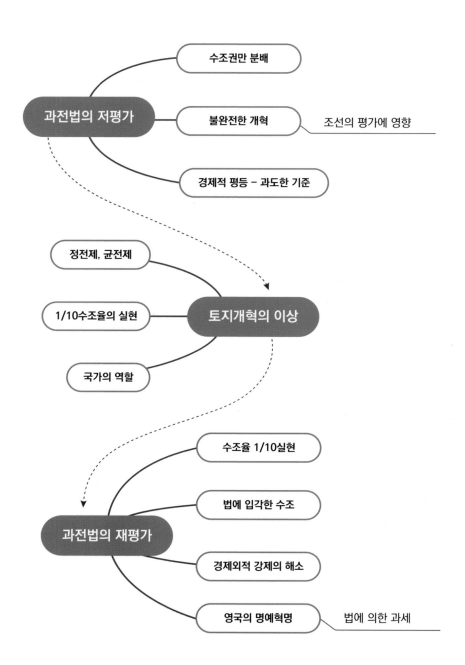

과전법의 저평가
- 수조권만 분배
- 불완전한 개혁 ——— 조선의 평가에 영향
- 경제적 평등 – 과도한 기준

정전제, 균전제
1/10수조율의 실현
국가의 역할
→ 토지개혁의 이상

과전법의 재평가
- 수조율 1/10실현
- 법에 입각한 수조
- 경제외적 강제의 해소
- 영국의 명예혁명 ——— 법에 의한 과세

과전법

공양왕 3년(1391) 5월 도평의사사에서 상서하여 과전(科田)을 지급하는 법을 정할 것을 청하니, 그 의견을 따랐다. 문종이 정한 바에 따라 경기의 주군을 좌도와 우도로 나누고, 1품으로부터 9품의 산직(散職)에 이르기까지 나누어 18과(科)로 하였다.(중간생략) 경기는 사방의 근본이므로 마땅히 과전을 두어 사대부를 우대하고, 무릇 서울에 거주하며 왕실을 시위하는 사람에게는 현직인지 산직(散職)인지를 묻지 않고 각각 과에 따라 받게 하였다.(생략)

무릇 공전(公田)과 사전(私田)의 조(租)는 수전(水田) 1결마다 조미 30두, 한전 1결마다 잡곡 30두로 하고, 이외에 횡렴하는 자가 있으면 뇌물을 받은 죄로 처벌한다. 전주(田主)가 전객(佃客)이 경작하는 토지를 빼앗으면, 1부(負)에서 5부까지는 태형 20대에 처하고, 매 5부마다 1등급을 가중하되 처벌은 장형 80대에서 그치며, 직첩(職牒)은 회수하지 않는다. 빼앗은 것이 1결 이상이면 그 정(丁)을 다른 사람이 교체하여 받는 것을 허락한다.[9]

과전법을 시행하면서 공포한 내용이다. 이에 의하면 경기만 수조지로 분배한다는 것을 명시하였고, 수조율을 1/10로 규정하였으며, 수조를 과하게 거두거나, 전지를 빼앗으면 처벌한다는 것을 분명하게 밝혔다.

명예혁명

영국의 왕 제임스 2세는 가톨릭교도로서, 영국 내에 가톨릭을 확대하려 하였다. 가톨릭교도를 관리로 등용하고, 신앙자유선언을 발표하여 가톨릭을 부활시키려 하였다. 이에 대해 캔터베리 대주교를 비롯하여 7명의 주교가 반대 청원을 하자 왕은 그들을 투옥하였다.

제임스 2세는 의회를 탄압하는 폭정을 지속하였으나 의회는 다음의 왕위가 프로테스탄트교도인 메리에게 계승될 것을 기대하면서 인내하였다. 그러나 1688년에 왕자가 탄생하여 다음 왕을 통한 개혁에 대한 희망이 사라졌다.

따라서 의회에서는 6월 말 네덜란드 총독 오렌지공 윌리엄과 메리 부부에게 영국의 자유와 권리를 수호하기 위하여 군대를 이끌고 귀환하도록 요청하였다. 11월 윌리엄 부부는 1만 5000명의 군대를 이끌고 영국 남서부에 상륙하여 런던으로 진격하였고, 귀족들은 윌리엄 부부의 진영에 가담하였다. 이러한 상황에서 제임스 2세는 12월 프랑스로 도피하였다.

런던에 입성(入城)한 윌리엄 부부에게 의회에서는 '권리선언(權利宣言)'의 승인을 요청하였고, 부부는 그것을 승인하고 윌리엄 3세, 메리 2세로 공동으로 왕위에 올랐다. 권리선언을 약간의 수정을 가한 후 1689년에 '권리장전(章典)'으로 공포하였다.

이와 같은 명예혁명을 통해서 의회의 지위가 확고해졌다. 의회의 승인 없는 과세의 금지, 의회 안의 언론 자유 등 국민과 의회의 권리가 강화되었다. 이로써 영국은 근세정치를 실현할 수 있었다.

경제외적 강제

경제외적 강제는 경제적 관계와 대비되는 의미를 가진다. 경제적 관계는 상호 계약에 의해 재화를 주고받는 관계로 현대사회의 일반적인 경제관계이다.

전근대 사회에서는 계약당사자 간에 신분적 차이가 있기 때문에 경제적 계약관계를 넘어서는 수탈이 진행될 수 있었다. 영주와 농노 사이가 대표적인 것으로, 이를 경제외적 강제 혹은 신분적 경제관계라 하였다.

봉건 영주는 자기의 뜻으로 결정한 고율의 봉건지대를 농민으로부터 노동지대나 생산물지대의 형태로 징수하기 위해 무력으로 농노를 구속하는 것이 필요하였다. 영주는 재판권과 경찰권으로 농노를 억압하여 고율의 봉건지대를 거두어갈 수 있었다.

조선의 관원들은 국가로부터 수조지를 받았다. 기존의 연구에서는 수조지를 국가로부터 받는 봉토와 같이 해석하고, 수조지의 지급을 수조권적 지배를 허용하여, 전주는 전객에게 경제외적 강제를 행할 수 있는 지위에 있다고 이해하였다.

그러나 최근의 연구에 의하면, 국가는 법으로 수조량을 1/10로 낮게 규정하였고, 전주가 과잉 수조를 하는 경우에, 전객이 전주를 국가에 고소하도록 허용하여 전주는 전객에게 정해진 수조량 이상을 거둘 수 없었다.

즉 중세의 영주는 재판권을 동원하여 농노를 억압하였음에 비하여 조선에서는 오히려 국가가 재판권으로 전객을 보호하였다. 그러므로 조선에서 전주는 경제외적 강제를 통해 전객을 억압할 수 없었다.

1 낮은 평지.

2 과전국가관리체제는 과전을 국가가 관리하는 체계라는 의미이다. 과전은 수조권
   을 관원에게 주어 과전의 관리를 위임한 것이었으나, 문제가 발생하자 국가가 나
   서서 과전을 관리하는 체제를 구축하였다.

3 풍흉에 따라 9등급으로 나누어 수조량을 감해 주었다. 이러한 규정은 공법을 만
   들면서도 적용되었다.

4 역성혁명이란 왕조 교체로, 왕의 성씨만 바꾼 정권 교체라는 의미이다. 그러므로
   새로운 시대를 여는 '혁명'이라는 의미는 가지지 않았다.

5 정전제는 중국의 삼대(三代)에서 행해진 이상적인 토지제도이다. 토지의 한 구역을
   '정(井)'자로 9등분하여 8호의 농가가 각각 한 구역씩 경작하고, 가운데 있는 한 구
   역은 8호가 공동으로 경작하여 그 수확물을 국가에 조세로 바치는 토지제도였다.

6 토지가 없는 백성.

7 수조권을 받은 경작지를 농장 형태로 관리하였다.

8 명예혁명은 피를 흘리지 않았다는 의미에서 '명예'라는 수식어를 넣었다. 피를 흘
   리지 않았지만 의회의 권한을 강화하면서 새시대 근세를 연 실제적인 혁명이었다.

9 『고려사』 권78, 식화1, 전제, 녹과전.

제9강

부세제도와 국가재정의 정비

1. 호등제 중심의 부세제도

부세의 정비

과전법을 시행하여 토지제도를 정비하면서 사대부들은 백성이 부담하는 부세제도[1]도 정비하였다. 백성이 부담하는 부세는 과전법에서 규정한 전조와 공물, 부역, 군역 등이 있었다. 군역은 역을 지는 백성에게 품계를 부여하고 있어 단순하게 부세로만 규정하기는 어렵지만, 백성의 주요한 부담되었다.

사대부들은 고려 말의 혼란 속에서 백성들이 지는 의무가 과중하였다고 생각하였다. 부과하는 방식도 투명하지 못하여 운영 과정에서 부정이 심하였다고 생각하였다. 그러므로 규정을 분명하게 하여 잘 지킬 수 있는 부세체제를 만들고자 하였다.

적정한 부세를 부여하고자 할 때 가장 어려운 것은 백성들이 지는 부담이 다양하다는 것이었다. 백성들은 전세, 공물, 요역, 군역 등을 중복해 부담하고 있었다. 정부는 이를 투명하게 관리하기 위해서 먼저 부과하는 방식을 명료하게 정비하는 것이 필요하였다.

호등제의 시행

농업이 주된 생산수단이었던 조선에서 생산의 기초는 경작지인 전(田)과 노동력인 인정(人丁)이었다. 생산은 백성이 노동력으로 전지를 경작하면서 가능하였다. 그러므로 당연히 부세도 전지인 전(田)과 노동력인 정(丁)을 기반으로 하는 전정제(田丁制)에 의해 부과되었다. 국가는 백성의 전정을 파악하고, 이를 기준으로 백성의 경제적 처지를 파악하였다. 그러나 이미 고려 후기부터 경작지는 인구수에 비하여 부족하였고, 전지에서 분리된 노동력은 의미를 가지기 어려웠다. 그러므로 점차 전지가 경제적 처지를 정하는 기준으로 정비되었다.

국가는 전지 소유의 다과를 기준하여 호등제(戶等制)를 정비하여 부세를 부과하는 기준으로 삼았다. 국가는 백성이 5결 이상의 전지를 가져야 국가에서 부담시키는 다양한 부세를 단독으로 감당할 수 있다고 생각하여 5결에서 10결의 전지를 부세 부과의 기본 단위로 책정하였다.

국가는 5결 이상의 전지를 가진 백성들을 전지의 크기에 따라 대호, 중호, 소호로 나누었다. 5결에서 10결 사이를 소호, 10결에서 20결 사이를 중호, 20결 이상을 대호로 구분하였다.

5결에서 10결의 전지를 가진 호를 단독으로 부세를 담당할 수 있는 기본호로 삼은 것은 매우 여유가 있는 부세 부과의 기준을 설정한 것이었다. 조선 후기의 기준에서 볼 때 1결의 전지를 경작하는 경우 가족의 생계를 여유 있게 이어갈 수 있는 부농으로 파악되었기 때문이다.

전지 소유 상황에서 볼 때 이러한 여유가 있는 부세기준의 책정이 적절한 것이었을까? 국가가 이러한 기준을 설정할 수 있었던 것은 조선 초기의 자료에 의하면, 5결 이상의 전지를 가진 호구의 수가 전체 호의 30%에 달하였기 때문이었다.

물론 모든 백성이 5결 이상의 전지를 가질 수는 없었다. 70%에 달하는 호구가 5결 이하의 전지를 소유하고 있었다. 그러나 정확한 자료는 없지 5결 이상의 전지를 소유한 호가 30%에 달하였다는 통계를 볼 때 생계를 이어가면서 부세를 부분적으로라도 부담할 수 있는 1결 이상의 전지를 가진 호가 상당수에 달하였음을 짐작할 수 있다. 그러므로 국가는 5결을 부세 부과의 기준으로 설정할 수 있었다.

정부는 5결 이하의 호에도 과세하였다. 5결 이하의 호를 잔호(殘戶)[2]로 규정하였다. 단독으로 부세를 부담할 수는 없었지만 잔호는 몇 호를 같이 묶어 주면 부세를 담당할 수 있는 자투리호였다. 국가는 잔호가 가진 전지의 규모에 따라 이를 두 단계로 나누었다. 3~4결의 전지를 소유한 호를 잔호로 나누고, 1~2결의 전지를 소유한 호를 잔잔호(殘殘戶)로 나누었다. 5결의 전지를 기준으로 이들을 2~3호씩 묶어 한 몫의 부세를 담당하도록 하였다.

호등제의 적용

이러한 규정을 정비하면서 국가는 국민이 소유한 전지를 기준으로 과세하였다. 전조는 전지에서 생산되는 농산물을 거두는 것이었으므로 과세를 전지의 소유 기준으로 부과하는 것이 당연하였다.

공납은 지방의 토산물을 현물로 수취하여 국가의 수요품을 조달하는 수취제도였다. 공납으로 내는 공물은 농업생산물을 비롯하여 가내수공업 제품, 해산물, 과실류, 광산물 등이 망라되어 있었다. 공납은 정규적인 상공(常貢)과 수시로 거두는 별공(別貢)이 있었다. 공물역시 호등제에 의해 부과되었다.

전조와 공납 등 현물을 받는 경우는 물론, 인정을 동원하는 요역과 군역에도 이 원칙이 적용되었다. 요역은 백성의 노동력을 징발하는 제도였다. 노동력은 물자의 생산이나 수송, 토목공사 등에 사용되었다. 호등제가 정비되면서 각 호가 소유한 전지에 비례하여 노동력을 징발하였다.

성종대에 이르면 소유한 전지 8결당 1인의 노동력을 내는 '8결작부제'를 시행하였다. 8결은 소호의 기준인 '5결 이상 10결 이하'의 중간 값을 상정한 것으로, 8결작부제 역시 호등제를 적용하여 정비한 것이었다. 그러므로 소호의 경우 1인, 중·대호의 경우 2인 이상의 인정을 내었다. 물론 잔호, 잔잔호의 경우 소유 전지의 결수를 묶어 8결당 1인의 인정을 제공하였다. 국가는 징발한 인원의 노동일수를 1년에 6일을 넘지 않도록 규정하면서 백성의 부역 부담을 줄여 주었다.

군역의 경우에도 소호를 기준으로 1인의 군인을 내었다. 중호, 대호에서는 그 이상의 인정을 제공하였다. 잔호, 잔잔호의 경우는 2~3가구를 묶어 '3정1호제(三丁一戶制)'³로 운영하여 1인의 군인을 내도록 하였다. 군역을 담당하는 1인을 호수(戶首)로 정하고, 남은 인원을 보인(保人)으로 책정하여 호수를 지원하도록 하였다. 호등제의 시

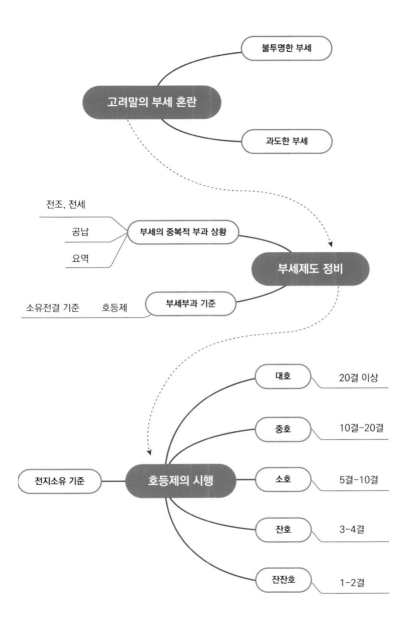

행으로 조선은 합리적으로 부세제도를 운영할 수 있는 기반을 확보할 수 있었다.

2. 국가재정의 정비

국가는 부세를 전조, 전세, 공납, 요역을 중심으로 편성하면서 국가의 재정을 관리하는 체계도 정비하였다. 조선 건국기 국가의 재정은 일원화되지 않았다. 이는 건국 초기에 고려의 제도를 그대로 이어받았기 때문이었다. 고려에서는 각 관청에 수조지를 분배하여 각 기관이 독립적으로 재정을 운영하도록 하였다. 왕실도 수백 개의 수조지인 장처(莊處)를 확보하여 여기서 나오는 수조로 왕실의 재정을 운영하였다.

사대부들은 조선을 건국하면서 중앙집권적 체제를 추구하였고, 국가재정도 일원화하여 운영에 공공성과 투명성을 확보하고자 하였다. 이를 위해 우선적으로 해결해야 할 것이 국가재정을 맡는 부서를 정비하는 일이었다. 국가재정을 일원화하는 것은 국가 경제체제의 정비와 같이 진행되어야 하는 것이었으므로 시간이 걸렸다. 조선은 건국 직후에 고려의 전통을 따라 삼사(三司)⁴를 두어 재정을 담당하게 하였다.

고려에서는 삼사가 재정을 관리하는 기구였으나 고려의 국가재정은 왕실과 각 기관에서 나누어 관리하였으므로 그 영향력이 크지 않았다. 이러한 전통을 이어받아 조선 건국기의 삼사는 고려와 유사한 재정 기능을 수행할 뿐이었다. 국가재정을 일원화하는 것은 잠시 유보되었다.

호조 기능의 강화

국가재정의 일원화는 호조의 강화와 함께 시행되었다. 사대부들은 조선을 건국하면서 삼사와 더불어 육조의 하나인 호조를 두어 재정을 관리하게 하였다. 그러나 호조는 실무를 집행하는 의정부의 하위 기구에 불과하였으므로 국가재정을 총괄하는 위치에 있지 않았다. 국가는 국가재정을 일원화하기 위해 주무 부서를 만드는 것이 필요하였고, 이에 호조를 국가재정을 총괄하는 부서로 정비하였다.

태종은 즉위 5년째에 관제개혁을 단행하면서 호조 책임자의 지위를 올렸다. 즉 3품에 불과하였던 호조판서의 품계를 2품으로 올려 대신으로 삼았고, 호조에 관련한 일을 왕에게 직접 상신할 수 있는 직계제를 허용하였다. 이로 인해 호조가 국가재정을 운영하는 명실상부한 최고기관이 되었다. 또한 이전까지 재정을 주도하였던 삼사를 호조에 병합시켰다.

국용전제(國用田制)의 시행

호조를 재정을 총괄하는 부서로 만들면서 국가기관의 재정을 호조의 관리 아래 통일시켰다. 조선을 건국하면서 국가는 수조지를 중앙 각 기관과 지방의 기관에 나눠주어 각 기관이 별도로 전조를 거두어 기관을 운영하게 하였다. 국가는 국가재정을 일원화하기 위해 1445년(세종 27) 국용전제를 시행하여 각 기관의 수조지를 국용전으로

통합하였다. 호조가 국용전을 관리하게 되면서 국가재정의 출납을
일원화할 수 있었다.

왕실재정의 정비

각 기관의 수조지를 국용전제로 일원화하면서 왕실의 재정도 국
가재정 내에 편입하는 개혁을 단행하였다. 조선의 건국 초기에 왕실
재정은 고려의 관행을 따라 국가재정과 분리되어 있었다. 왕실은 별
도의 수조지를 관리하면서 왕실의 비용을 충당하였다.

고려의 왕실은 수백 곳에 이르는 장(莊)과 처(處)를 관리하면서 여
기서 나오는 수조를 왕실재정의 기반으로 삼았다. 이러한 전통을 이
어받아 조선 초기 왕실재정을 5고(五庫), 7궁(七宮) 등 왕실이 별도로
관리하는 사장고(私藏庫)⁵를 중심으로 운영하였다.

신진사대부들은 이미 고려 말부터 왕실의 재정을 투명하게 관리
하기 위해 노력해 왔고, 왕의 사사로운 재정의 운영을 억제하여 왕실
재정 운영의 공공성을 확보하려 노력하였다. 태종대에 이르러 5고 7
궁 등 왕실재정을 담당하던 부서를 내섬시, 내자시 등 공식 국가기구
로 바꾸는 개혁을 시행하였다.

왕실재정을 호조의 관리 하에 두는 통합 개혁은 세조대 횡간(橫
看)이 편성되면서 완비되었다. 왕실재정을 횡간 내에 공상(供上)으로
편성하면서 왕실의 재정도 국가재정 내에 편성되었다. 이로써 왕실
재정의 공공성을 확보할 수 있었다. 물론 이후에도 왕실은 왕실의 출
가하는 자녀들을 위해 내수사를 통해 왕실재정을 별도로 운영하였
다. 사대부들은 이에 대해서도 일정하게 견제하면서 왕실재정의 공

공성을 유지하고자 노력하였다.

　이상에서 살펴볼 때 국가는 호등제를 시행하여 부세 부과의 합리적 기준을 마련하였고, 관청재정은 물론 왕실재정까지 호조가 통합 관리하게 하였다. 이로써 조선의 국가재정은 중세를 넘어서는 투명성과 공공성을 확보할 수 있게 되었다.

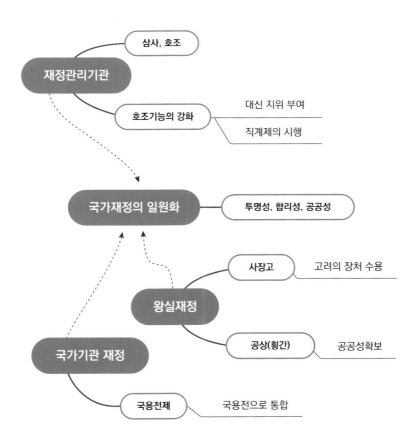

호등제의 기준

저화는 경작하는 땅의 많고 적은 것에 따라서 20결 이상의 대호에는 3장으로 하되 10결마다 1장을 더하고, 10결 이상의 중호에는 2장으로 하고, 5결 이상의 소호에는 1장으로 하고, 3결 이상의 잔호에는 2호가 아울러 1장으로 하고, 2결 이하의 잔호에는 3호가 아울러 1장으로 하고, 1결 이하와 환과고독(鰥寡孤獨)은 일체 모두 면제하소서. 임금이 그대로 따랐다.[6]

호의 등급을 대호, 중호, 소호, 잔호로 나누고, 등급에 따라 부세의 부담을 달리 책정하고 있다.

호등제의 구성 비율

이 도는 26고을의 민호의 합계가 11,538호인데, 그중에서 대호가 10호, 중호가 76호, 소호가 1,641호, 잔호가 2,043호, 잔잔호가 7,773호로, 땅은 좁고 전지는 적습니다.[7]

강원도 감사가 올린 내용으로, 강원도의 호등제에 관한 기록이다. 이는 강원도의 대호, 중호, 소호의 비율을 보여준다. 이 기록에 의하면 5결 이상 전지를 소유한 호수가 30%를 넘고 있다.

호등제와 군역

1. 갑사는 2~3결 이하는 봉족 2호를 주고, 4~5결 이하는 1호를 주고, 6~7결 이상은 주지 말 것.
1. 시위군과 완산자제패는 1~2결 이하는 봉족 2호를 주고, 3~4결 이하는 봉족 1호를 주고, 5~6결 이상은 주지 말 것.
1. 기선군은 2~3결 이하는 봉족 2호를 주고, 4~5결 이하는 봉족 1호를 주고, 7~8결 이상은 스스로 1령을 세우고, 15결 이상은 스스로 2령을 세울 것.[8]

군역의 배정에 호등제를 적용하고 있다. 5결 이상의 농지를 가진 호는 단독으로 군역을 지게 하였고, 5결 이하의 호에 대해서는 1인, 혹은 2인의 봉족을 지급하고 있다. 물론 군종에 따라 군역의 부담이 달랐으므로 군종에 따라 부담을 나누는 기준에 차이가 있었다.

| 미 주 |

1 백성이 국가에 지는 의무를 모두 부세로 부를 수 있다.

2 전지를 5결 이하를 소유한 호는 몇 호를 합하여 부세를 담당하였다. 그러므로 5결 이하의 호를 짜뚜리호라고 부를 수 있다.

3 3정을 1호로 편성하고, 1명의 군인을 내게 하였다. 1명의 군인은 보통 1년에 3개월의 군역을 졌다. 그러므로 이를 3인으로 나누면, 장정은 1년에 1개월의 군역을 지는 셈이었다. 장정은 16세부터 60세까지 군역을 지도록 규정되어 있었으므로, 60세까지 사는 경우 45개월의 군복무를 하였다. 그러나 당시 평균수명은 약40세 정도로 추정되므로 실제 복무하는 기간은 줄어들 수밖에 없었다.

4 재정을 담당한 기구를 삼사로 불렀다. 이 명칭은 사헌부 사간원 홍문관 등의 세 부서를 부르는 명칭과 같았다. 이를 구분하기 위해서 후자를 언론 삼사라고도 부른다.

5 사장고는 왕의 개인재산으로 취급되었다.

6 『태종실록』 권30, 태종 15년 7월 기유.

7 『세종실록』 권74, 세종 18년 7월 임인.

8 『태종실록』 권7, 태종 4년 5월 계해.

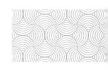

제10강

부세제도의 개혁과 상업경제의 발전

1. 공법의 시행

부세의 개혁

조선이 건국되고 안정됨에 따라 사대부들은 민생(民生)을 고려하면서 백성의 부담을 줄여 갔다. 먼저 세종대에는 전조제도를 정비하기 위해 공법을 시행하였고, 세조대에는 횡간을 마련하여 부세를 관리하는 방법을 획기적으로 개선하였다. 이러한 제도의 개선은 백성의 삶을 배려하는 민생론(民生論)의 관점에서 추진되었다. 부세제도가 합리적으로 개선되면서 백성의 삶은 점점 나아졌다.

전조의 개선

국가의 주된 세입은 다양하였으나 가장 중심에 있는 것은 전조였다. 국가는 과전법을 만들면서 전조를 수확량의 1/10으로 상정하여 1결당 30두를 받는 것으로 결정하였다. 처음에는 1결당 20두를 고정으로 받도록 계획하였으나 농사의 경우 풍년과 흉년에 따라 생산량이 달라졌으므로 1결당 30두로 책정하고 그해 그해의 생산량을 고려해서 세액을 변동시키는 체제를 구축하였다. 기후 변화에 따른 생산량의 변화를 고려한 손실답험(損失踏驗)을 시행하여 매년 세액을 변동시키는 방식을 채택하였다.

이와 같은 답험손실제는 이상적인 방안이었으나 이를 시행하는 과정에서 문제점이 노출되었다. 해마다 생산량을 산정하고 그에 따라 세액을 조정하는 과정에서 문제가 발생하였다. 수령이 답험을 하여 수조량을 결정하는 공전에서는 문제가 발생하지 않았으나, 수조권을 관원에게 나누어준 사전인 과전에서 문제가 나타났다. 수조권자인 전주(田主)가 답험을 시행하면서 수조량을 과하게 책정하고 있었다.

이에 국가에서는 과전의 관리에 적극적으로 관여하면서 문제를 해소하고자 하였다. 수조량을 전주가 정하지 않고 국가가 선임한 관리를 통해 결정해주는 방식을 도입하였다. 또한 전주가 과도하게 세액을 책정하는 경우 전객이 전주를 고소할 수 있도록 허용하였다. 이러한 조치를 통해 과전에서 나타나는 과도한 수조의 문제를 해소할 수 있었다.

공법의 실시

과전에서 발생했던 과도한 수조의 문제가 해결되자 경기도에 분배한 과전과 여타 지역에 분배한 공전 사이에 큰 차이가 없게 되었다. 그러므로 세종은 이를 일원적으로 관리할 수 있는 방법을 모색하

세종대왕 세종대왕은 조선의 기틀을 마련하였다. 천민론을 주장하였고, 한글을 만들었으며, 17만 명 이상의 백성의 의견을 청취하여 공법을 만들었다. 인품과 능력이 탁월한 대왕이었다.

여 공법을 제정하였다. 세종과 관원들은 매년 세액을 작황에 따라 결정하는 손실답험 과정에서 부정이 개입되었으므로 손실답험제를 없애고 세액을 정액제로 고정시키고자 하였다. 세액을 결정하는 과정에서 나타날 수 있는 부정을 원천적으로 없애고자 하였다. 정부는 1결당 10두 정도의 정액제를 구상하면서, 정액제라는 의미를 가진 공법이라는 이름도 제시하였다.

세종은 관원들과 공법의 시행방안을 검토하는 과정에서 17만 명이 넘는 백성들의 의견을 수용하였다. 그 결과 1결당 20두를 정액제로 거두는 공법을 발표하게 되었다. 그러나 정부는 공법을 바로 시행하지 않고, 우선 시범 지역을 정하여 운영하면서 문제점이 있는지 검토하였다.

시범 운영을 시행한 결과 문제점이 노출되었다. 새로 만든 공법의 규정을 적용하자 백성들은 이전보다 거의 2배의 부담을 져야 하였다. 이는 그 사이 농업생산력이 증가하였으나 이를 정확하게 반영하지 못하다가 시범 운영을 통해 생산량을 정확하게 측정하게 되면서 확인된 결과였다. 정부는 이에 대한 처리 방법을 두고 많은 논의를 하였다. 사대부들은 1/10의 수조율을 이상적인 정책으로 생각하였으므로 이를 변경하는 것은 매우 어려운 결정이었다. 그러나 정부는 결국 민생을 배려한다는 관점에서 1/10 수조율을 1/20로 변경하는 것으로 결정하였다.

공법의 시행으로 수조율을 1/20로 조절하면서 백성은 조금 더 경제적으로 여유를 가질 수 있었다. 물론 공법의 시행으로 공전과 사전의 구분은 사실상 없어졌고, 경기 백성의 차대도 해소할 수 있었다.

2. 공안의 개혁

공안 중심의 재정 운영

공법을 통해 전조를 개혁하면서 재정 운영방식도 정비하였다.

조선의 국가재정은 호조를 중심으로 일원화되면서 세입 세출에 대한 내용도 정비되었다. 태조대부터 세입장부인 공안을 만들어 운영하였다. 공안에는 전세를 비롯하여 공물과 부역 및 잡세 등의 내역이 기록되어 있었다.

조선 초기에는 3년 정도 사용할 수 있는 재정을 항시 비축하고 있어야 한다는 3년지축론(三年之畜論)의 명분 아래, 비축에 중점을 두면서 수입과 지출의 균형을 맞추지 않았다. 국가는 거두어들일 수 있는 모든 것을 거두어들이고, 사용하고 남은 것을 비축하는 것이 바람직한 재정 운영방식이라 생각하였다. 이러한 운영방식을 양입위출(量入爲出)의 방식이라 불렀다. 이러한 방식에 입각한 재정의 운영은 방만할 수밖에 없었으므로 개혁이 필요하였다.

횡간(橫看)의 마련

세종대부터 새로운 재정 운영방식에 대해 논의를 하였으나 세종대에는 공법 논의에 전력을 다하면서 별다른 성과가 없었다. 세조대에 이르러서야 논의가 본격적으로 진행되어 세출예산표인 횡간을 마련하면서 개혁이 가능하였다. 횡간을 만들어 중앙 관서들의 연간경비를 고정시키면서 새로운 재정 운영방식을 정립할 수 있었다.

먼저 관서에서 사용할 비용을 계산하여 세출예산표인 횡간을 작성하고, 이를 바탕으로 세입예산표인 공안을 수정하였다. 이와 같은 재정 운영방식을 양출제입(量出制入)의 방식으로 불렀다.

공안과 횡간을 마련하면서 국가재정의 틀이 정비되었다. 공안에는 전조와 전세, 공물, 부역, 잡세 등 백성에게 징수할 항목과 구체적인 양이 기록되었다. 공안의 항목 중에서 전조와 전세의 경우에는 풍흉에 따라 변동이 있었으므로 수납액이 일정하지 않았으나, 나머지 부역, 공물, 진상 및 잡세 등은 큰 변동 없이 거의 일정하게 유지되었다.

횡간의 주된 항목은 상공, 녹봉, 군자, 의창, 국용 등이었다. 상공은 왕실 유지 비용이었고, 녹봉은 관원에게 지급되는 급료였다. 군자는 군사들을 유지하는 군량이었으나 흉년을 당하면 진휼을 위한 재원으로도 사용되었다. 의창은 빈민에게 대여하여 추수 후에 회수하는 복지자원이었다. 국용은 국가의 제사 등 국가 운영에 필요한 제반 경비로 사용되었다.

세조대 횡간을 작성한 것은 매우 중요한 개혁이었다. 횡간을 만들면서 국가재정의 수입과 지출을 맞추는 것이 쉬워졌다.

공안의 개정

세조대에 횡간을 만들면서 이를 근거로 한 새로운 공안을 만들었다. 세조대와 성종대에 각각 새롭게 공안을 개정하였다. 공안을 개정하면서 민생을 위하여 공안의 비용을 줄이는 개혁도 추진하였다. 세조대에는 세종대에 비하여 그 비용을 2/3로 축소하였고, 성종대에는 다시 세조대의 공안을 기준으로 그 비용을 1/2로 줄였다. 두 차례의 공안 개정으로 백성들은 세종대에 비하여 국세의 부담을 1/3로 축소할 수 있었다.

조선의 분배방식 부국과 민생

한 시대의 경제를 평가할 때 중요한 것은 생산과 분배의 방식이다. 특히 중요한 것은 분배이다. 생산과정에서 확보된 잉여를 국가는 어떻게 분배하고자 하였을까? 이미 설명한 것과 같이 고려 말부터 늘어나기 시작한 농업생산력은 고려 말에 비하여 4~5배에 달하는 대단한 것이었다. 이에 생산력 증가로 나타난 잉여를 분배하는 방식을 정비하는 것이 중요한 과제가 될 수 있었다.

늘어난 잉여를 국가가 어떻게 분배하고자 하였는지를 잘 보여주는 것이 조세의 부과 방식이다. 조세의 부과에서 당사자는 국가와 지배신분, 그리고 백성이었다. 국가는 잉여를 어떻게 정리하고자 하였을까? 과전법의 시행에서부터 살펴보면, 국가는 과전법을 시행하면서 생산력의 증가로 늘어난 잉여의 상당 부분을 백성에게 돌리고자 하였다. 과전법에서 수조율을 1/10으로 줄인 것은 수조를 받는 국가나 지배신분보다는 백성에게 잉여를 돌려주는 방향으로 정책을 정한 것이었다.

이러한 기본 방향은 이후로도 유지되었다. 물론 관원 사이에 국가재정을 바라보는 견해가 통일되지 않았다. 일부 관원들은 '3년지축론'을 강조하면서 부국(富國)의 중요성을 강조하는 부국론(富國論)을 전개하였다. 그러나 이러한 견해를 지지하는 관원의 수는 적었다. 대부분의 사대부들은 부국보다는 소민의 삶에 관심을 가지면서 민생(民生)을 중시하는 민생론(民生論)을 주장하였다.

이러한 입장은 공법의 시행이나 횡간의 제정 및 공안의 정비과정에서도 잘 나타났다. 공법의 시행으로 전조를 1/20까지 내렸고, 횡간을 만들어 공안을 정비하는 과정에서 공안의 액수를 1/3까지 축소하였다. 공안은 전조와 전세는 물론 공물, 부역, 잡세 등을 종합하는

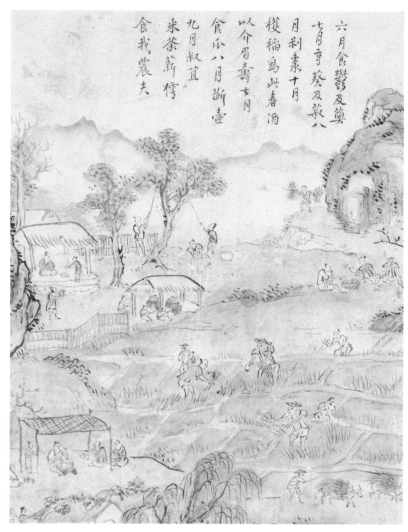

六月食鬱及薁

七月亨葵及菽八

月剝棗十月

穫稻為此春酒

以介眉壽古月

食爪八月斷壺

九月叔苴

采茶薪樗

食我農夫

빈풍칠월도 임금들은 백성의 삶의 어려움을 잊지 않기 위하여 농업 및 잠업(蠶業)에 종사하는 모습을 그린 '빈풍칠월도'를 병풍으로 만들어 좌우에 두었다. 특히 세종은 세종 15년 칠월시를 짓고, 그림을 그리게 하여 궁중의 모든 이들에게 농사의 어려움을 알도록 교육하였다. 조선 초기에 그린 빈풍칠월도는 남아 있지 않으나 조선 후기의 작품은 여러 점 남아 있다. 이는 왕들이 민생(民生)에 유념하였음을 잘 보여준다.

출처: 이방운 『빈풍도첩』, 국립중앙박물관.

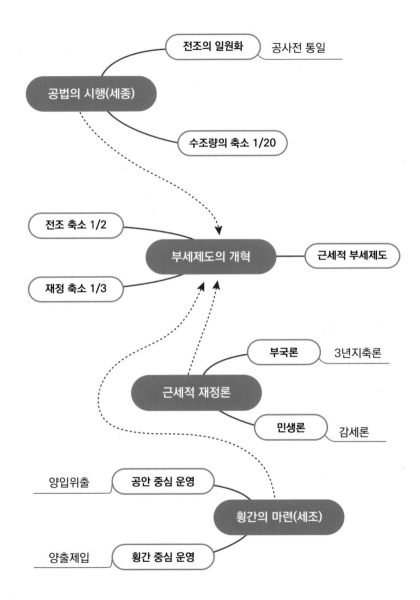

전조의 일원화 — 공사전 통일

공법의 시행(세종)

수조량의 축소 1/20

전조 축소 1/2

재정 축소 1/3

부세제도의 개혁 — 근세적 부세제도

부국론 — 3년지축론

근세적 재정론

민생론 — 감세론

양입위출 — 공안 중심 운영

횡간의 마련(세조)

양출제입 — 횡간 중심 운영

국가재정 장부였고, 한번 정한 것은 쉽게 개정할 수 없었음을 고려한다면 그 액수를 1/3로 축소한 것은 대단한 개혁이었다.

과전법의 시행, 공법의 상정, 공안의 조정 등은 결국 고려 말 조선 초 향상된 농업생산력의 증가에 의한 잉여를 분배하는 방식을 결정하는 과정이었다. 조선의 사대부들은 늘어난 잉여생산이 국가와 백성 사이에서 적정하게 분배되어야 한다고 생각하였고, 오히려 민생론의 입장에서 백성에게 유리한 방향으로 정책을 결정하였다.

이후로도 3년지축론으로 대표되는 부국론을 강조하는 견해들은 시시때때로 제기되었다. 그러나 조선 후기까지도 대세는 민생에 초점이 있었다. 조선 후기 대동법과 균역법 등 큰 개혁도 민생론의 입장에서 추진되었다.

그러므로 조선은 농업생산력을 4~5배 증가시키면서 중세의 생산력 수준을 넘어서고 있었다. 또한 조선은 민생론을 고려한 정책을 시행하면서 잉여의 분배에서도 중세의 수준을 넘어서고 있었다. 따라서 조선은 생산과 분배에서 경제 수준이 이미 중세를 벗어나 근세로 진입하고 있었다.

3. 상업경제의 발전

조선 초기 경제의 중심은 농업이었다. 사대부들은 경제의 근간이 되는 농업에 관심을 집중하였고, 상대적으로 상업에 대해서는 긍정적 입장을 표하지 않았다. 물론 건국기부터 이미 도시의 상업은 상

행상 김홍도는 봇짐장수인 보상과 등짐장수인 부상을 그렸다. 이들은 상품을 이고지고 인근 지역의 오일장을 도는 전문상인들이었다.

출처: 김홍도의 풍속도, 국립중앙박물관.

당한 수준에 이르러 있었다. 대표적인 도시가 한양이었다. 국가는 종로를 중심으로 대대적으로 시전을 개설하여 시전상업을 육성하였고 이를 경시서를 통하여 관리하였다. 조선 초기 한양은 이미 인구가 10만을 넘어서는 국제적인 도시였고, 그에 상응한 상업시설과 상업 인구를 가지고 있었다.

정부가 상업에 관심을 높이지 않은 것은 농업이 충분히 발전하지 않는 상황에서 백성이 상업에 관심을 가지는 것은 농촌사회를 동요시키고, 나아가 농민층의 분화를 일으켜 민생의 안정을 해칠 것으로 보았기 때문이었다. 따라서 조선은 상업의 필요성은 인정하고 있었으나 이를 통제하고 관리하여 농업 기반을 흔들지 않는 범위 안에서 유지시키려 노력하였다.

그러나 농업생산력이 발전하여 잉여생산물이 증가하면서 자연스럽게 상업의 활성화가 진행되었다. 조선 중기에 이르면 한양에서는 국가가 설치한 시전을 넘어 상권이 확대 발전하였다. 국가의 공인 상인인 시전상인 외에도 비시전상인인 사상(私商)이 출현하면서 시전상인과 더불어 상업을 활성화시켰다.

지방에서는 교환시장인 장시(場市)가 출현하였다. 농민들이 잉여생산물의 교환을 통해 유통에 참여하기 시작하였다. 지역마다 5일장 형태의 장시가 갖추어지자 몇 개의 장시가 연결되면서 소규모의 교역망을 형성하였고, 보부상 등 전문상인들이 출현하였다.

물론 소규모의 교역망은 강을 통해 더 큰 교역망으로 연결되었다. 배를 이용해 강을 오가는 선상의 활동을 통해 인근 도시는 물론, 바닷길을 통해 한양까지 연결되었다. 즉 강과 바다를 통한 전국적인

씨름 백성들은 5일마다 장이 서는 장날에 모여 물건을 사고팔았다. 이날은 단순히 물건을 사고파는 것에 그치지 않았다. 친구, 친척도 만나고, 다양한 구경거리도 구경하는 지역의 축제와 같은 날이었다.

출처: 김홍도의 풍속도, 국립중앙박물관.

교역망이 형성되었다. 이러한 교역망은 국내에서의 유통에 그치지 않고 중국, 일본 등 이웃 나라와 해외무역을 열어 갈 수 있는 여건도 형성해 갔다.

동아시아의 경제권은 중국을 중심으로 활성화되면서 은(銀)의 유통을 매개로 유럽의 경제권과 연결되고 있었다. 그러므로 조선도 상업이 활성화되어 해외무역에 참여하면서 은을 매개로 하는 국제적인 경제권에 편입될 수 있었다.

이러한 변화 속에서 정부는 상업을 일방적으로 억제만 하는 정책을 쓸 수는 없었다. 정부는 상업 발전의 현실을 인정하고, 오히려 상업을 국가재정의 일부로 활용하는 정책 변화를 시도하면서 그에 상응한 상업 질서의 마련을 위해 노력하였다.

조선은 집약농법을 성취함으로써 농업을 근세로 진입하는 경제적 기반으로 삼았다. 이는 서양이 집약농법을 근대에 이르기까지 이룩하지 못했기 때문에 근세 경제로의 진입을 위해 상업과 수공업에 크게 의존한 것과 대비되는 상황이었다.

그러므로 조선의 사대부들은 상업에 대하여 크게 관심을 두지 않았다. 그러나 잉여생산력의 증가로 자연스럽게 장시가 열리고, 국제교역으로까지 상업이 확대되자 상업을 국가경영의 주요 자원으로 활용하게 되었다. 조선은 농업과 상업을 적절하게 관리하면서 근세의 경제체제를 정립하고, 다음 단계인 근대 경제로 진입하기 위한 준비를 차분하게 해 나갔다.

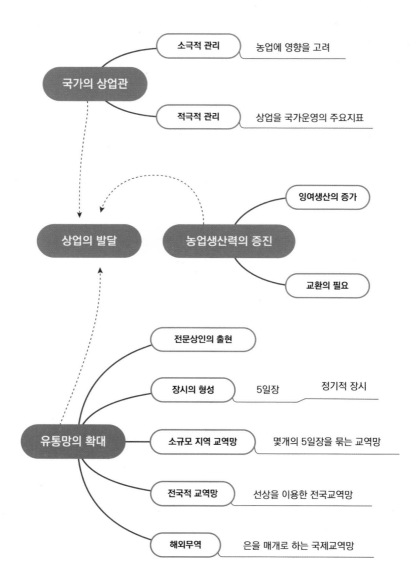

소극적 관리 — 농업에 영향을 고려

국가의 상업관

적극적 관리 — 상업을 국가운영의 주요지표

상업의 발달

농업생산력의 증진

잉여생산의 증가

교환의 필요

유통망의 확대

전문상인의 출현

장시의 형성 — 5일장 — 정기적 장시

소규모 지역 교역망 — 몇개의 5일장을 묶는 교역망

전국적 교역망 — 선상을 이용한 전국교역망

해외무역 — 은을 매개로 하는 국제교역망

부국론과 민생론

"백성이 유족하면 인군이 누구와 더불어 부족하며, 백성이 유족하지 못하면 인군이 누구와 더불어 족하겠습니까? 지금 국가에서 연호 둔전(煙戶屯田)을 베풀어 종자 1말을 주고, 그 소출 5말을 거두어 군자에 보충하니, 이것이 참으로 부국(富國) 강병의 방법입니다. 신 등은 생각건대, 경작하는 전지가 본래 적은데, 이미 조세를 거두고, 또 둔전의 소출을 거두니 백성이 심히 괴롭게 여깁니다. 하물며, 금년에 가뭄으로 인하여 화곡이 여물지 않으니, 민생(民生)이 불쌍합니다. 원컨대, 이제부터 연호 둔전의 법을 혁파하여 금년에는 종자의 수량만 거두고 소출은 거두지 말아서 민생을 후하게 하소서." 정부에 내리니, 의논하였다. "연호 둔전은 흉년에는 실농하였으니, 각관(各官)은 소출을 거두는 것을 면제하게 하소서"하였다. (중간 생략) 임금이 그대로 따랐다.[1]

사간원에서 연호둔전을 혁파할 것을 요청하였다. 사간원은 둔전제는 '부국'을 위한 방법이지만 흉년으로 '민생'이 불쌍하니 이를 폐하자고 요청하였다. 이에 대하여 태종은 의정부에 논의하도록 하였고, 의정부 역시 이를 면제하도록 의견을 올렸다. 이에 태종은 이를 수용하여 면제하도록 결정하였다. 이러한 논의에서 정책을 바라보는 관점이 부국론과 민생론으로 나누어져 잘 대비되고 있다. 결국 왕과 관원들은 민생론의 관점에서 연호 둔전의 면세를 결정하였다.

공법논의

호조 판서 안순이 아뢰기를 "일찍이 공법(貢法)의 편의 여부를 가지고 경상도의 수령과 인민들에게 묻사온즉, 좋다는 자가 많고, 좋지 않다는 자가 적었사오며, 함길·평안·황해·강원 등 각도에서는 모두들 불가하다고 한 바 있습니다"하니, 임금이 말하기를 "백성들이 좋지 않다면 이를 행할 수 없다. 그러나 농작물의 잘되고 못된 것을 답사 고험(考驗)할 때에 각기 제 주장을 고집하여 공정성을 잃은 것이 자못 많았고, 또 간사한 아전들이 잔꾀를 써서 부유한 자를 편리하게 하고 빈

한한 자를 괴롭히고 있어, 내 심히 우려하고 있노라"하였다.[2]

공법의 시행을 앞두고 세종은 백성들의 의견을 들었다. 17만 명
이상의 의견을 수렴하여 정책을 결정하였다. 위의 자료는 호조판서가
백성들의 의견을 물은 결과를 모아 보고한 내용이다. 세종은 보고를
받으면서 "백성들이 좋지 않다면 이를 행할 수 없다"라고 공법의 시행
을 백성의 의사에 따라 결정할 것을 분명하게 천명하고 있다.

세종은 시행 과정에서도 신중을 기하여 단계적으로 시행하면서
시행의 과정에서 나타날 수 있는 문제점을 조사하였다. 국가는 민생
(民生)이 걸려 있는 문제는 백성의 의견을 반영하고, 그 시행 과정에서
도 매우 신중하게 진행하였다.

장시(場市)

난리 이후에 백성들이 정처가 없어 장사로 생업을 삼는 것이 마침내 풍속을 이
루어 농사에 힘쓰는 사람은 적고 장사에 종사하는 사람이 많으니 식자들이 한
심하게 여긴 지 오래입니다. 흉년에는 으레 도적이 많으니 이 폐단 또한 미리 염
려하지 않아서는 안 됩니다.
열읍(列邑)에 장시가 서는 것이 적어도 3~4곳 이상이어서 오늘은 이곳에 서고
내일은 이웃 고을에 서며, 또 그 다음날에는 다른 고을에 서서 한 달 30일 동안
장이 서지 않는 날이 없으므로 간사함이 성행하고 모리(牟利)가 날로 심해지니
매우 염려됩니다. 해조(該曹)로 하여금 사목(事目)을 마련해 계하여 행이(行移)해
서 큰 고을은 두 곳, 작은 고을은 한 곳에 한 달에 세 번 모두 같은 날 개시(開市)
하는 외에 일체 금단(禁斷)하여 민심을 진정시키소서.[3]

이는 선조대 사헌부가 올린 내용으로 "한 달 30일 동안 장이 서지
않는 날이 없다"고 밝히고 있다. 흥미로운 것은 사헌부에서는 백성들

이 장사에 치우친 것을 걱정하면서도, 장시를 금하자고 제안하지 않고 '한 달에 세 번'은 장을 허용하자고 제안했다는 점이다. 이미 정부와 관원들도 장시를 인정하는 위에서 민생을 고려하면서 장시를 관리하는 차원에서 대책을 논의하고 있었다.

| 미 주 |

1 『태종실록』권22, 태종 11년 11월 신사.
2 『세종실록』권49, 세종 12년 7월 계묘.
3 『선조실록』권212, 선조 40년 6월 을묘.

제4부
열린 사회

어떻게 열린 신분제와
사회조직을 만들어 갔나?

제11강

신분제의 구조와 발전

1. 신분제 연구의 동향

신분의 개념

국가 구성원을 집단으로 나누는 기준은 여러 가지가 있다. 대표적인 것이 계급, 계층, 신분 등이다. 계급은 경제적 기준으로 집단을 나누는 방식이고, 계층은 경제, 정치, 문화의 다양한 요소를 반영하여 집단을 나누는 방식이다. 계급과 계층은 현대에서도 사용되는 방식이다.

신분은 전근대 사회에서 구성원을 나누는 방식이었다. 법으로 집단을 구분하는 방식으로, 법 앞에 평등이 이루어진 근대 사회에서는 없어진 방식이다.

전근대 사회에서 지배신분은 지배신분으로서의 기득권을 누릴 뿐 아니라 이를 자자손손 전하기를 원하였다. 그러므로 법으로 집단의 지위를 규정하는 신분제를 만들었다. 따라서 신분제에 의해 지배신분의 자손은 혈통적으로 지배신분의 지위를 이어 받고, 특권을 누릴 뿐 아니라 대대로 전할 수 있었다.

이는 그대로 피지배신분의 경우에도 적용되었다. 피지배신분은 신분제의 법적 제한 속에서 피지배신분의 차대를 받았고, 그와 같은 지위를 자손에게도 계속 물려 줄 수밖에 없었다.

신분은 법으로 혈통적 지위를 규정하는 것으로 전근대 사회의 특징을 잘 보여주고 있다. 전근대 사회에서 구성원은 신분제의 틀 안에 갇혀 있어 자신이 가지고 있는 능력과는 관계없이 지위가 결정되었다.

그러므로 전근대의 역사를 이해할 때 신분제를 살펴보는 것이 매우 중요하다. 먼저 신분제를 가지고 있는 사회인가 아닌가를 밝히는 것이 중요하다. 물론 신분제를 가지고 있다 하더라도 어떠한 신분제를 운영하고 있는 사회인가를 밝히는 것도 역시 중요하다. 전근대 사회 내에서도 신분제의 운영 방식에 따라 그 사회의 성격이 달라졌다.

조선도 신분제 국가였다. 혈통에 입각해 국가 구성원을 나누고 우대나 차대를 부여하는 국가였다. 그러므로 우대와 차대의 내용이 분명하였고, 이를 부여하는 집단의 구분도 선명하였다. 조선의 신분제는 어떻게 구성되었을까? 어느 수준의 신분제를 운영하였는가? 신분제의 수준에 따라 조선의 역사적 위치가 달라지기 때문이다.

통설과 양천제론
신분제는 전근대 사회의 특징을 잘 보여주기 때문에 많은 연구자들이 관심을 기울였다. 연구자들은 조선의 신분제를 바라보는 다양한 견해를 제시하였고, 치열한 논쟁도 벌어졌다. 대표적인 견해로 이성무의 '통설'과 한영우의 '양천제론'이 있고, 최근 이 두 견해를 비판한 저자의 '근세론'이 있다.

이성무는 조선의 신분제를 가장 먼저 체계화하였다. 그는 기존의 신분제 연구의 성과들을 종합하면서 '통설'을 제시하였다. 그의 신분제는 조선을 중세로 보는 입장에서 전개되었다. 그는 조선 초기의 신분이 '혈통'을 강조하는 서양 중세의 봉건제와 유사한 것으로 이해하였다. 양반을 영주에 준하는 지배신분으로 생각하고, 조선의 신분제가 양반, 중인, 양인, 신량역천, 천인 등으로 구성되어 있다고 주장하였다.

한영우는 이성무의 통설에 반대하면서 '양천제론'을 제시하였다. 조선의 신분제는 중세적인 것이 아니라 더 개방적인 신분제였다고 주장하였다. 그는 '능력'을 강조하였고, 조선을 능력에 의하여 지위 상승이 가능한 사회로 설명하였다. 한 예로, 양인은 과거를 통해 양반이 될 수 있는 능력이 존중되는 사회였다고 주장하였다.

그는 조선 초기의 신분은 양인과 천인 두 가지만으로 구성되어 있다고 주장하였다. 양반을 양인 중에서 특정한 직업으로 보면서 지배신분으로 인정하지 않았다.

결국 이성무는 조선사회가 '혈통'을 존중하는 닫힌 사회라고 주장하였고, 한영우는 조선사회가 '능력'을 인정하는 열린 사회라고 주장하였다. 조선의 신분제를 둘러싸고, 매우 극단적인 견해가 서로 충돌하였다. 이러한 견해차에 의한 학술적 논쟁은 오랫동안 지속되었으나, 서로 실증적 자료를 제시하면서 자신의 견해를 주장하고 있었으므로 쉽게 정리되지 않았다.

근세론

최근 저자는 '근세적 신분제론' 즉 '근세론'을 제시하면서 이러한 상호 대립된 논쟁을 비판하고 있다. 즉 이성무가 '혈통'을 강조하는 것은 조선이 중세적 신분제의 특징을 보인다고 주장한 것이었고, 한영우가 '능력'을 강조하는 것은 조선이 근대적 신분제의 특징을 보인다고 주장한 것이지만, 저자는 두 가지 모두 바르지 않은 견해라고 비판하였다.

즉 조선은 이미 중세를 벗어났으나 아직 근대에는 진입하지 못한 전환 시대였으므로 신분제에서도 '근세적 신분제'의 모습을 보여주고 있다고 주장하였다. 한 시대는 수백 년 혹은 그 이상 지속되는 것이었으므로 다른 시대로의 전환도 수백 년이 걸릴 수 있었다. 그러한 전환 시대에는 한 시대의 특성만이 아니라 복합적인 특성이 나타날 수 있었다. 혈통에 의한 기득권을 인정하는 중세적인 모습도 보였고, 능력에 의한 성취도 인정하는 근대적 모습도 보였다.

이성무와 한영우는 이러한 양면성을 인정하지 않고, 각기 한 가지 요소만을 강조하였다. 저자는 '근세론'을 제시하면서 조선의 신분제는 '혈통'과 '능력'을 공존시키는 '근세적 신분제'였다고 주장하였다.

2. 신분의 구조

사족

조선의 신분구조는 매우 복잡하였다. 신분구조의 중심이 되는 것은 백성의 지위였다. 조선이 건국되면서 백성의 지위는 정치적, 경제적으로 상승하였고, 이는 신분적 지위에도 영향을 주었다. 조선에서 백성의 대다수가 양인으로 편성되었다.

조선의 신분제는 양인을 중심으로 위로는 지배신분인 사족이 위치하였고, 아래로는 하위 신분인 천인이 배치되었다. 양인은 그 내부에서 몇몇 세부 집단으로 나누어져 있었다.

조선에서 지배신분은 사족이었다. 사족은 2품 이상의 관원을 중심으로 구성된 친족집단이었다. 양반이 모두 지배신분이 아니었고, 2품 이상의 관원만이 지배신분이었다. 2품 이상의 관원을 대신이라 불렀다. 대신과 그 이하의 관원 간에는 지위에서 큰 차이가 있었다.

대신이 되면 그 지위를 죽을 때까지 유지하였다. 그러므로 대신은 관직을 물러나도 죽을 때까지 대신으로 불리면서 다양한 특권을 누렸다. 이에 비하여 3품 이하의 관원은 퇴직을 하면 수조권까지 내놓고 양인의 신분으로 돌아갔으므로 특혜를 누릴 수 없었다.

대신은 의정부와 육조의 고위 관직을 독점하였고, 고위직을 퇴직한 후에도 제조로서 하위 부서를 장악할 수 있는 정치적 특권을 누렸다. 대신은 죽을 때까지 국가에서 부여하는 수조권을 유지하였고, 이를 수신전과 휼양전[1]의 형태로 가족에게 세전할 수 있는 경제적 특권도 가졌다.

대신은 문음을 신분적 특권으로 지녔다. 문음은 대신의 자손에게 관직에 진출할 수 있는 특권을 부여하는 것이었다. 양인이 과거시험에 합격하여야 받을 수 있는 관직을 대신의 자손과 친족은 특권으로 부여받고 있었다. 따라서 대신은 문음을 통해 자신의 기득권을 혈통적으로 이어갔다.

물론 문음은 자손에게 대신직을 주는 것은 아니었다. 서양의 경우 자식에게 자신의 신분적 지위와 봉토를 물려주는 반면 조선의 문음은 자손이 관직에 오를 수 있도록 길을 열어 주는 것에 불과하였다. 관직에 오른 자손이 다시 대신의 지위에 오르기 위해서는 많은 시간이 필요하였다.

문음은 아버지의 지위를 그대로 잇는 것은 아니었으나 조선의 문음은 독특한 특성을 가지고 있었다. 즉 서양 중세의 세습제는 아들 한 명에게만 자신의 지위를 물려 주었으나, 문음은 여러 아들과 손자에게, 심지어 동생, 조카에게까지 관직의 길을 열어 주었다.

문음은 다수의 자손과 친족에게 관직의 길을 열어 주면서, 이들 중에 누구든지 대신의 지위에 올라가는 경우, 가문의 지위를 유지해 갈 수 있도록 하였다. 문음과 서양의 세습제는 형식은 달랐지만 기득권을 혈통적으로 이어가도록 한 제도라는 점에서 일치하였다.

대신을 중심으로 특권을 같이 하는 친족을 사족이라 불렀다. 그러나 이 친족은 혈통적 친족이 아니고 법적 친족에 한정되었다. 문음에서 볼 수 있듯이 친족에게까지 특권을 부여하고 있었으므로 친족을 제한하는 것이 필요하였다. 그러므로 법으로 권리와 의무를 공유하는 친족을 4촌에 한정하였다. 따라서 사족은 대신을 중심으로 하

는 4촌 이내의 친족이었다.[2]

물론 당시 자료에 의하면 사족이라는 용어는 다양하게 사용되어 지방의 선비도 사족으로 부르는 경우가 있었다. 그러나 이는 법적 의미를 가지는 용례는 아니었다. 이들은 법으로 특혜를 부여받는 사족과는 명확하게 구분되었다.

친족을 법적 친족에 한정한 것은 서양의 신분제와 다르다. 서양 중세의 신분제는 아버지에서 아들, 손자로 특권이 이어지는 점선적 구성을 가지고 있었던 반면 조선의 신분제는 4촌으로 한정된 친족을 단위로 특권을 이어가는 그물망적 구성을 보여주었다.

협의양인

조선에서 대부분의 백성은 양인이었다. 양인은 고려의 백성인 백정과는 달리 국가와 직접적인 관계를 맺으면서 의무를 수행하고 권리를 행사할 수 있었다. 양인은 전조 등 각 부세를 부담하는 의무를 가졌다. 양인은 군인으로서 일정 기간 군역을 담당하는 의무도 지녔다.

군인이 되는 것은 단순히 의무만은 아니었다. 군인이 되면서 양인은 무장을 할 수 있는 지위를 가졌고, 나아가 국가는 그 의무에 대한 보답으로 관품을 부여하였다. 즉 군인으로 의무를 수행하는 기간을 계산하여 품계를 올릴 수 있었다.

물론 양인은 국가의 구성원인 국민으로서 지위를 인정받고 있었다. 양인은 신체나 재산상의 권리를 인정받고 누구의 침해도 받지 않을 권리를 가지고 있었다. 양인이 지배신분에 의해 신체나 재산상 침해를 받는 경우 양인은 가해자를 고소할 수 있었다. 가해자가 왕실의 구성원이나 대신인 경우에도 백성은 국가에 고소하여 3심에 걸친 재판을 받을 수 있었다. 또한 양인은 국가 복지정책의 대상으로, 국민으로서 어려울 때 보호 및 구제의 혜택을 입었다.

양인은 그 지위를 상승시킬 수 있었다. 지위를 상승시키기 위해서 교육이 필요하였는데, 양인은 국가 교육의 대상이었다. 양인은 국비로 교육하는 지방 교육기관인 향교의 학생이 될 수 있었다.

양인은 교육을 통하여 배운 학문을 바탕으로 과거시험을 통해 관원이 될 수 있었고, 그 지위를 높일 수 있었다. 물론 양인이 관품을 가진다고 바로 신분이 상승하는 것은 아니었다. 3품 이하의 관원은 신분적 특권을 가지지 않았다. 그러나 관원에게는 2품 대신이 될 수 있는 길이 열려 있어 신분 상승이 가능하였다.

상급양인

상급양인은 서얼이었다. 여기서 서얼은 모든 서얼을 지칭하지 않았고 대신의 서얼에 한정되었다. 대신의 서얼은 대신의 자손으로서 문음을 부여받았다.

서얼은 문음으로 관직을 받을 수 있었으나 부여되는 관직이 제한되는 한직제(限職制)와 관품이 제한되는 한품제(限品制)의 제한을 받았다. 서얼의 경우 관직에 진출하여도 주로 기술관에 임명되었고, 관품도 3품까지만 승진할 수 있었다. 즉 서얼이 가질 수 있는 관품은 참상관에 그쳤다. 서얼이 대신직에 올라 문음의 특권을 획득하는 것을 막기 위해 제도적으로 관직과 관품을 제한하였다.

따라서 서얼은 자손에게 문음을 부여할 수 없었고, 서얼의 관직은 당대에 한한 것일 수밖에 없었다. 또한 서얼은 본인은 물론 자손까지 과거에 응시할 수 없었다. 명종대 이후 서얼의 과거 응시를 허용하였으나 서얼은 과거에 급제를 하여도 청요직[3]에는 임명되지 않았다.

서얼은 차대를 자손에게 전하고 있었으나 관직을 받을 수 있었다는 점에서 협의양인보다 우월한 지위에 있었으므로 상급양인으로 분류할 수 있다.

광의양인

양인 중에는 차대를 받는 부류도 있었다. 상인과 공인은 물론 특수직역을 담당하는 향리, 역리 등은 협의양인과는 그 신분이 달랐다. 이들은 국가에서 부여하거나 자신이 선택한 특정 직역에 매여 있었고, 그러한 지위를 자손에게 세전하였다. 그러므로 이들을 협의양인에서 나누어 광의양인으로 분류할 수 있다.

광의양인은 그 직역에 구속을 받고 있었으므로 그 직역을 벗어나야 협의양인이 될 수 있었다. 광의양인은 협의양인과 같은 권리와 의무를 가지지 못하였다. 그러므로 광의양인은 군역의 의무가 없었고, 향교에 입학하여 교육을 받거나 과거를 볼 수 있는 권리도 없었다.

광의양인은 국가의 정책에 협력하거나 공을 세우면 협의양인으로 신분을 상승시킬 수 있었다. 국가는 수시로 그러한 길을 제시하였다. 국가는 도적을 잡아 공을 세우는 일, 북방을 채우기 위한 사민(徙民)[4]에 참여하는 일 등을 신분 상승의 기회로 제공하였다. 공을 세우는 일은 쉽지는 않았지만 광의양인은 이러한 국가의 요청을 시행하면서 그 공으로 협의양인이 될 수 있었다.

향리는 광의양인 중에서 특이한 지위를 가졌다. 고려의 향리는 향촌을 지배하는 하급 지배신분이었다. 그러나 조선의 정책에 의해 지배신분의 지위를 상실하였고, 수령을 돕는 행정사역인이 되었다. 향리는 특수한 직역 중 하나였으므로 그 직역을 벗어나지 못하고 향역을 세전하였다. 따라서 향리는 협의양인보다 낮은 지위에 있었다.

그러나 정부는 향리가 가졌던 이전의 지위를 고려하여 향리의 일부에게 협의양인이 될 수 있는 길을 마련해 주었다. 향리 3명의 아들 중 1인에게 향리 직역을 벗어날 수 있는 '3정1자(三丁一子)'의 길을 열어 주었다. 협의양인이 되고자 하는 1인은 국가에서 지정하는 서리의 직을 수행해야 하였고, 그 직의 임기를 다 채우는 경우에 협의양인이 될 수 있었다.

그러므로 양인은 서얼로 구성된 '상급양인', 일반 양인으로 구성된 '협의양인', 그리고 상인, 공인, 특수직역인 등으로 구성된 '광의양인' 등으로 나누어져 있었다.

천인

조선에서 최하위 신분은 천인이었다. 천인은 가장 낮은 신분적 지위를 혈통을 따라 세전하였다. 천인에게는 양인이 가지는 관직에 나아갈 수 있는 권리 및 과거 응시의 기회나 공교육을 받을 수 있는 권리 등이 부여되지 않았다. 의무에서도 양인이 지는 군역을 지지 않고 신역을 졌다. 양인의 경우 남자만이 군역의 대상이었음에 비하여 천인의 신역은 남녀 구분 없이 모두에게 부과되었다.

천인은 국가에 속한 공천(公賤)과 개인에게 속한 사천(私賤)으로 구분되었고, 천인은 노비 혹은 천구(賤口), 천례(賤隷) 등으로 호칭되었다.

천인의 확대

조선에 들어서 천인의 수는 고려보다 늘어났다. 천인의 비율이 고려에서는 인구의 10%이하 였으나 조선에서는 30%에 달하는 것으로 추정되고 있다. 그 이유는 조선의 신분체계와 고려의 신분체계 사이에 큰 변화가 있었기 때문이었다.

고려에서 천인은 적대적 집단이나 중범죄자의 후손으로 이해되었다. 그러므로 국가는 그들을 국가의 구성원으로 인정하지 않았다. 이러한 상황에서 고려에서 천인의 비율은 높지 않았다.

조선에서 천인이 늘어난 이유는 국가가 부세와 신분을 연계시켜 신분제를 단순화하였기 때문이었다. 고려에서는 대다수의 백성이 부세를 담당하기 어려웠다. 그러므로 국가는 군역 등 부세를 단독으로 질 수 있는 백성을 정호(丁戸)로 편제하고, 경제적으로 어려운 이들을 백정(白丁)으로 편제하였다. 천인을 백정 아래 별도로 편성하였다.

이와 같은 편성 방식은 자립적으로 부세를 담당하기 어려운 백성이 다수인 국가에서 취할 수 있는 편성 방식이었다. 국가가 백성을 직접적으로 통제하지 못하고, 중간 지배층을 두고 미자립농을 공동체 내에서 관리하도록 편성한 것이다. 이러한 편성 하에서 백정은 천인이 아니었다. 따라서 고려의 천인은 그 수가 적을 수밖에 없었다.

조선에서는 부세와 신분을 연관시켜 백성의 신분을 양인과 천인으로 단순화하였다. 즉 국가에 대한 의무를 질 수 있는 부류를 양인으로 구분함에 따라 부세를 담당할 수 없는 부류들은 천인이 될 수밖에 없었다.

고려 말에 생산력이 증가하면서 작은 전지를 가진 백성도 부세를 담당할 수 있는 자립농으로 성장하였다. 그러므로 다수의 백정이 자립농으로 지위를 높일 수 있었다. 국가는 자립농이 백성 중 다수를 점하자 자립농을 국가 운영의 기반으로 삼아 백성을 직접 통치하고자 하였다.

이러한 변화 속에서 자립농으로 성장하지 못한 이들이, 고려의 백정과 같이 공동체 내에서 관리를 받지 못하면서 천인이 되기 쉬웠다. 국가 정책의 변화 속에서 부세를 질 수 없는 이들이 사적 영역에 소속되면서 천인의 수는 늘어났다.

3. 신분제의 변화

이상을 종합할 때, 조선 전기의 신분구조는 사족, 양인, 천인 등으로 구성되어 있었고, 양인은 상급양인, 협의양인, 광의양인으로 세분화되어 있었다. 이러한 신분구조는 고려와 비교할 때 몇 가지 점에서 발전적인 면모를 보여준다.

지배신분의 축소
먼저 조선에서는 지배신분이 고려에 비하여 많이 축소되었다.

조선에서는 특권관품을 2품으로 제한하면서 고려에 비하여 특권신분이 많이 축소되었다.

또한 하급 지배신분도 소멸하였다. 고려의 경우 하급 지배신분이 뚜렷하였다. 향리는 백정을 관리하는 하급 지배신분이었다. 이에 비해 조선에서는 하급 지배신분이 소멸되었다. 고려 말 향리신분의 일부는 그 지위를 상승시켜 사족에 편입되었고, 남은 이들은 향역을 져야 하는 특수직역자가 되면서 하급 지배신분이 소멸되었다. 그러므로 조선에서 지배신분이라 할 수 있는 특권신분은 대단히 소수였다. 대신을 중심으로 하는 조선의 특권신분인 사족은 정확히 파악하기 어렵지만 국민의 1%정도로 추정된다.

양인 지위의 상승

조선에서는 생산 담당 신분층의 지위가 고려에 비하여 상승하였다. 고려의 주된 생산 담당 신분은 백정이었고, 조선의 주된 생산 담당 신분은 양인이었다.

고려의 백정은 천인은 아니었다. 그러나 고려의 백정은 신분적 지위가 조선의 양인과는 달랐다. 고려의 백정은 향리의 지배를 받으면서 향리를 통해 국가와 간접적 관계를 가지는 이들이었다. 그러므로 백정은 권리나 의무가 정호와 달랐다.

이에 비하여 조선의 양인은 국가와 직접적인 관계를 가지는 존재였다. 조선의 양인은 고려의 정호와 같이 군역의 의무와 사환권,[5] 과거 응시권 등의 권리를 가진 신분이었다. 그러므로 조선의 양인 지위는 고려의 정호에 비견될 수 있었다. 주된 생산 담당자 층의 신분적 지위가 크게 상승한 것은 조선의 신분제가 고려에 비하여 발전된 것을 보여주었다.

천인 지위의 상승

마지막으로 조선에서 천인의 지위는 고려에 비하여 상승하였다. 고려와 다른 신분제를 만들면서 불가피하게 천인의 수가 늘어났으나 사대부들은 천인의 기본적 지위를 크게 상승시켰다.

조선은 신분제를 양인과 천인으로 단순하게 편성하면서 부세를 담당하기 어려운 상당수의 백정층이 결국 사적 영역에 편성되어 천인이 될 수밖에 없었다. 국가는 이러한 신분편제 상황을 정확하게 인식하고 있었다. 조선 정부는 불가피하게 천인이 되었지만 이들을 완전히 사적 영역에 남겨두지 않았다.

천인도 국가의 구성원인 국민으로 인정하였다. 그러므로 천인은 국가의 복지 정책의 대상이었고, 재판을 받을 수 있는 권리, 재산을 가질 수 있는 권리 등 국민으로서의 기본권을 가질 수 있었다. 물론 이들은 향약 등 향촌 공동체의 구성원이 될 수 있었다.

천인 중 개인에게 속한 사천의 경우에도 그 지위는 상승하였다. 사천은 개인의 재산으로 취급되면서 국가에 소속된 공천보다 지위가 더 낮았다. 그러나 국가는 사천의 경우에도 국민의 지위를 부여하였다. 그러므로 국가는 국민인 사천을 주인으로부터 보호하는 역할도 하였다. 사천이 주인에게 가혹한 형벌을 당하는 경우에 국가는 주인을 처벌하고, 사천을 주인으로부터 빼앗아 공천으로 삼아 사천을 보호하였다.

국가는 천인도 국민이었으므로 공·사천을 막론하고 국가의 사업에 동원할 수 있었다. 사천이 사업에 공로가 큰 경우 천인을 면해 주는 상을 주기도 하였다. 그러한 경우에 국가와 사천 주인의 이해관계는 대립되었다. 국가는 사천도 국민이라는 이유를 들어 국가의 이해관계를 우선적으로 적용하였다. 그러므로 조선 초기에 천인의 수는 늘어났으나 천인의 지위는 상승하였다.

이상과 같이 조선 초기의 신분제 변화는 지배신분의 축소, 양인 지위의 상승, 그리고 천인 지위의 상승 등으로 정리될 수 있다. 이는 조선의 신분제가 고려에 비하여 크게 개혁되었음을 보여준다.

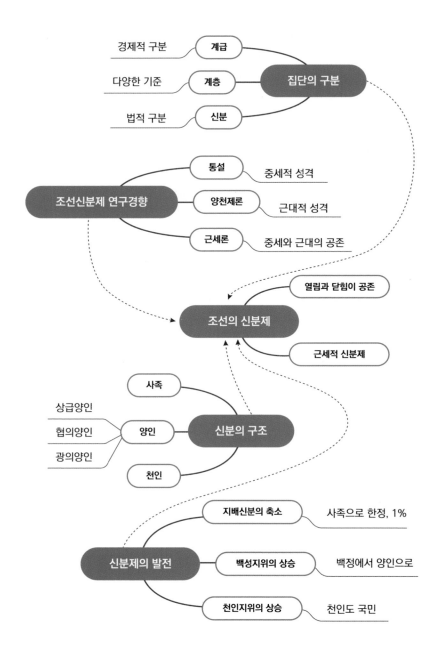

신분구조

> 오늘날 양민이라 부르는 자는 등급이 하나가 아니옵니다. 비록 의관(衣冠), 벌열
> (閥閱)의 후손이 아니라 하더라도 상하내외(上下內外)의 구별이 있는 자가 있고, 상
> 하내외의 구별이 없이 대대로 평민인 자가 있으며, 몸은 천하지 아니하되 천민
> 과 다름이 없는 자가 있으니, 역리(驛吏), 보충군(補充軍) 같은 자들까지도 통틀어
> 양민이라고 하옵니다.[6]

이 자료는 예조참판 권도가 조선의 신분체계 전체를 설명한 매우
귀한 것이다. 여기서 권도는 양인의 구성이 다양하다고 말하고 있다.
그는 양인을 셋으로 나누어 ① 상하내외의 구별이 있는 자, ② 세세로
평민인 자, ③ 역리나 보충군과 같은 자 등 세 부류로 구분하였다.

이 내용은 양인을 설명하고 있으나 여기서 그치지 않았다. 자세히
보면, 권도는 양인을 구분하면서 양인의 위와 아래의 신분까지 언급
하고 있다. 양인의 위로는 의관, 벌열이 있고, 아래로는 천민이 있었다.
즉 신분을 크게 ① 의관 벌열, ② 양인, ③ 천민으로 구분하였다.

여기의 '의관 벌열'의 '벌열'은 특권관품을 대대로 누리는 사족을
의미하고, '의관'은 현관의 지위를 누리는 사족을 의미하였다. 의관과
벌열은 모두 사족 신분을 의미하였다.

'상하내외의 구별이 있는 자'는 사족은 아니었으나 관직을 보유하
여 상하의 구분이 있는 자로 이해된다. 당연히 현관이 아닌 일반 참상
관과 기술관이 해당되었다. 서얼은 기술관이었으므로 이에 포함되는
것으로 보인다. '대대로 평민인 자'는 일반양인으로 협의양인이었다.
'역리나 보충군'은 광의양인을 의미하였다.

그러므로 이 내용은 조선의 신분구조가 사족, 양인, 천인으로 크
게 구분되었고, 양인은 다시 상급양인, 협의양인, 광의양인으로 구분
되었다는 것을 설명하고 있다.

3품 이하의 관원의 신분

1) 각도의 시위패와 영속 진속에는 전민의 수가 적고, 똑똑하지 못한 자로 정하였기 때문에, 군역을 감내하지 못하여 방어가 허술하게 되었습니다. 청하옵건대 각 고을의 3품 이하 6품 이상으로 수령들을 이미 지낸 품관, 성중관의 거관인, 갑사 별시위에 속하였던 산인, 이전의 거관인 등을 남김없이 수색하여 충당하게 하소서.[7]

2) 그 거주하는 고을에 소속된 관사에는 원래 정해진 역리가 없기 때문에, 비록 3·4품의 아들, 사위, 아우, 조카 및 자신이 7품을 지낸 자들도 모두 돌려 가면서 관군(館軍)이 되어 역자로서의 부역에 이바지하고 있습니다.[8]

3품 이하의 관원은 관직을 벗어나면 그 지위가 협의양인과 다르지 않았다. 그러므로 세종 21년의 자료에 의하면 3품 이하의 퇴직자는 지방에서 일반 군인으로 차정되었다.

물론 이들은 문음의 특권도 가지지 못하였다. 그러므로 세종 10년의 자료에 의하면 3품 이하 관원의 아들과 사위는 문음을 받지 못하고, 천한 역의 하나인 역리로 차출되고 있었다. 이러한 내용은 3품 이하의 관원이 관직을 벗어나면 그 지위가 협의양인과 다름이 없었음을 잘 보여준다.

천인도 천민(天民)이다

노비는 비록 천하나 천민(天民)이 아님이 없으니, 신하된 자로서 천민을 부리는 것만도 만족하다고 할 것인데, 그 어찌 제멋대로 형벌을 행하여 무고한 사람을 함부로 죽일 수 있단 말인가.[9]

세종은 노비가 천민(天民)임을 분명하게 천명하고 있다. 세종은 노비가 천한 신분이 분명하지만 천민으로서 존엄함을 가지고 있으므로 노비의 주인이 노비를 제멋대로 형벌을 가해서는 안 된다고 명하고 있다. 또한 이에 대한 구체적인 대안으로 국가는 노비를 살해한 주인을 처벌할 뿐 아니라 피살된 노비의 가족을 주인에게서 빼앗아 국가에 속공(屬公)하도록 결정하였다.

이와 같은 조치는 천인천민론(賤人天民論)이 이상론에 그치지 않고 정책으로 전개되고 있음을 잘 보여준다. 특히 세종대에는 천인의 인권을 위한 여러 가지 정책이 시행되었는데, 이는 천인천민론을 바탕으로 한 것이었다.

| 미 주 |

1 수신전은 대신의 부인에게, 휼양전은 대신의 어린자녀들에게 주어졌다.
2 우리는 종종 자신의 성씨가 조선시대에 양반이었는가에 관심을 가진다. 그러나 조선에서 신분적 지위는 4촌 안에서만 유지되었으므로, 동성동본이었다는 것만으로 자신 선조의 신분적 지위를 짐작하는 것은 의미를 가지기 어렵다.
3 삼사의 관원이나 육조의 낭관 등 중요한 관직을 청요직이라 불렀다. 이들은 3품 이하의 관원이었으나, 대신과는 다르지만 제한된 범위에서 문음의 특혜가 주어졌다.
4 함경도나 평안도 등 오지를 개발하기 위해서 백성을 이사시키는 것을 사민(徙民)이라 하였다.
5 사환권은 관원이 될 수 있는 권리를 의미하였다.
6 『세종실록』 권64, 세종 16년 4월 계해.
7 『세종실록』 권87, 세종 21년 12월 무인.
8 『세종실록』 권41, 세종 10년 7월 신해.
9 『세종실록』 권105, 세종 26년 윤7월 신축.

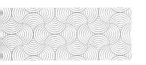

신분의 상승과 신분제의 특성

1. 신분의 상승

양인의 신분이동

조선은 신분사회였으므로 신분간의 벽은 법으로 막혀 있었다. 그러나 정부는 능력도 신분제를 운영하는 중요한 요소로 인정하였기 때문에 신분간의 이동이 완전히 막혀 있는 것은 아니었다. 이동을 가능하게 하는 장치들이 요소요소에 작용하고 있었다.

양인은 과거를 통해 지위를 높일 수 있었다. 협의양인은 과거에 응시할 수 있었고, 과거에 합격하면 관원이 될 수 있었다. 과거는 협의양인에게 열린 출세의 사다리였다. 과거에 합격하는 길은 매우 좁았으나 양인들이 과거에 합격하면서 관원이 되었다. 물론 관원이 된다고 바로 신분이 달라지는 것은 아니었으나 신분 상승의 가능성이 열린 것이었다.

관원이 되면 3품까지의 승진은 크게 어렵지 않았고, 3품이 된 이후에는 지배신분인 대신이 되어 사족으로 신분 상승할 수 있는 가능성이 열려 있었다. 쉽지는 않지만 합법적인 신분 상승의 길이 열려 있었고, 양인은 그 길을 통해 사족으로 신분을 상승시킬 수 있었다.

천인의 신분이동

천인도 양인으로 신분을 상승시킬 수 있는 길이 열려 있었다. 국가에서는 천인이 국가에 공을 세우면 양인이 될 수 있는 길을 종종 열어 주고 있었다. 전쟁에 참여하여 공을 세우거나, 도적을 잡거나 그외에 국가에서 시행하는 정책에 참여하여 공을 세우면 양인이 될 수 있었다. 물론 이 길이 쉽지 않았지만 국가에서는 신분 상승의 길을 공식적으로 열어 주었고, 실제로 그 길을 통해 신분을 상승시킨 사례도 존재하였다.

따라서 조선의 신분구조는 견고하게 닫혀 있었지만 한편으로 열린 문을 가지고 있는 이중적 구조였다. 조선의 신분제는 기본적으로 '혈통'을 기반으로 운영되었으나 '능력'도 존중하여 능력이 있는 이들이 신분 이동을 할 수 있도록 통로를 마련하고 있었다. 그러므로 조선의 신분제는 혈통적 요소와 능력적 요소를 공존시키면서 견고하게 닫힌 신분구조 내에 좁지만 열린 통로를 마련하고 있었다.

이와 같은 신분구조를 만든 것은 정치 경제적으로 성장해가는 백성의 신분 상승의 욕구를 적절하게 충족시키기 위한 것이었다. 이는 조선에서 백성이 가지는 지위를 잘 보여준다.

과거합격자 유가행렬도 과거에 합격하면 국가에서는 3일간 시내를 도는 유가를 허락하였다. 급제자는 광대를 데리고 풍악을 울리면서 시험관과 선배들, 그리고 친척들을 찾아볼 수 있었다.

출처: 평생도, 국립민속박물관.

2. 신분제의 특성

친진적(親盡的) 신분제

조선이 중세적 성격을 넘어서는 근세적 신분제를 만드는 것은 쉽지 않았다. 중세의 특징인 혈통과 근대의 특징인 능력을 잘 조화시킬 수 있는 신분제를 만들어야 하였기 때문이다. 사대부들은 조선의 신분제를 혈통과 능력을 공존시킬 수 있도록 운영하기 위해서 신분제 운영에 몇 가지 특징적인 제도를 도입하였다. 혈연을 이해하는 방식, 특권을 부여하는 방식, 신분제 조직의 원리, 신분제를 뒷받침하는 이념 등을 새롭게 도입해서 독특한 근세적 신분제를 만들었다.

먼저 살펴볼 수 있는 것은 혈연을 이해하는 방식이다. 신분제는 혈연을 기준으로 신분적 특권을 부여하였다. 서양 중세 귀족의 신분적 지위는 혈연을 따라 제한 없이 이어지는 생물학적 혈연을 그대로 법적 혈연으로 수용하는 것이었다.

그러나 조선에서는 생물학적 혈연과 법적 혈연을 구분하였다. 사대부들은 신분제에 혈통은 물론 능력도 적용하기 위해서 생물학적 혈연을 그대로 인정하지 않고 일정한 범위의 혈연만을 법적 혈연으로 인정하였다. 혈연적으로는 친족이지만 일정 대수가 지나면 법적으로 친족이 아니었다. 그 일정 대수를 넘어서는 것을 친진(親盡)이라 하였다. 대진(代盡)이라는 용어도 사용하였다.

친진이라는 개념은 친(親)이 다한다는 뜻으로 일정 대수를 벗어난 친족은 법적 친족이 아니라는 개념이었다. 친진을 넘어서는 경우에도 이들이 혈연적으로는 친족이 아닐 수 없었으나 법적으로 권리와 의무를 나누는 친족은 아니었다. 신분은 특권을 법적으로 부여하는 제도였으므로 법적 친족이 되지 못하는 이들에게 법적인 특권을 주지 않는 것은 당연하였다.

이는 문음제를 보면 잘 알 수 있다. 신분적 특권인 문음을 일정 범위의 혈연에만 부여하였다. 대신의 경우 아들과 손자, 그리고 동생과 조카에게까지 문음을 부여하였다. 왕실의 문음제는 그 범위가 확대되어 시행되었는데, 왕실의 문음은 왕의 4대 8촌에 이르는 범위까지 부여되었다. 그러므로 조선의 신분제는 혈연을 규정하는 방식에서 볼 때 '친진적 신분제'였다.

한대적(限代的) 신분제

친진으로 법적 친족의 범위를 정리하면서 조선의 신분제는 영대적(永代的) 신분제가 아닌 '한대적 신분제'[1]가 되었다. 친진의 범위는 '나'를 중심으로 동심원을 그리며 형성되었고, 일정 범위를 넘어가면 법적인 관계는 단절되었다. 이러한 친진적 신분제는 친진의 범위 내에서만 신분적 동질성이 유지되었다. 이러한 관점에서 보면 나와 나의 아들 간에도 친진의 범위가 다를 수 있었다. 당연히 이를 기반으로 하는 신분적 지위도 다를 수 있었다.

따라서 친진적 신분제는 영대적으로 이어지기 어려웠고 한대적으로 운영될 수밖에 없었다. 이와 같은 기본 틀에는 왕도 예외가 될 수 없었다. 법전에 보장된 왕과 왕실의 특권은 친진의 범위 내에 한정되었다. 법전에는 왕의 영대적 세습을 규정한 법조문이 없었다.

그러나 한대적 신분제가 형식은 한대적인 것이라 하더라도 그 본질은 기득권을 영대적으로 보장하는 것을 목적으로 하였다. 대표적인 예로, 왕과 왕실의 영대적 특권을 법으로 규정하지 않았지만 한대적인 제도를 누적적으로 적용하면서 왕실이 천세, 만세에 이어질 것을 기대하였다.

즉 한대적 신분제는 서양에서 보이는 특권을 직계에 한정하여 영대적으로 보장하는 방식과 다른 것이었지만 한대적 신분제도 기득권을 영속시키려는 같은 목적을 가지고 있었다. 다만 조선은 능력에 의한 성취도 신분제 내에 수용할 수 있는 제도를 만들기 위해 한대적 신분제를 만들어 운영하였다.

천민론적(天民論的) 신분제

이와 같은 친진적, 한대적 신분제의 배경에는 천민론적 신분 이념이 자리 잡고 있었다. 조선의 신분제를 뒷받침하는 이념으로 '천민론(天民論)'과 '귀천지분론(貴賤之分論)'이 있었다. 귀천지분론은 신분적인 차이를 하늘이 부여한 분수(分數)[2]로 파악하여, 신분상의 벽을 능력으로 넘어설 수 없는 것으로 설명하는 중세적인 신분제의 이념이었다.

이에 비하여 천민론은 하늘이 인간을 낼 때 모두가 천민, 즉 '하늘의 백성'으로 동질적 지위를 가진 것으로 설명하였다. 귀천지분론이 신분 현실을 대변하는 이념이었다면 천민론은 신분에 대한 이상을 대변하는 이념이었다.

천민론은 고려 말 이래 유학자들에 의해 다듬어진 새시대를 여는 이념으로 신분제에도 적용되었다. 사대부들은 귀천지분론이 적용되는 신분 질서를 인정하였으나, 새로운 신분론으로 천민론을 수용하여 두 이념을 조화시킨 위에서 신분제를 운영하였다.

　조선 초기의 천민론은 천인천민론(賤人天民論)으로 노비에게까지
적용되었다. 천인천민론은 노비도 천민으로, 본질적 지위는 양인과
동질하다고 주장하였다. 이러한 주장에 근거하여 국가는 천인을 국
가의 구성원, 즉 국민으로 인정하고 보호하였다.

　따라서 천민론은 조선의 신분제를 뒷받침하는 이념으로, 국가는
천민론적 신분 이념을 수용하면서 '능력'을 신분제 운영에서 인정하
는 개방성을 확보할 수 있었다.

열림과 닫힘이 공존하는 태극적 신분제

　조선의 '친진적', '한대적', '천민론적' 신분제의 특성들은 결국
혈통과 능력을 공존시키는 태극적 신분제를 만들기 위한 모색이었
다. 태극은 사대부들이 생각하는 우주론의 핵심으로, 음과 양으로 이
루어졌다. 태극 안에서 음과 양은 대립적 성격을 가지고 있었으나 서
로 공존할 수 있는 성격도 가지고 있었다.

　그러므로 음은 양이 될 수도 있고, 양은 음이 될 수도 있었다. 음
과 양은 단절된 것이 아니라 소통될 수 있었다. 그러므로 태극의 이
념 아래 열림과 닫힘을 공존시킬 수 있었고, 나아가 혈통과 능력도
공존시킬 수 있었다.

　'친진적', '한대적', '천민론적' 특징들은 상호 긴밀하게 연결되면
서 '혈통'과 '능력'을 함께 수용할 수 있는 신분구조를 만들었다. 사
대부들은 천민론적 이념을 따라 양인은 물론 천인까지 포용하고자
하였다. 천민론적 신분 이념을 반영할 때 신분제의 조직 방식이나,

회덕향교의 열린 태극문 조선의 사림은 열림과 닫힘이 공존하는 태극으로 세상을 해석했다. 조선의 사회는 일견 견고하게 닫혀 있었으나 여전히 열 수 있는 사회라고 주장하였다. 그러므로 사회로의 진출을 준비하는 첫 계단인 향교와 서원의 정문에 태극도를 교기처럼 그렸다. 이는 이러한 이념을 국가 구성원 모두가 공유하고 있었음을 보여준다. 태극은 전환 시대 근세 조선의 개혁 아이콘이었다.

신분적 특혜를 주는 방식이 달라질 수밖에 없었다. 신분 간의 벽은 불가피한 것이지만 단절만을 강조할 수는 없었다.

따라서 특권을 부여하는 방식도 달라질 수밖에 없었다. 영대적으로 특권을 부여하여 신분 간의 벽을 고착시키기보다는 친진을 경계로 특권을 한대적으로 부여하여 기득권은 인정하면서도 피지배층이 신분 상승할 수 있는 가능성도 열어 두었다.

그러므로 천민론적 신분 이념, 친진적 혈연의 규정, 한대적 특권 유지 방식 등은 서로 간에 영향을 주면서 열림과 닫힘이 공존하는 태극적 신분제를 형성하였다. 이러한 요소들이 결합되면서 '혈통'을 중시하면서도, '능력'도 인정하는 조선의 신분제가 만들어졌다.

그러므로 조선의 신분제는 닫힘과 열림이 공존하는 신분제였다. 신분제는 집단의 권리와 의무를 법적으로 한정하는 것이었으므로 신분 간의 벽은 분명하고 견고하였다. 즉 신분제의 본질은 닫혀 있는 구조였다. 그러나 조선에서는 신분 간에 넘어갈 수 있는 문이 공식적으로 열려 있었으므로 조선의 신분제는 열림과 닫힘이 공존하는 태극적 신분제였다.

신분제와 공천하론(公天下論)

이러한 조선의 신분제는 태종대에서 성종 초에 걸친 긴 모색의 소산이었다. 왕과 관원들은 지배신분의 특권을 인정하면서도, 고려 말의 혼란을 극복하고 성장한 천인과 양인의 역량을 반영할 수 있는 신분제를 만들기 위해 노력하였다.

그러므로 지배층의 기득권을 위해 피지배층을 억누르는 것은 불가피하였지만, 피지배층의 일정 지위를 보장하고, 나아가 그들에게 신분 상승의 가능성을 열어 주어야 하였다. 그 절충점이 세종이 언급한 '천하공물(天下公物)'[3] 즉 '공천하론(公天下論)'이었다. 천하는 지배신분만의 것이 아니라 모두의 것이었다. 그러므로 지배층에게 신분적 특권을 부여하였으나 피지배층의 지위도 인정하여 국가운영에 무리가 되지 않는 선에서 지배층의 신분적 특권을 제한하였다.

그러므로 조선의 신분제는 지배신분을 위해 '혈통'을 중시하고 있었으나 피지배층을 배려해 '능력' 역시 신분제를 운영하는 중요한 지표로 인정하였다. 조선의 신분제는 중세적 요소와 근대적 요소를 잘 절충하는 모습을 보여주었다. 그러므로 조선의 신분제는 중세적 수준을 넘어서고 있었다. 이와 같은 모습을 가진 조선의 신분제가 근세적 신분제였다.

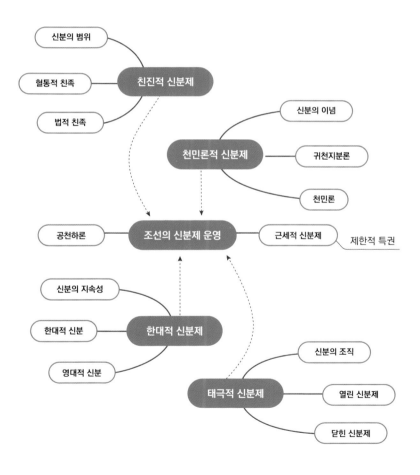

공천하론(국민과 더불어)

위(位)는 천위(天位)라 하고, 녹(祿)은 천록(天祿)이라 하고, 직(職)은 천직(天職)이라 하므로, 임금이 그 신하에게 사사로이 할 수 없고, 아비가 자식에게 사사로이 할 수 없고, 형이 아우에게 사사로이 할 수 없는 것입니다.

천하의 좋아하고 싫어하는 것을 공정하게 하려면 마땅히 천하 사람과 함께 하여야 하고, 한 나라의 좋아하고 싫어하는 것을 공정하게 하려면 마땅히 국민과 더불어 함께 하여야 합니다. 어찌 내가 그 권한을 잡고 있다 하여 나 한 사람의 좋아하고 싫어하는 것으로 경솔히 사람을 진퇴시킬 수 있습니까?[4]

사헌부가 왕은 자기 마음대로 행동할 수 없고, 국민이 좋아하는 것을 좋아하고, 국민이 싫어하는 것을 싫어해야 한다고 주장하고 있다. 왕이 권한을 가졌다고 마음대로 할 수 없음을 강조하였다. 세상은 왕 개인의 것이 아니라 모두의 것이었기 때문이었다.

천인의 신분상승

이로써 일찍이 함길도에 들어가 거주하는 인민 내에서 향리는 그 역을 면제해 주고, 자원해서 응모한 사람은 그들이 자기 도에서 서북 변경에 수자리를 산 연한에 따라서 관직을 더하고, 공사 천구는 천인을 면하여 양민이 되도록 하라.[5]

의정부에서 함길도에 사민으로 국민들을 동원하였다. 국가에서 동원의 대상으로 사천도 포함하였다. 즉 국가에서는 사천을 국가의 필요에 의해 동원할 수 있었다. 더욱 흥미로운 것은 동원에 응모한 사천에게는 국가에서 천인을 면하여 양인이 될 수 있도록 보상하였다는 점이다.

향리로서 1등 공은 공패(功牌)를 주어 그 자손에 이르기까지 역을 면제시키고,

> 2등 공은 공패를 주어 역을 면제시키고, 3등 공은 2년간 역을 면제시켜라. 공
> 사 천구로서 1등 공은 역을 면제시킴과 동시에 보충군이 되는 것을 허가하며,
> 2등 공은 면포 10필을 상주고, 3등 공은 면포 5필을 상으로 주어라.[6]

국가는 이만주(여진족 오랑캐의 추장)를 토벌하면서 사천을 동원하였
다. 토벌에 공을 세운 사천에게는 역을 면해 주고 보충군이 되는 보상
을 하였다. 보충군이 된다는 것은 광의양인이 되는 것으로 신분의 상
승을 의미하였다. 국가는 사천을 동원할 수 있었고, 공을 세운 사천에
게는 사천을 면하는 포상을 하여 사천 주인의 의사와 관계없이 신분
을 상승시킬 수 있었다.

| 미 주 |

1 영대적 신분제라는 의미는 신분이 혈통을 따라서 영원하게 이어진다는 뜻이다.
   이와 대비되는 개념이 한대적 신분제이다. 한대적 신분제는 신분이 법으로 제한
   한 범위 안에서만 이어진다는 뜻이다. 서양 중세 신분제는 영대적 신분제였으나,
   조선의 신분제는 한대적 신분제였다.

2 분수는 하늘이 각 인간에게 태어날 때에 부여한 능력이고 지위였다. 즉 인간이 가
   지는 지위는 하늘이 결정한다고 생각하였다. 우리는 "네 분수를 알아라." 등의 표
   현으로 분수라는 용어를 현재에도 사용하고 있다.

3 천하는 누구의 것도 아니고, 공공의 것이라는 주장이었다. 이는 결국 천하는 왕의
   것이 아니라고 주장하는 공천하론과 같았다.

4 『문종실록』권2, 문종 즉위년 7월 정미.

5 『세종실록』권96, 세종 24년 5월 임신.

6 『세종실록』권79, 세종 19년 10월 경진.

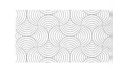

지방자치제의 실현, 향약

1. 사림에 대한 이해

향촌과 사림

조선이 건국되면서 천민론에 의해 국가제도가 정비되고, 지방의 통치도 수령을 파견하여 일원화하면서 지방사회에도 큰 변화가 생길 수밖에 없었다. 하급 귀족인 향리가 지배하던 사회가 수령의 통치로 넘어갔으나 수령은 2~3년 간의 임기를 마치면 바뀌는 행정권자로 지배자가 아니었다. 수령이 이전의 향리의 자리를 다 채울 수 없었다.

이러한 변화 속에서 향촌을 주도한 것은 지방의 지식인인 사림이었다. 사림은 백성의 일원으로 경제적 여유를 가지고 성리학을 공부한 지식인이었다. 사림은 경제적 여유를 가지고 본인은 물론 자녀들에게도 주자학을 공부시키면서 향촌 지식인으로 활동하였다. 그러므로 백성과 사림의 지위를 나눌 수 있는 어떠한 법적인 규정도 없었다. 백성과 사림의 신분적 지위는 동일하였다.

조선중세론의 사림 이해

조선을 중세로 이해하는 '조선중세론'을 주장하는 연구자들은 조선의 지방사회가 서양 중세와 유사한 사회라고 주장하고 있다. 사림이 향리를 대신한 향촌의 지배자로 지방사회에서 영주와 같은 지위를 갖는다고 이해하였다. 사림이 영주와 같이 경제외적 강제를 행하는 지배자로 보았다.

그러나 사림은 향리와 그 지위가 근본적으로 달랐다. 고려는 향리에게 관품과 수조권을 주어 향촌의 지배를 공인하였다. 그러나 조선 정부는 사림에게 어떠한 법적 권리도 부여하지 않았다. 그럼에도 조선중세론을 지지하는 연구자들은 사림이 법적인 권한은 없었으나 경제력을 기반으로 향촌을 지배하였다고 설명하고 있다. 즉 사림은 전지 소유자인 계급적 지위를 통해 차경을 하는 백성들을 지배하였다고 주장한다.

그러나 계급적으로 접근하는 방식은 오히려 사림이 지배신분이 아니라는 것을 보여주고 있다. 전근대 사회에서 지배계급은 지배신분이었다. 전근대 사회에서 지배계급은 자신을 위한 법을 만들 힘을 가지고 있었다. 그러므로 지배계급은 법을 통해 계급관계에 상응한 신분관계를 정비하여 자신의 지위를 견고하게 하였다. 그러므로 사림이 법적인 지위를 확보하지 못하였다는 것은 사림이 지배계급이 되지 못하였음을 보여준다.

이와 같은 상황은 당시 향촌의 계급구조를 살펴보아도 확인할 수 있다. 국가는 전지의 소유 규모에 따라 부세의 부과기준을 설정하였으므로 이를 통해 향촌의 계급구조를 짐작할 수 있다. 국가는 5결 이상의 전지 소유자를 국가의 역을 단독으로 담당할 수 있는 기본단위로 설정하였다. 그러므로 향촌의 지식인인 사림은 국가의 부세를 단독으로 감당할 수 있는 5결 이상의 전지 소유자였다고 추정된다. 이는 조선중세론자들이 사림을 전지 소유자로 보는 관점과 일치한다.

그런데 쟁점이 되는 것은 당시 자료에 의하면 5결 이상의 전지를 소유한 층이 전체 호 중에서 30%에 이른다는 것이다. 이는 사림이 될 수 있는 가능성이 있는 인원이 30%가 될 수 있다는 뜻이다. 서양 중세의 지배층이 5% 이하였다는 점을 고려한다면, 사림은 지배신분이 되기에 과도하게 많은 숫자였다. 이러한 상황이었으므로 사림은 계급적 지위를 신분적 지위로 전환시키지 못하였다. 지배신분이 되지 못하면서 사림은 차경자[1]에게 경제외적 강제를 시행할 수 있는 지위를 확보할 수 없었다. 그러므로 최근 연구에서는 사림을 지배계급이 아니라 주도계급으로 이해하고 있다.

사림이 향촌을 주도하기 위해서, 서양 중세의 영주가 단독으로 영지를 관리하였던 것과 달리 집단적으로 향촌을 관리하는 조직을 만들어 운영할 수밖에 없었다. 이러한 동향은 사림이 유향소나 향약을 만들기 위하여 노력하였던 모습에 잘 나타났다.

2. 향촌 통치의 모델

맹자의 지방 통치

사림은 새롭게 달라진 향촌을 관리하기 위한 이상적 모델을 주자학에서 찾았다. 물론 주자학에서 제시하는 향촌의 관리 모델은 원시 유학, 특히 맹자의 이상국가론에서 찾은 것이었다.

맹자는 백성을 천민으로 이해하면서 이상국가론을 제시하였다. 맹자는 모든 백성을 하늘에 속한 존재로 해석하였으므로, 공동체의 운영도 상하의 명령이 아니라 상호 존중을 바탕으로 공존하는 모습을 이상형으로 제시하였다. 맹자는 오륜(五倫)²의 이념으로 운영되는 공동체를 이상적인 모습으로 이해했다.

오륜은 상하의 명령보다는 상호 규제를 강조한다. 이는 5륜의 다섯 항목에 잘 나타나 있다. 한 예로 왕과 신하의 관계를 군신유의(君臣有義)로 제시하면서 '의'를 강조하였다. 맹자는 왕과 신하의 관계를 설명하면서 '충'을 강조하지 않았다. 신하는 왕에 대하여 충을 해야 하지만 왕도 이에 상응한 의무가 있었다. 신하는 왕에게 충을, 왕은 신하에게 의를 행하는 쌍무적인 계약관계에 있다고 생각하였다. 의와 충은 쌍무적인 관계를 구성하는 한 쌍의 윤리였으나 맹자는 강자가 먼저 '의'의 의무를 행해야 한다는 것을 강조하기 위해 '군신유의'라고 표현하였다.

그러므로 왕과 신하는 계약의 관계에 있었다. 왕이 의를 행하지 않으면 신하도 충을 행할 필요가 없었다. 맹자는 왕이 의를 행하지 않으면 신하는 왕을 떠나는 것이 당연하다고 생각하였다. 심지어 신하가 의롭지 않은 왕을 바꾸어도 정당하다는 혁명론까지 제시하고 있었다.

이와 같이 오륜이 상호관계를 강조한 것은 나머지 모든 조항에서도 확인할 수 있다. 부자의 관계에 있어서는 부자유친(父子有親)을 제시하고 친(親)을 강조하였다. 친은 인(仁)을 의미하였으므로 부모는 인자하고, 자식은 효(孝)하는 쌍무적 관계를 설명하였다. 자식의 효만을 강조하지 않았다. 부부의 관계에 있어서는 부부유별(夫婦有別)을 제시하였다. 별(別)은 지(智)를 의미하였다. 지혜롭게 행하는 남편에게 부인은 정절로 답해야 하였다. 부인에게만 정절(貞節)을 요구하지 않다. 장유유서(長幼有序)나 붕우유신(朋友有信)에서도 기본적으로 상하의 권위적 관계가 아니라 수평적 쌍무 관계를 강조하였다.

맹자는 상호 관계에서 상하의 차이를 인정하였지만 상하의 차이보다 선행해야 할 것은 쌍무적 관계라고 생각하였다. 그 관계는 서로 합당한 예의를 행할 때만 유지될 수 있는 상호 계약적 성격을 가졌다. 즉 맹자의 향촌운영 모델은 서로 예를 다하는 수평적 관계가 유지될 수 있을 때, 그 위에서 상하의 질서도 시행될 수 있다고 보는 상호계약설 위에서 전개되었다.

주자의 지방자치 이해

맹자가 제시한 오륜 중심의 공동체 이념은 한나라와 당나라에서는 주목받지 못하였다. 한당의 유학은 체제교학[3]으로 정비되면서 수평적 관계보다는 상하질서를 강조하였다. 그 결과 삼강(三綱)이 공동체를 운영하는 기본 이념이 되었다.

삼강에서는 오륜과는 달리 상하질서를 강조하였다. 군신관계에서 왕의 지위를 강조하면서 신하의 충을 요구하였고, 부자관계에서 부모의 지위를 강조하면서 효를 요구하였다. 부부관계에서도 남편의 지위를 강조하면서 정절을 요구하였다. 따라서 삼강은 상급자의 지위를 강조하면서 하급자의 윤리만을 부각시켰다. 그러므로 삼강의 기본 이념은 오륜과 달랐다.

송대에 이르러 발전해가는 사회경제적 변화 속에서 유학자들은 새로운 공동체의 운영방식을 모색하였다. 송대의 성리학자들은 한당유학이 유학의 본질을 전하지 못하였다고 생각하였다. 유학자들은 다시 원시유학으로 돌아가 천민론을 회복하고, 오륜을 공동체의 윤리로 회복해야 한다고 생각하였다.

성리학을 집대성한 주자는 오륜을 기반으로 운영되는 공동체의 실현을 기대하였다. 이전과 달라진 향촌사회를 운영하기 위해 수령과 공동체가 오륜을 실현하기 위해 노력해야 한다고 생각하였다.

주자는 오륜이 행해지는 지방사회를 건설하기 위해 수령이 음사독법례(飮射讀法禮)[4]를 시행해야 한다고 생각하였다. 음사독법례는 음사례와 독법례로 나누어 이해할 수 있는데, 음사례는 향음례, 향사례를 의미하였다. 향음례, 향사례는 공동체가 함께 모여서 술을 마시고 활을 쏘면서, 이를 매개로 공동체를 운영할 수 있는 조직을 구성하기 위한 예전이었다.

독법례는 공동체가 지켜야 할 규정을 같이 읽는 예식으로, 공동체가 지켜야 할 법을 같이 만들고 이를 함께 지키도록 하는 예식이었다. 주자는 오륜이 행해지는 지방사회의 건설을 위해 수령과 공동체

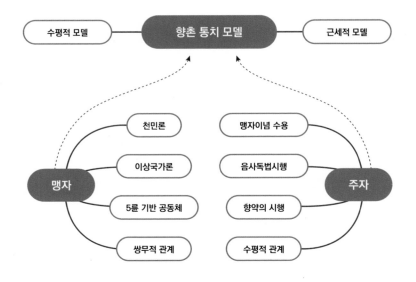

가 같이 노력해야 한다고 생각하였다.

주자는 오륜이 행해지는 향촌사회를 만들기 위한 이상적인 모델로 '여씨향약'을 제시하였다. 여씨향약은 친족 공동체의 규례였으나 주자는 이러한 규정을 조금 손질하여 그대로 향촌 공동체에 적용하고자 하였다. 향약은 친족 공동체의 규약이었으므로 상하관계보다는 수평적 상호부조가 강조되었는데, 이 모습이 오륜이 행해지는 이상적인 공동체의 모습과 통한다고 생각하였다.

주자는 이러한 공동체의 운영에 대한 이해를 『소학』을 통해 정리하였다. 주자가 제자에게 짓게 한 소학은 오륜의 이념을 시행하기 위한 교육서로, 오륜의 이념을 구체적인 사례들을 통해 잘 해석하고 있다. 나아가 향약(鄕約)까지 기록하면서 주자가 이상적으로 생각하였던 공동체의 운영방식이 무엇이었는지를 잘 보여주었다.

3. 지방자치의 시행

조선 초기 향촌의 정비

조선의 신진사대부들은 맹자에서 주자로 이어지는 이상적인 향촌사회의 운영에 대한 이념을 잘 이해하고 있었다. 그러나 이상적인 향촌사회를 구성하기 위해서는 기존의 체제를 개편하기 위한 시간이 필요하였다. 먼저 향리의 지배를 해소하고, 수령을 파견하여 지방을 통치하면서 새로운 공동체의 질서를 만들 수 있는 여건을 조성하고자 하였다.

향리의 지배를 해소하는 데 상당한 시간이 걸렸다. 건국 초기에는 향리의 위세가 여전하였고, 수령도 변화한 환경 속에서 자신의 역할을 바르게 행하지 못하였다. 국가는 일단 향리를 누르고 수령권을 강화하는 방향으로 나아갔다. 수령의 권한을 강화해주기 위해 세종대에 향리를 규제하는 '원악향리추핵법'[5]을 만들어 향리를 강하게 규제하였다. 수령의 통치에 힘을 실어주기 위해 수령에 대한 백성의 고소를 금하는 '부민고소금지법(部民告訴禁止法)'[6]도 만들었다.

조선초 독법례의 시행

향촌의 정비를 진행하면서 정부는 음사독법례의 시행에도 관심을 기울였다. 정부는 '독법례'를 먼저 시행하였다. 아직 향촌의 자치적 역량이 확보되지 않았으므로 국가 차원에서 추진하였다.

태종은 독법례를 독법령(讀法令)의 형식으로 시행하였다. 독법령은 중앙과 지방의 관원들이 정기적으로 백성을 모으고, 율문(律文)을

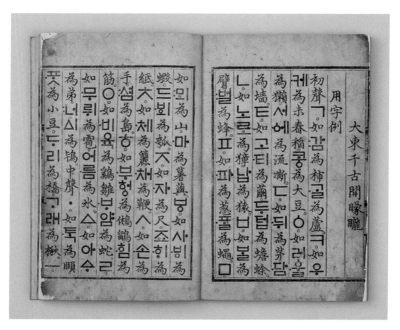

훈민정음 해례본 세종은 훈민정음을 만들어 국민과 소통하고자 하였다. 세종은 백성이 소통해야 하는 존재, 소통할 수 있는 존재라고 생각하였다. 훈민정음을 통해 백성들은 글을 사용하게 되면서 천민론의 이상에 한걸음 더 다가갈 수 있었다.

출처: 훈민정음 용자례, 문화재청.

가르치는 형식으로 시행되었다. 아직 향촌에서 자치적인 규정을 마련하지 못한 상황이었으므로 국가에서는 지방관이 백성을 모아 기본적인 형률을 가르치는 것으로 대신하였다. 국가는 독법령을 시행하여 백성들에게 법에 대한 이해를 증진시키고 백성들이 율문을 알지 못하여 죄에 빠지지 않도록 지도하였다.

　이러한 정책은 세종대에 더욱 강화되었다. 세종은 독법례를 강화하기 위해 글을 알지 못하는 백성을 위해서 법조문을 이두로 번역하고자 하였다. 나아가 세종은 한글 창제까지 추진하였다. 한글의 창제는 단순히 법조문을 번역하기 위한 것은 아니었다. 백성들에게 법을 가르치면서 재판과 관련된 백성의 어려움도 드러났기 때문이 었다.

그러므로 세종은 한글을 만들면서 백성들이 '말하고 싶은 것'이 있다고 표현하였다. 백성은 우선적으로 자신이 당한 억울함을 글로 표현하고 싶어 하였다. 그러므로 정인지도 한글을 반포하는 서문에 서 한글을 만든 우선적인 목적이 재판에서 백성들이 억울함을 푸는 것이었다고 밝히고 있다.

물론 한글이 단순히 재판에만 도움이 되는 것은 아니었다. 백성 은 자신의 의사를 분명하게 글로 표현할 수 있게 되면서 정치 행위 의 주체가 될 수 있었다. 또한 모든 경제행위도 문서로 마무리되었으 므로 백성이 경제의 분명한 주체가 될 수 있었다. 물론 백성은 하늘 의 뜻을 기록한 성학인 주자학을 직접 읽고 배울 수 있었다. 백성들 이 글을 알게 되면서 익명성을 벗고 확실하게 정치, 경제, 사회의 주 체로 거듭날 수 있었다.

독법례의 시행은 법을 가르치면 잘 알 수 있고 능동적으로 법을 지킬 수 있는 존재로 백성을 인식하고, 능동적인 역량을 기르고자 시 행한 것이었다. 한글의 창제는 이와 같은 독법례의 기본 이념을 잘 실현한 것이었다. 글을 읽고 쓸 수 있게 되면서 백성들은 사대부들이 제시한 천민론의 이상에 한걸음 더 가까이 다가갈 수 있었다. 백성들 이 보다 주체적인 존재들이 되면서 이전과는 다른 공동체와 국가를 만들 수 있는 가능성을 조금씩 열어갔다.

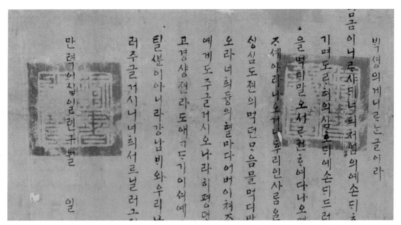

선조의 한글 포고문 한글을 만들면서 왕은 한글로 백성과 소통하였다. 위 글은 임진왜란 시기에 선조가 백성에게 내린 글이다. 왕은 모든 백성이 알기를 바라는 내용을 한글로 써서 공포하였다.

출처: 부산시립박물관, 문화재청.

세종은 독법례를 시행하면서 '음사례'에 해당하는 '향음주례', '향사례' 등의 국가의례도 정비하였다. 아직 향촌에서는 향사례와 향음주례를 시행할 수 있는 여건이 갖추어지지 않았으나 국가에서 의례를 정비하면서 음사독법례의 시행에 대하여 의욕적인 태도를 보여주었다. 음사독법례에 대한 국가의 관심은 백성의 기본적 지위를 인정하고, 백성의 역량을 강화하고자 하는 조치였다. 그러므로 독법례의 시행과 향음주례, 향사례 등의 규정을 마련한 것은 백성들의 지방자치 능력을 증진시키는 조치였다.

정부는 백성들의 역량을 키우고자 노력하였으나, 세종대 초반까지도 백성의 자치적 역량을 어느 정도까지 인정할지에 대한 분명한 입장을 정하지 못하였다. 세종대에 진행된 '부민고소금지법'의 존폐를 둘러싼 정부 내에서의 논란은 이를 잘 보여주었다. 정부는 백성들이 수령의 비리를 고소하는 것에 대하여 그 입장을 쉽게 정하지 못하고 오랫동안 고심하였다.

정부는 수령이 지방을 관리하는 것을 원하였으므로 백성의 수령 고소를 허용하기 어려웠다. 수령의 고소를 허용하면 향촌의 운영이 정부가 의도하는 바와 다르게 전개될 위험이 있었다. 그럼에도 세종 말기에 정부는 백성의 수령 고소를 허용하였다. 이는 백성의 역량에 대하여 신뢰를 표현한 것으로, 이러한 조치로 향촌의 자치에 새로운 변화가 일어날 수 있었다.

성종대의 유향소복립

세종 말 백성의 자치 역량을 인정하였던 흐름이 세조가 쿠데타로 등장하면서 약해졌다. 그러나 백성들은 지속적으로 역량을 높여가면서 중앙정치에도 진출하였다. 그러한 결과 성종대에 이르러 백성의 상위 집단인 사림이 정치집단을 형성하는 단계에 진입할 수 있었다. 정치집단으로 사림파가 결집되면서 향촌 자치에 대한 움직임도 강화되었다.

사림파는 '음사독법례'의 이념을 향촌에서 실행하기 위해, 이를 실행할 수 있는 자치 조직을 세우려 노력하였다. '유향소복립운동'[7]이 그러한 노력의 일환이었다. 사림파는 유향소를 복립하고 향사례와 향음주례를 추진하여 지방의 자치 역량을 높이고자 하였다. 이미 유향소는 태종대부터 정비되기 시작하였으나 치폐를 거듭하다 세조대에 다시 폐지되었다. 이때의 유향소는 수령의 보조기구로서 향촌 자치와는 거리가 있었고, 오히려 백성을 억압하는 기능을 하고 있었

상주의 향청 유향소는 조선후기에 향청으로 불렸다. 상주의 향청은 명종대 향사당으로 세워졌으나 임진왜란에 불탔고, 이후 광해군대에 향청으로 복원되었다.

다. 사림파는 폐지된 유향소를 다시 세워 음사독법을 시행하는 기구로 활용하고자 하였다.

유향소복립은 훈구파의 반대로 쉽지 않았으나 사림파는 오랫동안 노력하여 성공시켰다. 그러나 유향소가 복립되었음에도 사림파가 기대하였던 기능을 하지 못하였다. 이는 일차적으로 훈구파가 사림파의 성장을 막기 위해 유향소가 제대로 기능할 수 없도록 방해하였기 때문이었다.

그러나 실패의 원인은 사림파 내에도 있었다. 사림파는 아직 향촌 자치의 본질을 충분히 이해하지 못하였다. 사림파의 인식은 백성들의 역량을 충분히 인정하고, 백성을 구성원으로 하는 공동체를 구상하는 단계에까지 나아가지 못하였다. 사림파는 백성을 향촌 자치의 주체로 인정하기보다는 지도를 받아야 할 존재로 이해하였다.

사림파는 향촌의 자치를 품관 중심으로 구상하고 있었다. 사림파는 좋은 지도자를 선발하여 백성을 지도하면 향촌의 자치가 이루어질 것으로 생각하였다. 그러므로 사림파는 '청렴한 품관'을 향촌의 이상적 지도자상으로 제시하고, 지도자를 확보하는데 집중하였다.

물론 사림파는 음사례와 독법례를 모두 잘 알고 있었다. 그러나 사림파는 품관 중심의 향촌 운영을 고려하였으므로 품관 상호의 결속을 다지는 향사례, 향음주례의 시행에 집중하였다. 따라서 유향소의 복립은 성공하였으나 향촌의 자치적 운영과는 거리가 있었고, 훈구파의 방해공작에 쉽게 노출되면서 그 기능을 다할 수 없었다.

중종대 향약의 시행

중종대에 이르러 사림은 다시 정치 전면에 나서면서 향촌의 자치를 계속 추진하였다. 사림은 성종대의 실패를 경험하면서 '음사독법례'에 대한 보다 깊은 이해를 가지게 되었다. 즉 음사독법례는 '음사'보다는 '독법'에 초점이 있음을 알게 되었고, 주자가 향약을 향촌 운영의 구체적인 방법으로 제시한 이유도 이해하게 되었다. 따라서 사림은 새로운 향촌 자치의 방법으로 향약을 시행하였다.

향약은 자치조직이었으므로 시행 주체나 지역에 따라 향규(鄕規), 면약(面約), 동약(洞約), 동계(洞契) 등의 이름으로 불렀다. 향약은 기본적으로 리(里)나 동(洞)단위로 시행되었으나 상황에 따라 더 큰 규모로도 시행되었다. 향약은 여씨향약을 참고하여 만든 이황의 예안향약과 이이의 해주향약 등을 기준으로 정비되었다. 지역마다 조금씩 변형을 주어 시행하면서 조선만의 독특한 향약을 운영하였다.

향약은 품관이 중심이 되었던 유향소와는 질적으로 다른 조직이었다. 공동체의 모든 구성원을 포함하였다. 천민론에 의하여 천인도 천민이었으므로 향약의 구성원에 포함하였다.

향약은 기본적으로 유교적인 '예'의 질서를 보급하여 농민들이 공동체의 상호부조 속에서 자립적으로 생활해갈 수 있도록 지원하고 공동체는 물론 국가를 안정적으로 운영하려는 목적에서 시행되었다.

그러므로 향약은 구성원의 기본 역량을 인정하고, 명령이 아닌 '약속'의 형태로 지켜야 할 규정을 마련하고 서로 권하는 체제를 구축하였다. 오륜의 이념을 향약의 규정으로 구체화하였는데, 이를 대표하는 향약의 4대 강목은 다음과 같다.

> 덕업상권(德業相勸) : 좋은 일은 서로 권한다.
> 과실상규(過失相規) : 잘못은 서로 규제한다.
> 예속상교(禮俗相交) : 예의로 서로 사귄다.
> 환난상휼(患難相恤) : 어려운 일은 서로 돕는다.

이는 향약의 핵심 덕목으로 '서로'를 의미하는 '상(相)'을 넣어, 일부의 구성원이 여타의 구성원을 지배하는 체제가 아니라 구성원이 기본적으로 동등한 지위를 가지고 '더불어' 돕는 공동체를 이루고자 하는 이념을 잘 드러내고 있다.

향약의 조직에는 「해주향약」[8]을 예로 들면, 회장에 해당하는 도약정(都約正), 부회장에 해당하는 부약정(副約正) 등 대표자를 두었고, 총무에 해당하는 직월(直月), 회계에 해당하는 사화(使貨) 등 실무자를 두었다.

도약정과 부약정 등은 덕망과 학식을 갖춘 사람 중에서 선출하였으나 직월과 사화 등 향약 운영의 실무자는 구성원들이 돌아가면서 담당하였다. 향약은 구성원이 합의하여 향약을 운영하였다. 이미 백성들은 수령의 비리까지도 고소할 수 있는 지위를 확보하고 있었고, 향약은 자발적 조직이었으므로 특정인이나 특정 부류가 자신의 이익을 위한 도구로 사용하기는 쉽지 않았다.

　　「해주향약」에 의하면 향약에서 가장 중요한 예식은 구성원들이 매달 모여 규약을 함께 읽는 '집회독약법(集會讀約法)'이었다. 이는 주자가 제시한 '독법례'를 향약 운영의 중심에 두었음을 보여준다. 독약법의 의식을 시행하는 과정을 보면, 단순히 구성원들이 규약만을 읽는 것이 아니라 규약을 지키기 위해 규약을 어긴 구성원을 처벌도 하였다.

　　그러나 향약에서 구성원의 처벌은 합의에 의하여 신중하게 결정되었다. 구성원이 규약을 어긴 경우, 그 여부를 직월을 시켜 조사하게 하였고, 직월이 조사한 내용을 모임에서 보고하면, 처벌 여부를 향약 구성원의 동의로 결정하였다. 그러므로 구성원 중 몇몇 사람의 의사에 의해 구성원을 처벌할 수 없었다.

　　그러므로 독법례는 백성의 역량을 인정한 위에서 시행되었고, 그러한 과정을 통해 백성의 자치 능력을 더욱 강화할 수 있었다. 중종대의 향약은 성종대의 유향소와 달리 백성을 시행 주체로 인정하면서 본격적으로 향촌 자치를 수행할 수 있는 체제를 만들어 갈 수 있었다.

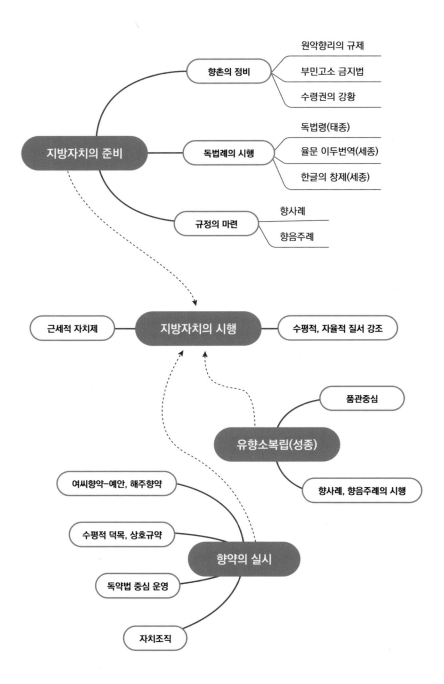

유향소 복립을 김종직이 건의하다

"유향소를 혁파(革罷)한 뒤로부터 간리(奸吏)가 방자하여 비록 풍속을 해치는 일이 있더라도 검찰하는 자가 없기 때문에 방자하게 행동하고 꺼림이 없습니다. 고려조에는 사심관(事審官)이 5백 년 풍속을 유지하였는데, 이제 만약 유향소를 다시 설치하면 요박(澆薄)한 풍속이 거의 종식될 수 있을 것입니다."하였다.

임금이 말하기를 "유향소를 다시 세우는 일은 이미 대신들에게 의논하였는데, 모두 말하기를 '다시 세우면 폐단이 반드시 심할 것이라'고 하였기 때문에 정지한 것이다."하였다. 성건이 아뢰기를, "유향 검찰(留鄕檢察)로 삼을 만한 적당한 사람을 얻으면 가하지만, 만일 적당한 사람이 아니면 폐단을 만드는 것이 더욱 심할 것입니다"하였다.

임금이 말하기를 "주군(州郡)의 유향소에 어찌 모두 적당한 사람을 얻겠는가?"하니, 김종직이 아뢰기를 "십실(十室)의 작은 고을에도 반드시 충성되고 미더운 사람이 있다고 하는데, 아무리 작은 고을이라고 하더라도 어찌 한두 사람의 이치를 아는 자가 없겠습니까? 만약 사람을 골라서 검찰하면 풍속을 해치는 무리가 거의 줄어들 것입니다. 만약 검찰하는 자가 폐단을 만들면 또한 관찰사와 수령이 있습니다"하였다.[9]

김종직이 경연 중에 유향소복립을 건의하여 왕과 관원들이 이에 대하여 논의하였다. 훈구대신들은 유향소를 관리할 적당한 인재를 얻지 못하면 오히려 유향소가 폐단을 일으킬 수 있다고 반대하였다. 그러나 김종직은 향촌에 인재가 있음을 강조하였다.

유향소복립 논의에서 유향소를 관리할 적절한 인재를 얻는 방법에 관심이 집중되었다. 이는 관원들이 백성을 지도를 받아야 할 존재로 인식하고 있었음을 잘 보여준다.

해주향약에 보이는 직월의 역할

입약 범례(立約凡例)

1. 뭇사람들은 나이와 덕망, 그리고 학술이 있는 한 사람을 추대하여 도약정으로 삼고 학문과 덕행이 있는 사람 두 명을 부약정으로 추대한다. 또 약중(約中)에서 돌아가며 직월, 사화를 맡는데, 직월은 반드시 노복이 있어 사령(使令)이 가능한 사람으로 삼고 사화는 반드시 서원 유생으로 삼는다. 도정·부정은 사고 없이는 갈지 않는다. 직월은 매회 합마다 번갈아서 갈며, 사화는 1년에 한 번씩 간다.

1. 세 가지의 장부를 두어 무릇 입약(入約)을 원하는 자를 하나의 장부에 적고, 덕업이 볼 만한 자를 또 하나의 장부에 적고, 바로잡을 과실이 있는 자를 또 하나의 장부에 적어 직월이 관장하였다가 매번 모임에 약정에게 알려서 각각 그 차례를 매긴다.

1. 무릇 약중의 집회에서 물품을 수집하거나 공역을 돕는 등의 일은 모두 직월이 관장한다. 무릇 집회를 열려면 직월은 약정이나 존자(尊者)의 집에 모두 친히 나아가 연고를 물은 연후에야 (중간 생략) 부정(副正)에게 통고하여(중간 생략) 한 곳에 모여 그 기일을 정하고 회문(回文)을 내어 통고한다. 물론 부정, 직월이 같이 서명한다.

집회독약법(會集讀約法)

모든 향약에 참여하는 사람은 한달 걸러 한번씩 서원에서 향약을 강론한다.(중간 생략) 제 자리에 앉은 다음 직월이 소리를 높여 약문(約文)을 한번 읽는다. (범례 및 독약법(讀約法)은 읽지 않는다.) 부정은 그 뜻을 해설해 준다. 뜻이 통하지 않는 사람에게는 질문을 하게 한다. 이때 약원 가운데서 착한 사람이 있으면 대중이 그를 추천하고, 잘못이 있는 사람은 직월이 가서 사실을 규명한다. 약정은 그 실상을 대중에게 물어보아 이의가 없으면 직월에게 명하여 적에 기록하게 한다.[10]

율곡은 해주향약을 만들기 이전에 이미 서원향약을 만들어 운영한 경험이 있었다. 율곡은 이 경험을 살려 해주향약에서 구성원들이 향약에 더욱 관심을 가질 수 있는 체제를 만들고자 노력하였다. 이를 위해 구성원들의 의사를 향약 운영에 적극 반영할 수 있는 보다 민주적인 체제를 모색하였고, 그 결과 직월의 역할을 강화하였다.

율곡은 임원으로 약정, 부약정, 직월, 사화를 두고자 하였으나 향약의 운영에 총무 역할을 하는 직월이 중심 역할을 할 수 있도록 배려하였다. 직월은 약원의 신입명부와 약원의 선업장부와 과실장부를 기록 관리하였다. 향약에 필요한 물품이나 공역을 징발하였고 회의의 개최도 관리하였다.

가장 중요한 모임인 독약법 집회에서도 직월이 약법을 낭독하였다. 약원 중 과실을 범한 사람이 있는 경우에는 직월이 사실관계를 조사하여 그 내용을 약원에게 공개하였다. 약원들이 그 내용을 듣고 동의하면 직월은 그 명단을 악적에 기록하여 처벌하였다.

따라서 향약의 운영에 직월의 역할이 중요하였다. 율곡은 한사람이 장기간 맡는 경우에 나타날 수 있는 부작용을 대비하여 약원 중에서 돌려가면서 맡도록 규정하였다. 따라서 직월은 모든 구성원이 맡을 수 있었다.

중세 유럽의 독법(讀法)-바이스툼(Weistum)

중세 유럽에서도 법을 읽는 독회(讀會)가 열렸다. 중세 독일에서는 농노들을 한군데 모으고, 그들에게 전통적인 규정인 '바이스툼'을 읽어주는 독회를 시행하였다. 이는 조선에서 시행한 독법령과 유사한 것으로 추정된다. 영주들은 농노들에게 규정을 읽어주면서 농노들이 규정을 잘 지키도록 강요하였다.

그러나 시간이 가면서 이는 전혀 의도하지 않았던 방향으로 진행되었다. 즉 유럽 사회 전반에서 농노들의 지위가 높아지는 분위기 속에서, 독회의 규정이 영주와 농노 간에 의무를 분명하게 명시하는 규정으로 작용하게 되었다. 농노만이 아니라 영주도 이 규정을 따라야 하였다. 즉 영주가 규정 외의 어떠한 지조(地租)도 징수하지 못하게 되었다. 따라서 지조의 고정화가 시행되기 시작하였다.

중세의 농노들은 그 지위를 높이기 위해 우선 지조를 고정시키는 것이 필요하였다. 지조를 분명하게 고정시키고 나아가 지조의 양을 점차 경감시키면서, 농노들은 그 지위를 높일 수 있었다.(마르크 블로크『봉건사회』한정숙 역, 한길사 1986)

조선의 독법령도 일차적으로 국가가 백성들을 통치하기 위한 방법으로 시행되었다. 그러나 백성들이 법을 잘 알게 되고, 나아가 법을 읽을 수 있게 되면서 독법령은 백성 지위를 상승시키는 계기가 될 수 있었다. 법은 백성들뿐 아니라 지배신분도 지켜야 한다는 인식이 확대되었다. 특히 향약에서 시행한 독회는 공동체가 규약을 함께 만들고 지켜가는 과정이었으므로 백성들은 자치 능력을 키우면서 그 지위를 한 단계 더 높일 수 있었다.

루터의 성경 번역과 한글

종교개혁자 마르틴 루터는 1517년 '95개조 반박문'을 제시하여 종교개혁을 시작하였다. 루터는 교황으로부터 파문칙령(破門勅令)을 받았으나 불태워 버렸고, 1521년에는 신성로마제국 의회에 소환되어 자신의 주장을 취소할 것을 강요당했으나 거부하였다.

교황에 대해 루터가 저항하면서 그를 지지하는 세력도 증가하였다. 구텐베르크의 인쇄 기술로 출판된 루터의 95개조 반박문은 50만 부가 팔려나갔다.

신변의 위협을 느낀 루터는 보름스 제국 회의 후 자신의 보호자인 작센 선제후 프리드리히의 바르트부르크 성으로 피신하였다. 그는 성에 숨어 지내면서 성서를 번역하였다. 그리스어와 라틴어로 된 성경을 독일어로 번역하였다. 루터는 사망할 때까지 계속 번역 본을 개고하고, 또 각 판에 서문을 붙일 정도로 성경 번역에 열의를 보였다.

이러한 루터의 성경 번역에 대한 열의는 그가 주장하는 만인사제 설과 긴밀하게 연결되었다. 모든 백성이 하나님 앞에서 사제가 되기 위해서는 모든 백성이 하나님의 뜻을 알아야 하였다. 성경은 하나님의 뜻을 알 수 있는 필수적인 통로였다. 그러므로 루터는 성경을 번역하 여 백성들이 성경을 이해하면서 만인사제로서 평등한 지위를 가질 수 있도록 지원하였다.

루터보다 약 100년 전에 세종은 한글을 만들었다. 한글을 만들면 서 『소학』 등 주자학의 가장 기초적인 이념이 담긴 글들을 한글로 번 역할 수 있었다. 백성들은 한글을 통해 하늘의 뜻을 담은 유학의 이념 을 잘 알게 되면서 천민(天民)으로서 자격을 갖추어갔다. 즉 한글을 이 해하면서 백성은 평등사상인 천민론에 상응한 지위를 향해 한걸음 더 나아갈 수 있었다. 따라서 한글의 창제와 성경의 번역은 공통적으로 백성의 지위를 높이고자 하는 움직임이었다.

| 미 주 |

1 땅을 빌려서 경작하는 자를 차경자라 하였다.

2 부자유친(父子有親), 군신유의(君臣有義), 부부유별(夫婦有別), 장유유서(長幼有
   序), 붕우유신(朋友有信) 등 5개의 조목을 말한다.

3 통일된 국가인 한나라나 당나라에서는 상하 질서를 강조하는 사상으로 유교를 재
   정리하여 집권체제를 강화하는 수단으로 이용하였다.

4 고려 말 신진사대부들은 주자가 편찬한 『사서집주(四書集注)』를 통해서 주자학을
   이해하였다. 주자는 『논어집주』, 『맹자집주』에서 음사독법을 지방의 관리방법으
   로 제시하였다.

5 백성에게 비리를 행한 향리를 처벌하는 규정.

6 백성이 수령의 잘못을 고소하지 못하게 한 규정.

7 사림파가 추진한 자치운동의 일환으로, 사림파는 유향소를 다시 설립하여 자치의
   중심기구로 삼고자 하였다.

8 향약의 대표적인 예는 퇴계의 「예안향약」과 율곡의 「해주향약」을 들 수 있다. 율
   곡의 「해주향약」이 나중에 만든 것으로 더욱 정교하게 정리되었다. 그러므로 이를
   예로 든 것이다.

9 『성종실록』 권172, 성종 15년 11월 을미.

10 『율곡전서』 권16, 잡저 해주향약.

제5부
공론정치

백성들이 어떻게 참정권에
접근할 수 있었나?

권력구조의 변화와 대신제

1. 왕권과 신권

재상중심 체제와 왕중심 체제

조선의 정치는 천민론을 구현할 수 있는 체제로 정비되고 있었다. 분권정치 체제 하에서 나타나는 사적 지배를 해소하기 위해 집권정치 체제를 추진하였고, 권력도 견제와 균형을 통해 권력의 남용을 제한할 수 있는 구조로 개혁해갔다.

그러나 그 과정이 순탄하지는 않았다. 그 갈등은 권력구조를 개혁하여 재상중심 체제를 만들어 가는 과정에서부터 표출되었다. 사대부들은 정도전을 중심으로 의정부와 의흥삼군부[1]를 만들어 재상이 주도하는 정치체제와 군사체제를 추진하였다. 그러나 왕실이 이에 저항하였다. 왕자 이방원이 쿠데타를 일으켜 재상중심 체제에 반기를 들었다.

이는 왕과 재상 중에서 누가 주도권을 장악하는가의 문제로, 재상 중심의 권력론과 왕 중심의 권력론 간의 충돌이었다. 이러한 갈등은 심각한 것이었다. 태종뿐 아니라 이후 세조도 재상 중심체제에 이의를 제기하면서 쿠데타를 일으켰다. 이는 왕과 재상 간의 권력을 둘러싼 갈등이 구조적인 문제였음을 보여준다.

태종의 쿠데타

태조의 아들인 이방원은 이성계가 조선을 건국하는 과정에서 중요한 역할을 하면서 능력을 충분히 드러냈다. 그러나 정도전 등 공신들은 재상 중심의 정치구조를 구상하고 있었으므로 이방원과 같은 능력이 출중한 인물이 왕이 되기를 원치 않았다. 그러므로 정도전 등은 이방원을 정치에서 소외시키고자 하였다. 이방원을 개국공신에 책봉하지 않았고 세자의 책봉도 동생인 이방석으로 결정하였다.

정도전이 의흥삼군부를 만든다는 명분으로 이방원 등 왕자들이 보유하고 있던 사병(私兵)[2]을 혁파하려 하자 이방원은 사병을 동원하여 쿠데타를 일으켰다. 그는 왕위에 오르면서 재상 중심의 정치구조에 의문을 제기하였다. 태종은 정도전이 구상하였던 의정부를 설치하였으나 의정부의 기능을 바꾸어 재상 중심의 정치구조를 왕 중심의 정치구조로 바꾸고자 하였다.

2. 대신제와 제조제

육조의 강화와 대신제(大臣制)의 시행

태종은 왕이 주도하는 정치체제를 만들기 위해 의정부의 권한을

헌릉 서울 서초구에 있는 태종의 묘 헌릉이다. 태종은 걸출한 왕으로 조선의 기초를 잡는데 기여하였다. 조선 초 제도 정비의 대부분을 태종이 시작하였고 세종이 마무리 지으면서 완비하였다.

출처: 「서울의 능묘」, 서울특별시사편찬위원회.

제한하였다. 즉 태종은 6조를 강화하여 의정부의 독주를 견제할 수 있는 체제를 만들고자 하였다. 6조는 의정부의 하위 기관이었으므로 이를 강화하기 위해 우선 6조 장관의 품계를 3품에서 2품으로 높였다. 단순히 6조 장관의 품계를 높이는 것만으로는 충분하지 않았다. 의정부의 재상들은 1품이었으므로 여전히 6조의 장관들보다 품계가 높았다.

그러므로 태종은 2품 이상의 관원에게 일률적으로 특권을 부여하는 대신제를 만들었다. 대신에게 정치적, 경제적, 신분적 특권을 부여하고, 이를 혈통에 의해 세전할 수 있도록 법으로 보장하였다. 대신은 품계에 따라 부여되는 지위였다. 대신은 현직을 벗어나도 품계를 죽을 때까지 유지하였으므로 특권적 지위를 죽을 때까지 유지하였다. 이러한 변화로 의정부 재상과 육조의 장관은 품계상의 차이는 있었지만 모두 대신이 되면서 의정부의 재상이 주도하는 정치구조는 달라질 수밖에 없었다.

대신제가 형성되면서 6조의 장관도 의정부의 재상과 같이 대신이었으므로 정책을 발의하는 경우 의정부의 심의를 거치지 않고 왕에게 바로 아뢰는 직계(直啓)를 할 수 있었다. 육조직계제(六曹直啓制)가 시행된 것이었다. 6조는 행정체계 상에서 의정부의 하위 부서였으므로 시행하는 정책에 대하여 의정부의 심의를 받아야 하였다. 그러나 6조의 장관이 대신이 되면서 중요한 정책 사안을 의정부를 거치지 않고 왕에게 직계할 수 있게 되어 6조는 실제적으로 의정부의 지시를 받지 않게 되었다.

따라서 의정부의 재상이 육조를 통괄하면서 국정을 주도하는 재상 중심의 행정체제는 무너지게 되었다. 즉 의정부와 육조의 대신이 공동으로 행정을 관리하는 체제가 성립되었다. 의정부와 육조는 이러한 변화 속에서 갈등관계가 형성될 수 있었고, 왕은 의정부와 6조 간의 갈등을 조율하면서 자연스럽게 국정을 주도하는 지위를 가질 수 있었다.

제조제(提調制)의 시행

대신제가 시행되면서 부작용도 생겼다. 대신제는 2품 이상의 관원을 대신으로 우대하는 제도였다. 대신은 관품만 가지고 있으면 그 지위에 따르는 특권을 죽을 때까지 부여받았다. 그러므로 대신의 수

대신의 가마 초헌 대신의 특권은 다양하였다. 관원은 관품에 따라 탈 것이 달랐는데, 대신은 초헌을 탈 수 있었다. 초헌에는 바퀴가 달려 있었으므로 집의 모양도 달라졌다. 초헌이 들어갈 수 있도록 대문의 문턱을 없앴고, 높여서 솟을대문으로 만들었다. 물론 법으로 허용되는 집의 크기도 달랐다.

출처: 평생도, 국립중앙박물관.

는 시간이 가면서 계속 늘어 갔고 수백 명에 이르기도 하였다.

이에 비하여 2품 이상 대신이 임명될 수 있는 관직은 의정부와 육조 등 20여 직에 불과하였다. 이러한 상황에서 정부는 지배신분인 대신이 정치에서 소외되지 않도록 대신에게 줄 관직을 별도로 만들 수밖에 없었다. 정부는 3품 이하의 관원이 임명되는 아문에 제조(提調)의 자리를 만들고 대신을 임명하였다. 물론 아문에는 책임자와 관원들이 배치되어 업무를 담당하고 있었으므로 제조는 실무에 관여하지 않는 명예직으로 시작하였다.

제조는 처음에는 명예직이었으나 시간이 가면서 변화가 생겼다. 제조들이 행정에 관여하기 시작하였고, 결국 제조가 부서의 인사까지 관여하면서 아문의 행정 전반을 장악하게 되었다.

제조가 아문의 행정을 장악하면서 제조는 대신으로 6조의 장관과 동급이었으므로 아문이 6조의 지시에 따르지 않는 상황이 전개되었다. 특히 중요한 변화는 제조가 대신이었으므로 아문의 안건을 왕에게 직접 올리는 제조직계제(提調直啓制)를 시행할 수 있었다.

3. 대신제의 운영과 그 한계

수의(收議)

대신제가 운영되고 대신이 의정부의 재상, 6조의 장관, 아문의 제조 등으로 임명되면서 문제점이 노출되었다. 가장 중요한 것은 상하로 이어지는 합리적인 행정체제가 흔들렸다. 의정부, 6조, 아문 등의 다양한 통로를 통해 주요한 정책들이 두서없이 제안될 수 있었다.

대신제와 더불어 제조제까지 운영되면서 태종이 구상하였던 조정자로서의 왕의 역할이 더 크게 부각될 수 있었다. 물론 왕은 다양하게 올라온 사안을 단독으로 처리하지 않았다. 경연을 통해 정책의 타당성을 검토하였고, 최종적으로 대신들과 논의하여 결정하였다. 왕은 의정부 재상, 6조 대신, 아문 제조 등 대신들에게 의견을 물어 결정하였다. 이러한 논의과정을 '수의(收議)'라 칭하였다. 결국 국가의 주요 현안들을 대신의 수의를 통해 결정하였다.

조선의 행정체제가 관료제에 입각한 합리적이고 투명한 모습을 가지고 있었으나 권력구조의 관점에서 보면, 대신제의 시행으로 대신은 하위 기관인 아문까지 직접적으로 관리하는 모습을 보였다. 이는 권력이 왕과 귀족인 대신에게 집중되어 있는 귀족제적인 모습을 보여주었다. 왕과 대신은 조선의 지배신분이었으므로 이들의 합의에 의해 국정이 결정되는 것은 오히려 당연한 일이었다.

대신제 시행의 부수적 효과

태종은 의정부를 제어하기 위해 대신제를 만들었지만 대신에게 특권만을 부여한 것은 아니었다. 대신들을 견제하기 위해 대신의 지방 거주를 금하고 한양에 거주하도록 규제하였다. 국가는 대신에게 특별한 지위를 부여하였으나 그 지위로 백성들에게 피해를 주지 않도록 규제하였다.

대신들이 지방에 내려갈 일이 있으면 일정을 국가에 보고하고 움직여야 하였다. 국가는 대신의 영향력을 고려하여 그의 거취를 국가가 파악할 수 있는 범위 내에 묶어 두고자 하였다. 대신을 한양에 묶어둔 것은 대신제 시행에 따른 부수적인 조치였지만 결과적으로 백성들에게는 의미 있는 조치였다.

대신제를 운영하게 되면서 가지게 된 부수적인 효과는 또 있었다. 대신제를 시행하면서 특권 신분이 명료하게 정리된 것이다. 특권 신분을 2품 이상 대신으로 한정하면서 3품 이하의 관원들은 특권을 가지지 못하게 되었다. 조선에서 3품 이하의 관원들은 문음의 특권을 상실하면서[3] 특권 신분에서 탈락하였다. 3품 이하의 관원은 현직을 벗어나면 관직으로 말미암아 가지고 있던 권한을 상실하면서 법적 지위에서 백성과 차이가 없게 되었다.

그러므로 대신제의 시행은 귀족제적인 모습을 보여주는 한계는 있었으나 특권 신분을 제한하여 그 수를 줄이면서 고려에 비하여 발전된 모습을 보여주었다. 이미 향리가 지배신분에서 탈락하였고, 대다수의 관원에게도 혈통적 특권을 부여하지 않으면서 조선의 특권신분인 귀족은 그 수가 고려에 비하여 확연하게 줄 수밖에 없었다. 따라서 대신제는 대신의 거주 지역을 한양으로 제한하였고, 특권 귀족을 확연하게 줄이면서 긍정적인 면도 보여주었다.

2원 권력구조의 문제

태종은 왕의 영향력을 강화하기 위한 방안으로 대신제를 만들었으나 이러한 조직의 변화만으로 왕이 국정을 완전히 주도할 수 있는 것은 아니었다. 의정부의 재상, 육조의 대신, 아문의 제조 등은 정책을 놓고 서로 대립할 수 있었지만 모두 대신으로서 기본적인 이해관계는 같았다.

　더욱이 관원들은 이미 조선의 건국기부터 왕과 더불어 백성을 공동으로 통치한다는 군신공치론을 기본 이념으로 공유하고 있었다. 그러므로 왕의 주도권은 대신제의 시행으로 자연스럽게 주어지는 것이 아니었다. 태종과 같이 왕이 개인적인 능력을 충분히 가지고 있을 때만 주도권을 행사할 수 있었다.

　왕이 어리거나 무능한 경우 주도권을 대신이 잡는 것은 당연하였다. 이러한 경우 대신들은 정권을 장악하고 국정을 전단하였다. 아직 양사가 대신을 온전히 견제할 수 없는 상황이었으므로 이들은 각종 권력형 비리를 저지르기 쉬웠고, 이는 그대로 향촌에 부담이 될 수 있었다.

　물론 태종이나 세조처럼 쿠데타로 정권을 잡는 경우에도 문제는 있었다. 왕은 쿠데타를 도운 측근들을 공신으로 책봉하였다. 이러한 경우 공신들은 자신들이 세운 공을 믿고 각종 비리를 저질러 향촌사회에 부담을 주기 쉬웠다.

　조선 초기 정국은 왕과 대신의 두 개 축으로 구성된 2원 권력구조 하에서 운영되었다. 왕과 귀족인 대신이 권력을 나누어 갖는 2원 권력구조는 결과적으로 천민론에 입각한 공공통치를 실현하기에 적절한 권력구조는 아니었다. 왕이 주도하든지, 대신이 주도하든지 권력이 한 쪽으로 쏠리는 경우에 그 한계를 노출하였다. 즉 권력의 남용이 일어나면서 피해는 향촌 백성들에게 전가되었다. 그러므로 백성의 상위 계층인 사림은 2원 권력구조가 가지는 한계를 개혁하기 위해 노력하지 않을 수 없었다.

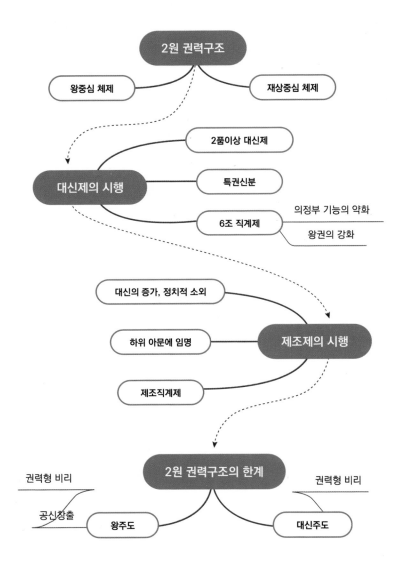

2원 권력구조

왕중심 체제 —— 재상중심 체제

대신제의 시행

2품이상 대신제

특권신분

6조 직계제 —— 의정부 기능의 약화
—— 왕권의 강화

대신의 증가, 정치적 소외

하위 아문에 임명 —— 제조제의 시행

제조직계제

2원 권력구조의 한계

권력형 비리   권력형 비리

공신창출 —— 왕주도 —— 대신주도

육조직계제의 시행

예조에서 계목(啓目)을 올리었다. "빌건대, 육조로 하여금 각각 직사(職事)를 직계(直啓)하고 왕지(王旨)를 받들어 시행하게 하며, 의논할 일이 있으면, 육조 장관이 같이 의논하여 아뢰게 하소서. 나이와 덕망이 아울러 높고 정치의 대체(大體)에 통달한 자를 의정부에 두어서 군국(軍國)의 중요한 일을 의논하여 아뢰도록 하소서."(중간 생략)

임금이 말하였다. "내가 일찍이 송도에 있을 때 정부를 파하자는 의논이 있었으나 지금까지 겨를이 없었다. 지난 겨울에 대간에서 작은 허물로 인하여 정부를 없앨 것을 청하였던 까닭에 윤허하지 않았었다. 지난번에 좌정승이 말하기를 '중조(中朝)에도 또한 승상부가 없으니, 마땅히 정부를 혁파해야 한다'고 하였다."(중간 생략)

처음에 임금이 정부의 권한이 무거운 것을 염려하여 이를 개혁할 생각이 있었으나 정중히 여겨 서둘지 않았는데, 이때에 이르러 단행하여 정부의 관장하는 것은 오직 사대 문서와 무거운 죄수를 다시 안핵하는 것뿐이었다. 이제 비록 의정부의 권한이 무거운 폐단을 개혁하였다고 하나, 권력이 육조에 분산되어 통일되는 바가 없고 모든 일을 제때에 올려서 처리하지 못하여 일이 많이 막히고 지체되었다고 한다.[4]

왕과 그 측근들은 의정부를 없애는 것까지 고려하였으나, 그대로 두고 기능을 제한하는 것으로 결정하였다. 육조는 의정부를 거치지 않고 각기 왕에게 사안을 직계할 수 있게 되었다. 의정부의 기능은 외교 문서와 사형수의 처결을 심의하는 것으로 제한하였다. 사관(史官)은 육조직계제의 시행으로 행정이 통일되지 못하여 중요 사안이 처리되지 못하고 지체되는 폐단이 일어났다고 평가하였다.

제조제의 시행

이 표는 세종 5년 아문에 배치된 제조의 상황을 보여주기 위해서,

당시 제조가 배치되었던 부서의 일부를 표로 만든 것이다.

관서	실안 도제도	도제도	실안 제조	제조	실안 부제조	부제조	합계
봉상시	영의정		예조참판	1			3
중부시				1			1
승문원	좌의정 우의정		예조판서	4	지신사		8
훈련관			병조판서 대사헌	4	지신사		7
사복시		1		1			2
전농시		1		1			2
내자시		1	호조판서	1	지신사		4
내섬시		1	참찬	1	좌대언		4
예빈시			찬성 예조참판	1	우부대언		4
선공감		1	공조판서	1			3
사재감	좌의정		공조참판	1			3
군자감	우의정		이조참판				2
제용감				2			2

이 표에 의하면 봉상시에는 3명의 제조가, 승문원에는 8명의 제조가 복수로 임명되었다. 제조는 업무와 연관되는 현직에 있는 관원이 임명되는 경우도 있었다. 이 경우 관직명을 기록하고 '실안'이라는 명칭을 붙였다. 봉상시는 영의정과 예조판서가 실안제조를 겸하였고, 그 외에 1인을 제조로 임명하였다. 제조는 관품에 따라 도제조, 제조, 부제조 등으로 명칭에 차이가 있었다.[5]

1 조선 초기 군령(軍令)과 군정(軍政)을 총괄하던 관서로서 흔히 삼군부로 약칭해서 불렀다.

2 고려 말의 혼란 속에서 이성계와 신진사대부들은 무력의 기반으로 개인적인 군사인 사병을 거느리고 있었다. 조선의 건국 이후에도 공신들과 왕자들은 여전히 사병을 거느렸다.

3 예외적으로 청요직의 관원들에게 문음이 일부 허용되었다. 청요직에 해당하는 관원들은 삼사의 언관과 육조의 낭관 등 핵심관원들이었다.

4 『태종실록』 권27, 태종 14년 4월 경신.

5 『세종실록』 권19, 세종 5년 3월 을사.

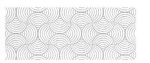

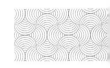

제15강
성종대 사림파의 개혁정치

1. 대신제와 양사 언론의 한계

사림의 확대

백성들의 정치적 지위는 재판권을 확보하면서 높아지고 있었다. 백성들은 재판권을 통해 수령과 전주를 고소할 수 있는 지위를 확보하였다. 따라서 백성은 법에 의해 지배층으로부터 보호받는 지위를 확보한 것이다.

백성들은 한 걸음 더 나아가 좀 더 적극적으로 지위를 확대하고자 하였다. 백성들은 법에 의해 보호받는 지위를 확보하였지만 법을 만드는 것은 여전히 지배층이었다. 즉 백성들이 자신의 지위를 더욱 확대하기 위해 법을 만드는데 영향력을 미칠 수 있는 지위, 즉 참정권을 확보하고자 하였다.

참정권의 확보를 위해 활동한 이들이 사림이었다. 사림은 백성 중 경제적으로 여유가 있는 상위 계층이었다. 이들은 경제적 여유 속에서 유학을 공부하면서 재야지식인으로 성장할 수 있었다.

사림에는 중하급 관원도 포함되었다. 재야지식인인 사림은 과거를 통해 관직에 나아갈 수 있었다. 물론 사림이 관직에 진출하였다고 신분이 달라지는 것은 아니었다. 관직에 진출하여도 능력으로 올라갈 수 있는 지위는 3품에 그쳤다. 지배신분인 2품 대신에 오르는 것은 능력만으로 가능한 것이 아니었다. 왕의 특지가 필요한 별도의 영역이었다. 그러므로 관원들은 정3품을 자궁(資窮)이라 불렀다. 자궁은 '관품의 끝'이라는 의미로, 관원이 능력으로 오를 수 있는 관품의 끝이 정3품이라는 의미였다. 3품 이하의 관원은 현직에 있을 때는 관직에 따른 권한을 가졌으나 현직을 벗어나면 권한을 상실하고 백성과 동일한 지위를 가졌다.

사림은 이미 고려 말부터 농업생산력이 향상되면서 배출되고 있었다. 그러나 고려 말기에는 아직 수가 적었으므로 사림의 활동은 중앙정치에 한정되었다. 조선 초기에 경제가 더욱 발전하고 정치가 안정되면서 재야지식인들은 더욱 늘어났다. 그러므로 조선 전기에 이르면 사림은 그 수가 늘어나면서 향촌에서도 적극적인 활동을 전개할 수 있었다.

대신제의 문제와 사림의 대응

백성이 참정권에 관심을 가지면서 백성의 상위 계층인 사림은 과거를 통해 정치에 적극 진출하였고, 점차 사림파로 정치세력을 결집하였다. 그러나 성종 초기까지 정치구조는 사림파가 영향력을 행사하기에 어려운 구조였다.

조선의 정치는 왕과 대신들에 의해 움직였다. 대신은 의정부와 육조의 장관직과 제조직을 장악하고, 정부의 핵심 부서는 물론 하위 관서까지 직접 관리하고 있었다. 이에 비하여 정3품 이하의 관원들은 대신을 보좌하는 행정적 기능을 수행하였다. 대신은 권력을 장악하고 별다른 견제 없이 권력형 비리를 저지를 수 있었다.

대신은 현직을 벗어나도 그 지위를 죽을 때까지 유지하였으므로 그 수가 계속 늘어갔다. 특히 태종과 세조는 쿠데타에 참여한 관원들을 공신으로 대거 책봉하면서 대신은 대폭 확대되었다. 대신이 늘어나면서 대신들의 권력형 비리도 자주 일어났다.

대신들의 비리는 결국 향촌의 안정을 해치고, 그 피해를 백성들에게 전가하는 것이었다. 그러므로 사림은 대신들에 의해 장악된 권력구조를 개혁하지 않을 수 없었다. 사림은 정치개혁을 통해 왕과 대신 중심의 정치체제를 개혁하여 대신의 비리를 견제하고, 나아가 백성의 참정권까지 확보하고자 하였다.

사림은 성종대부터 사림파로 정치세력화하면서 활동을 시작하였다. 사림이 중앙정치에서 사림파로 활동하면서 정치에 큰 변화가 일어났다.

양사(兩司) 활동의 한계

사림이 사림파를 조직하면서 정치개혁을 추진하였으나 정치는 왕과 대신을 중심으로 운영되고 있었다. 사림은 3품 이하 중하급 관원에 머물 수밖에 없었으므로 이러한 상황에서 개혁을 추진하는 것이 쉽지 않았다. 그러므로 사림은 중하급 관원으로서 정치운영에 영향을 줄 수 있는 권력구조를 만들어야 하였다. 즉 사림은 왕권과 대신권을 중심으로 구성된 권력구조에 제3의 권력을 추가하고자 하였다.

사림은 권력구조 변화의 가능성을 사간원과 사헌부에서 찾았다. 사간원은 왕에 대한 간언을, 사헌부는 관원에 대한 탄핵을 수행하였다. 그 대상이 왕과 관원으로 나누어져 있었으나 많은 경우 활동이 중첩되었다. 그러므로 사간원과 사헌부는 활동이 중첩된 부분에서 공동으로 힘을 모았고, 이러한 활동을 지속하면서 결국 두 부서는 국정 전반에 대한 감사와 견제를 하는 언론기구인 양사(兩司)로 자리를 잡게 되었다.

사림이 양사를 주목한 것은 국정 전반에 대하여 언론기능을 하면서 왕과 대신을 견제하는 기능을 하였기 때문이다. 특히 양사 관원은 중하급 관원이었으므로, 중하급 관원이었던 사림파가 쉽게 접근할 수 있는 기관이었다.

그러나 성종 초반까지 양사는 사림이 기대하는 기능을 다 하지 못하였다. 구조적으로 양사는 왕과 대신을 견제하는 기능을 적극적으로 시행하기 어려웠다. 가장 중요한 것은 양사의 인사권을 왕과 대신이 가지고 있었기 때문이었다.

양사는 왕이나 대신들의 잘못을 지적할 수 있었으나 이를 지속적으로 견제하여 바로 잡기 어려웠다. 양사 관원의 인사권을 왕과 대신이 장악하고 있었으므로 왕과 대신은 양사의 활동을 인사 조치를 통해 쉽게 견제할 수 있었다. 적극적으로 언론활동을 하는 관원들을 이직시키거나 좌천시킬 수 있었다. 이러한 상황에서 양사의 활동은 위축되었으므로 양사를 제3의 권력기구로 만들고자 하는 사림의 기대에 미치지 못하였다.

2. 홍문관의 정비와 삼사

홍문관의 새로운 인사방식

양사는 구조적으로 기능이 제한되어 있었으므로 사림은 양사의 기능을 강화할 수 있는 방안을 모색하였다. 사림은 다각적인 방법을 모색하였는데 결국 홍문관을 이용하는 방식으로 정리되었다.

홍문관은 경연을 담당하는 기구였다. 경연은 왕과 관원들이 함께 유학을 공부하는 자리였다. 세종대에는 집현전이 경연을 담당하였으나 세조대에 폐지되었고, 홍문관이 성종 초에 설립되면서 경연을 담당하였다.

사림은 홍문관에 특이한 인사방식을 도입하였다. 경연은 왕과 학문을 논하는 자리였으므로 최고의 인재들을 임용해야 하였다. 인사방식도 다른 관원들의 인사와 차이를 두고자 하였다. 능력은 물론 인품도 좋은 인재를 홍문관원으로 선발하고자 하였다.

능력을 확인하는 것은 쉬웠다. 홍문관원은 이미 과거시험에 합격한 이들을 대상으로 하였으므로, 능력을 쉽게 확인할 수 있었다. 과거에서는 합격자의 등수까지 구체적으로 합격증서에 밝혔고, 관품도 합격 등수에 따라 부여하였다.

인품을 확인하는 방법은 쉽지 않았다. 그러나 유학에서는 인품을 붕우(朋友) 간의 신뢰관계를 통해 확인할 수 있다고 보았다. 그러

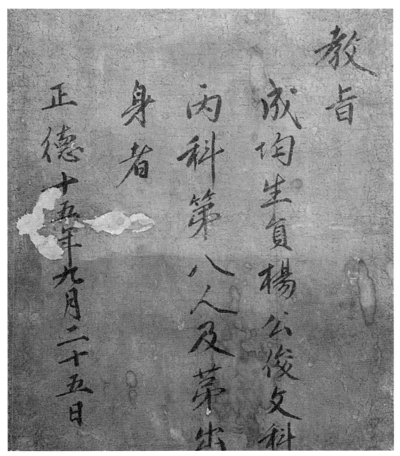

과거 합격증 홍패 합격증을 붉게 물들인 종이에 기록하였으므로 홍패라 불렸다. 홍패에는 합격자의 성적이 기록되었다. 합격자를 성적에 따라 갑과 3인, 을과 7인, 병과 23인으로 나누었는데, 위의 합격자 양공준은 병과에서 8번째 성적으로 전체에서 18등으로 합격하였다.

출처: 문화재청.

므로 이를 응용하여 젊은 관원의 인품을 친구가 되는 젊은 관원이 잘
안다는 논리를 인사에 적용하였다.

즉 홍문관원의 인사에 동료 관원의 추천을 적용하였다. 홍문관에 임명할 후보를 홍문관의 젊은 관원들이 추천하고, 이를 모아 홍문관 후보자 명단인 홍문록(弘文錄)을 만들었다. 최종 인사는 이조의 대신과 왕이 결정하였으나, 후보자는 이미 젊은 홍문관원들이 선발하여 홍문록에 올린 이들로 한정하였다.

이러한 인사방법의 도입으로 홍문관원의 인사가 홍문관의 젊은 관원들의 손에 맡겨지게 되었다. 이는 결국 홍문관원의 인사가 왕과 대신의 손을 벗어나게 되었음을 의미하였다. 이와 같이 홍문관의 독특한 인사방식을 만든 것은 양사 언론의 한계가 인사에 의한 것임을 주목하고, 이를 홍문관원의 인사방식을 통해 해결한 것이었다.

홍문관과 양사

홍문관의 인사방식이 정비되면서 홍문관의 기능은 달라질 수 있었다. 홍문관의 본래 기능은 경연이었다. 그러나 경연은 유학을 공부하는 것에 그치지 않고 이를 국정에 어떻게 구현할 것인가를 논의하였다. 그러므로 경연에서는 국정 전반에 대한 운영과 개혁까지도 논의할 수 있었다. 홍문관원들은 그 과정에서 자신들의 견해를 제시할 수 있었다. 특히 홍문관원의 인사가 보호되면서, 왕이나 대신들과 다른 의견을 제시할 수 있었고, 나아가 왕과 대신의 제안에 반대할 수도 있었다.

홍문관은 경연에서 국정 전반에 대한 의견을 표현하는 데서 그치지 않고 경연의 연장선상에서 자신들의 의견을 상소를 통해 표현하였다. 이러한 상황이 반복되자 홍문관은 언론 기능을 하는 기관으

창덕궁 내의 주합루 이 그림은 규장각이 청사로 사용하던 창덕궁 내의 주합루이다. 홍문관도 궐내에 청사를 가지고 왕과 매우 밀접한 관계를 유지하였다. 그러므로 왕은 홍문관원을 시종(侍從之臣)으로 불렀다.

출처: 김홍도, 국립중앙박물관.

로 인정되었다.

홍문관이 언론의 기능을 하면서 이전과는 다른 상황이 전개되었다. 왕이나 대신이 홍문관의 언론을 막기 위해 홍문관원을 인사를 통해 견제할 수 없었다. 따라서 홍문관의 언론 활동은 양사에 비하여 지속성을 가지면서 더 큰 영향력을 행사하였다. 홍문관이 지속적인 언론을 할 수 있게 되자 양사도 홍문관의 언론 활동에 공동 보조를 취하게 되었고, 홍문관과 양사는 연합 언론 활동을 전개하였다. 그러므로 세 부서는 같이 언론삼사(言論三司)로 불리게 되었다.

3. 성종대 개혁의 추진과 사화

개혁의 추진

삼사가 공조하게 되면서 제3의 권력기구로서 지위를 확보할 수 있었다. 언론을 통한 왕과 대신의 문제점을 비판하면서 백성들을 위한 의견을 정책에 적극 반영할 수 있었다. 사림은 삼사의 관원으로 진출하면서 삼사를 정치적 활동 기반으로 활용하였다. 사림은 비리를 일으키는 훈구 대신을 탄핵하면서 개혁을 추진할 수 있었다.

언론을 통한 훈구의 견제는 강력하였다. 삼사의 언론 활동은 양과 질에서 양사 중심의 언론과 달랐다. 양적으로 이전에 비하여 수배에 달하는 언론 활동을 전개하였다. 언론의 질에서도 달라져 대신들의 비리를 지적하는 데서 그치지 않고 대신을 파직시키는 데까지 나아갈 수 있었다. 구체적인 사례로, 비리 대신인 윤필상을 탄핵기 위해서 삼사는 수 백회에 이르는 집요한 상소를 올렸고, 결국 파직시키는데 성공하였다.

사림파는 제조직의 폐지도 주장하였다. 제조직은 대신들을 우대하기 위한 명예직으로 시작하였으나, 제조들이 아문을 장악하여 제조직계제까지 시행하면서 행정조직의 위계를 흔들었다. 대신들은 심지어 제조의 자리를 악용하여 이권을 챙기는 일까지 일어나자 사림파는 제조제를 혁파할 것을 강력하게 주장하였다.

사림파가 삼사를 중심으로 결집되면서 사림 세력도 확대되었다. 사림파는 기본적으로 지방의 지식인을 모집단으로 하였으므로 전국의 지식인의 이해관계를 대변하였다. 그러나 초기 활동에는 일정 지역의 사림이 선도하는 특징도 드러났다. 성종 중반에는 경상도 사림이 선도하는 모습을 보여주었다. 김종직과 사제관계를 맺은 이들을 중심으로 활동하였다. 그러나 사림의 의미를 생각할 때 최부와 같이 호남에 기반을 둔 인물들이 합류하는 것은 자연스러웠고, 시간이 흐를수록 사림파의 구성원이 전국적인 구성으로 바뀌어 갈 수밖에 없었다.

무오사화

사림파의 세력이 강화되어 삼사를 중심으로 활동하여 훈구대신들을 견제하면서 상당한 개혁정치를 추진할 수 있었다. 그러나 성종이 죽고 연산군이 왕에 오르면서 상황이 달라졌다. 성종은 훈구대신의 세력이 강한 상황에서 즉위하여 사림파가 대신들을 견제하는 것에 힘을 실어주었다.

    그러나 연산군은 사림파가 훈구대신을 견제하는 상황에서 즉위하면서 훈구대신에 대한 견제의 필요성을 느끼지 않았다. 특히 연산군이 유교적 이념에서 벗어나는 동향을 보이면서 사림파가 연산군을 견제하는 경우가 많아지자 오히려 연산군은 사림의 언론 활동을 불편하게 생각하면서 사림파와 왕 사이에 갈등관계가 형성되었다.

    결국 연산군은 훈구대신들과 결탁하여 사림파를 몰아내는 숙청인 사화(士禍)를 일으켰다. 이 사화가 무오사화(1498년)였다. 사림을 처벌한 사화의 죄목은 '붕당(朋党)'을 만들었다는 것이었다. 당시까지 관원이 정치적 집단을 만드는 것은 처벌의 대상이었다. 사림파는 사화를 당하면서 세력이 위축되었고, 사림의 개혁정치는 계속 추진되기 어렵게 되었다.

    그러나 사림파는 재지의 사림을 모집단으로 하였고, 이들은 정치를 개혁하여 참정권을 확보하겠다는 분명한 목표가 있었다. 그러므로 사림은 재야에서 힘을 기르면서 새로운 국면을 열기 위해 준비하였다.

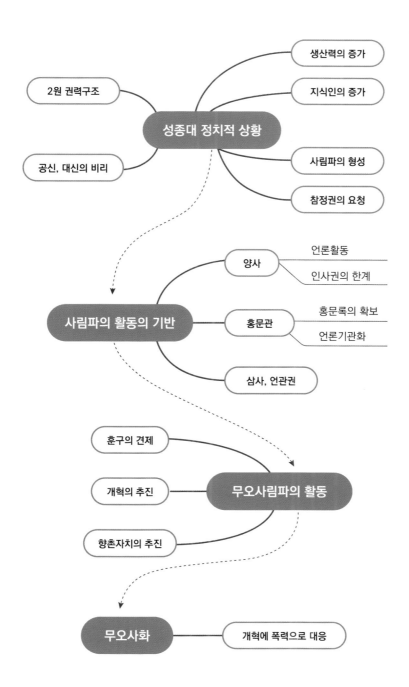

삼사언론의 구조

근래 대신이 하는 바는 대간이 논박하고, 태간이 하는 바는 홍문관이 논박한다. 비록 공론이라 하나 시기의 풍조가 없지 않다.[1]

이는 홍문관이 언관의 직책을 수행하게 되면서 나타난 변화를 잘 보여준다. 양사는 대신의 잘못을 비판하였고, 홍문관은 양사를 지원하면서 양사가 역할을 잘못할 때는 양사마저 비판하였다. 그러므로 양사는 대신의 견제에 좀 더 집중할 수 있었다. 즉 홍문관이 언론기관이 되면서 삼사언론을 통해 대신들에 대한 견제가 강력해졌다.

인품 중심 인사(홍문록)

국법에 문신 중에서 재주와 행실이 있는 자를 선택하여 '홍문록(弘文錄)'이라 이름하였는데, 선택에 참여되지 못한 자는 홍문관의 직책을 제수할 수 없는 것이 관례이다.[2]

홍문록은 한갓 나이가 젊은 것만 취한 것이 아니라, 그 심술(心術)은 한때의 제배(儕輩)가 모두 알기 때문에, 홍문관(弘文館)으로 하여금 먼저 골라서 관각 당상(館閣堂上)에게 보고하게 하였습니다.[3]

홍문록은 홍문관원 후보자의 명단이었다. 홍문관원은 능력과 재능은 물론 '심술'과 '행실'이 중요하였고, 이를 파악하기 위해 동년배 친구들이 추천하는 인사제도를 만들었다.

제조제 폐지를 제안하다.

제조를 혁파하여 도당(都堂)에 통솔되도록 할 것입니다. 삼공이 육경을 통솔하고, 육경이 모든 관리를 통솔하여야 체통이 서로 유지되고 정사가 한 곳에서 나올 것인데, 요즘에는 삼공이 하는 일 없이 도당에 앉아 있어 산관(散官)과 같은 인상을 주고 있으며, 관청마다 각기 제조를 두고 저마다 따로 법을 만들어 정사가 여러 곳에서 나오기 때문에 통섭할 도리가 없으니, 내수사처럼 미미한 관아에서도 역시 자의로 『속전(續典)』 외의 교령을 시행하니, 공문서가 어지러워져서 다른 관원이 받들어 이행하기가 현란합니다. 신은 원하건대, 제조를 태거하여 각 관직을 육조에 붙이고, 대제배(大除拜) 대정령(大政令)이 있을 때에는 육조에서 도당의 명령을 들어서 시행하여야, 조정의 체제가 대강 설 것이니, 이것이 조종의 법입니다.[4]

　　연산군 1년 사림파 김일손은 제조제의 폐지를 주장하였다. 제조제를 폐지하여 의정부 - 육조 - 아문의 행정체제를 복귀하자고 제안하였다. 행정체제의 일원화를 회복하기 위해 제조제를 폐지하자고 주장하였다.

　　그러나 이는 행정체제의 일원화를 위한 주장만은 아니었다. 제조제는 명예직으로 대신들을 우대하기 위한 제도였으나, 제조가 아문을 실제적으로 장악하면서 대신들은 제조직을 통해 다양한 비리를 저지르고 있었다. 그러므로 사림파는 비리를 통해 결국 향촌에 부담을 주고 있는 대신들을 견제하기 위하여 제조제 폐지를 제안하였다.

| 미 주 |

1　『연산군일기』 권41, 연산군 7년 8월 갑술.

2　『성종실록』 권208, 성종 18년 10월 임진.

3　『성종실록』 권283, 성종 24년 10월 을해.

4　『연산군일기』 권5, 연산군 1년 5월 경술.

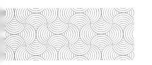

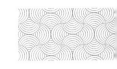

제16강
중종대 사림파의 개혁정치

1. 낭관 정치력의 확대

중종대 사림의 진출

사림은 성종대에 사림파로 결집하면서 백성의 이해관계를 정치에 반영하는 개혁정치를 시행하였지만, 연산군과 대신들의 책동인무오사화로 큰 피해를 입었다. 이로 인해 사림의 개혁정치에는 차질이 빚어졌으나, 향촌의 지식인인 사림을 모집단으로 하는 사림파를 근본적으로 와해시키기 어려웠다. 여전히 사림은 과거를 통해 중앙정치에 진출하여 사림파로 결집하였다. 사림파는 연산군을 몰아내고중종을 왕으로 세우는 중종반정에 기여하면서 다시 조직적으로 그역할을 수행할 수 있었다.

특히 중종반정 과정에서 공신을 과다하게 책정하여 자격을 가지지 못한 이들도 다수 공신이 되면서 이들의 비리가 사회적으로 문제가 되었다. 사림파는 이들의 비리를 지적하면서 공신들과 대립하였

다. 사림파는 비리 공신들을 견제하면서 백성을 위한 개혁을 추진하
였다.

삼사 중심 사림 활동의 한계

사림파는 삼사를 중심으로 언론 활동을 통해 공신들을 견제하였
다. 그러나 이미 성종대의 경험을 통해 삼사 언론만으로는 개혁을 추
진하기에 충분하지 않다는 것을 인식하였다. 언론 활동은 정책이 입
안된 이후에 정책의 문제점을 지적하는 것으로 이미 정책이 입안된
이후 정책을 바꾸는 것은 상대적으로 쉽지 않았다. 그러므로 사림파
는 정책이 입안되는 과정에 관여할 수 있는 방안을 모색하였다.

정부의 정책을 입안하는 부서는 주로 육조였다. 육조는 판서와
참판 등 대신들과 정랑, 좌랑 등 낭관(郎官)들로 조직되었다. 그러므로
사림이 육조 정책의 입안과정에 영향을 미치는 방법으로 낭관을 통
한 방법을 모색하였다.

그러나 육조의 낭관들은 대신의 지휘 하에 있었다. 대신은 낭관
인사권을 장악하고 육조를 지휘하고 있었으므로 낭관이 정책입안과
정에서 대신과 대립되는 의견을 주장하고 반영하는 것은 사실상 쉽
지 않았다.

낭관자천제의 시행

그러므로 사림이 낭관을 통해 육조의 정책 결정과정에서 영향력
을 행사하기 위해서는 육조 내의 권력구조의 변화가 필요하였다. 가
장 중요한 것은 낭관의 인사권을 대신으로부터 분리하여 낭관들이

소신을 가지고 자신의 의견을 제시할 수 있는 환경을 조성하는 것이었다.

사림은 이를 위해 이미 삼사 언론을 활성화하기 위해 홍문관에 적용하였던, 인품을 중시하는 인사방식을 육조의 낭관에도 적용하고자 하였다. 즉 낭관은 중요한 보직이었으므로 사림은 낭관의 인사에 능력은 물론 인품도 고려해야 한다고 주장하였다. 또한 낭관의 인품을 잘 아는 것은 같은 동료들이므로 낭관의 인사를 낭관들이 주도해야 한다고 주장하였다.

육조낭관의 인사방식을 바꾸는 것은 육조 내의 권력구조를 바꾸는 것으로 실현하기 쉽지 않았다. 그러나 사림파는 결국 이러한 주장을 관철시켜 낭관의 인사방식을 바꾸었다. 낭관의 인사를 대신이 아니라 낭관들이 자체로 결정하는 낭관자천제(郎官自薦制)를 시행하였다. 육조에는 부서 간에 차이가 있었지만 대략 정랑 3인, 좌랑 3인 등 6인의 낭관이 배치되어 있었는데, 낭관자천제의 시행으로 신임 낭관의 임명을 선임 낭관들이 합의하여 결정하였다.

낭관권의 형성

이러한 인사제도의 변화는 육조 내의 정책 결정과정에 큰 변화를 일으켰다. 대신들이 낭관의 인사에 관여하지 못하면서 낭관들은 소신을 가지고 정책의 결정과정에 자신의 의견을 제시할 수 있게 되었다. 이와 같이 강화된 낭관의 정치적 영향력을 낭관권(郎官權)이라 부를 수 있다.

특히 인사를 담당하는 이조와 병조의 경우에는[1] 인품 중심의 인사를 강조하는 논리를 주장하면서 젊은 관원인 참상관의 인사에 대한 영향력을 강화하였다. 특히 중요한 참상관인 양사 관원의 인사를 주도하게 되었다. 그 결과 낭관들은 삼사의 언관들과 더욱 긴밀한 관계를 형성할 수 있었다.

이러한 변화 속에서 사림파는 삼사의 언관직은 물론 육조의 낭관직에 적극 진출하였고, 낭관직을 통한 낭관권과 언관직을 통한 언관권을 바탕으로 조직적으로 자신들의 견해를 정치에 반영할 수 있는 기반을 확보하였다.

2. 개혁의 추진과 사화

중종대 사림파의 개혁

중종대 낭관권이 형성되면서, 사림파는 언관권은 물론 낭관권을 바탕으로 훈구공신들을 견제하여 다양한 개혁을 추진할 수 있었다. 사림파는 먼저 지방의 백성을 안정시키는 일에 관심을 기울였다. 사림파는 비리를 저질러 향촌에 피해를 전가하는 공신들을 탄핵하여 퇴진시키면서 백성들을 위한 정책을 추진하였다. 사림파가 추진한 가장 중요한 정책은 한전제(限田制)[2]였다. 개인이 소유할 수 있는 전지 소유의 상한선을 50결로 제한하여 지방에서 공신의 전지 확대를 막고자 하였다.

사림파는 지방의 자치적 역량을 강화하기 위해서도 노력하였다. 향약을 시행하여 백성들이 안정적으로 향촌을 운영할 수 있도록 지

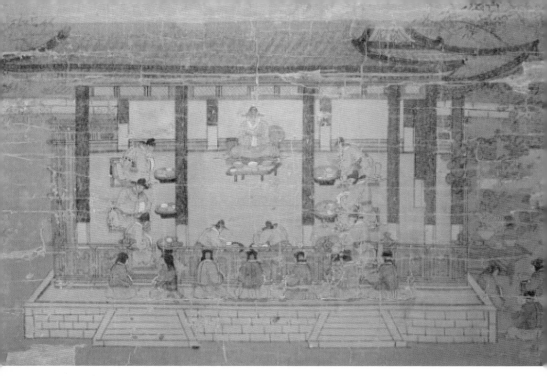

호조낭관의 모임 호조낭관들이 모여 식사 하는 모습을 그린 것이다. 16세기에 낭관권이 형성됨에 따라 낭관 선후배들의 모임이 활성화되면서 이러한 모습을 그린 그림도 남게 되었다.

출처: 문화재청.

원하였고, 향촌의 향론을 지원하여 향촌의 자치적 운영을 강화하려 노력하였다. 백성들의 자치 역량 강화를 위해 서적도 발간하였다. 백성이 읽을 수 있는 『언해여씨향약』, 『번역소학』, 『이륜행실도(二倫行實圖)』 등 언해서를 배포하여 향촌의 운영에 도움이 되는 지침서로 활용하였다.

　　나아가 향촌에서 성장하고 있던 재야지식인인 사림이 중앙정치에 쉽게 진입하도록 하는 천거제인 현량과(賢良科)를 시행하였다. 현량과를 통해 사림의 중앙 진출을 활성화하면서 사림파는 중앙정치에서 세력을 확대할 수 있었다.

기묘사화

사림파는 개혁을 추진하면서 보수 세력인 공신들과 크게 대립하였다. 공신들은 기득권층이었으므로 사림이 추구하는 정치개혁에 반대하였다. 따라서 사림파는 개혁을 추구하기 위해 공신들과 대립하지 않을 수 없었다.

사림은 언론 삼사를 통해 비리를 저지르는 공신들을 탄핵하여 퇴진시키면서 개혁을 지속하고자 하였으나 공신들의 저항도 만만치 않았다. 대립이 격화되면서 사림파는 공신 세력의 최대 약점인 공신 책봉의 정당성까지 문제로 제기하였다. 사림파는 중종반정으로 인한 공신의 선정이 정당하였는가를 문제로 제기하고, 대다수의 공신 책봉이 잘못되었다고 주장하였다. 공신들은 중종반정의 공으로 대신에 오른 이들이 많았으므로 그 저항은 치열하였다. 그러나 사림파의 주장은 근거가 있는 것이었으므로 중종도 동의하지 않을 수 없었다. 결국 공신에 잘못 책정된 이들을 삭제하는 '위훈삭제(僞勳削除)'가 시행되었다. 이는 반정공신의 3/4을 삭훈하는 것으로 매우 큰 성과였다.

그러나 공신들의 저항은 계속되었고 급기야 중종마저 자신의 입지에 대해 불안감을 가지게 되자 상황이 반전되었다. 중종은 기본적으로 공신들의 세력이 과도하게 커지는 것을 걱정하여 사림파의 개혁에 동조하였다. 그러나 사림파가 반정 공신들을 위훈삭제로 탈락시키면서 세력을 강화하자 그 입장을 달리하게 되었다.

특히 중종은 반정으로 왕이 되었으므로 공신 대부분이 탈락되자 자신이 왕이 된 계기인 반정의 명분까지 손상될지 모른다는 걱정을 하게 되었다. 결국 중종이 공신들을 지원하는 방향으로 입장을 선

도산서원 기묘사화 이후 사림들은 서원을 건립하는데 집중하였다. 서원은 교육기관으로 인재를 기르면서 사림 세력을 확대하는데 안성맞춤이었다. 도산서원은 퇴계 이황의 제자들이 퇴계를 추모하면서 건립한 조선의 대표적인 서원이었다. 서원은 향교와 더불어 사림이 모이는 곳으로 지방자치운영의 중심적 역할을 하였다.

출처: 도산서원도, 강세황, 국립중앙박물관.

회하면서 공신 세력과 함께 사림파를 제거하는 사화를 일으켰다. 이 사화가 기묘사화(1519년)였다.

사림파가 언관과 낭관을 중심으로 개혁을 추진하였으므로 기묘사화의 피해자는 언관과 낭관이 주된 대상이었다. 현직 관원은 물론 이미 언관과 낭관을 거쳐 간 선배들도 연루되어 화를 당하였다. 사화로 인해 사림파가 제거되면서 추진한 개혁들은 모두 폐지되었다.

그러나 사림파는 사림을 모집단으로 하고 있었다. 공신들이 비리를 일으켜 향촌의 안정을 해치는 상황이 지속되고 있었으므로 사림은 공신들을 견제하기 위한 개혁의 필요성을 절실하게 느꼈다. 따라서 사림은 향촌에서 자치체제를 형성하여 세력을 정비하였고, 교육기관인 서원을 세워 인재를 육성하면서 정치적 주도권을 확보할 수 있는 새로운 기회를 찾고 있었다.

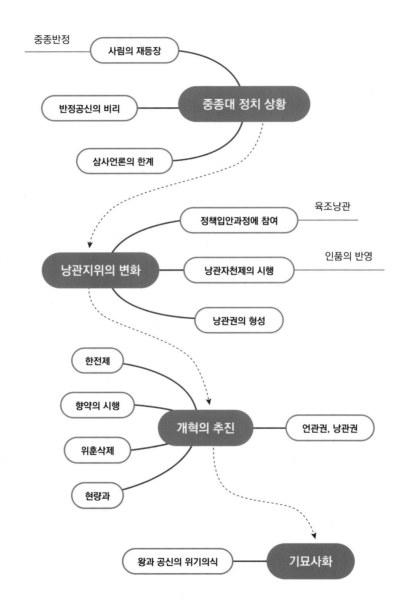

중종반정 ─── 사림의 재등장

반정공신의 비리 ─── 중종대 정치 상황

삼사언론의 한계

정책입안과정에 참여 ─── 육조낭관

낭관지위의 변화 ─── 낭관자천제의 시행 ─── 인품의 반영

낭관권의 형성

한전제

향약의 시행

위훈삭제 ─── 개혁의 추진 ─── 언관권, 낭관권

현량과

왕과 공신의 위기의식 ─── 기묘사화

낭관자천제

무릇 사람을 임용할 적에는 반드시 전조(銓曹)에 맡겨 주의(注擬)하게 해야 하는데, 지금은 이조 병조 예조의 낭청(郞廳)과 승정원 주서(承政院注書) 등이 자기들의 동료를 자천(自薦)하니, 이런 폐단을 고치지 않는다면, 신은 정사가 여러 방면에서 나와 마침내 붕당(朋黨)을 이루게 될 듯합니다.[3]

이병조(吏兵曹) 낭료(郞僚)의 천망은 비록 법전에 기재된 바는 아니나 그 유래가 이미 오래되었습니다. 어찌 사람을 청선하는 자리에서 반드시 그 적격자를 얻고자 했던 것이 아니겠습니까. 이 때문에 주의하는 즈음에 이조는 반드시 병조의 추천을 기다려 주의하고 병조 또한 동료들과 함께 의논한 뒤에 천망하는 것입니다. 전번 병조의 낭관이 결원되었을 때 이조는 본조의 추천을 기다리지 않고 스스로 3망을 주의하였고, 병조는 한 동료가 병으로 출사하지 않는데 감히 처음 들어온 관원으로 천망하였습니다. 그래서 그 구례가 다 무너졌을 뿐 아니라 사대부 간의 미풍이 아주 없어졌습니다. 신들은 정조의 체도가 중하지 못함이 오늘날로부터 시작될까 두렵습니다. 이병조의 낭청을 아울러 추고 치죄하소서.[4]

성종대부터 조짐은 있었으나 중종대 사림이 적극적으로 자천제를 지원하면서 낭관자천제는 자리잡게 되었다. 물론 낭관자천제는 법으로 규정된 것은 아니었다. 자천제는 관행으로 시행되면서 사림과 활동의 중요한 기반이 되었다.

한전제를 논의하다.

성준이 아뢰기를 "인자한 정사는 정전(井田)보다 나은 것이 없어, 백성이 모두 유여하게 하려면 정전을 시행하는 것만 같지 못합니다" 하니, 상이 이르기를 "이는 진실로 지극히 좋은 것이나, 우리나라는 땅이 판판하지도 넓지도 못하여 시행하지 못할 듯하다."
준이 아뢰기를 "정전은 하기 어렵지만 균전(均田)은 쉽사리 할 수 있습니다. 전토(田土)가 균등하지 못하기 때문에 부유한 사람은 더욱 부유해지고 가난한 사람은 송곳 하나 꽂을 땅도 없어, 이리저리 떠도는 것이 제도가 공평하지 못하기 때문입니다."

참찬관 정순붕은 아뢰기를, "정전제는 지극히 방대하여 쉽사리 할 수 없으니, 한전법(限田法)을 세워 과도하게 겸병(兼幷)하는 사람이 있으면 억제함이 가할 듯합니다."

준이 아뢰기를 "근자에 50결로 한도를 정했다가 이미 되지 못했습니다. 어찌 50결이나 가지는 백성이 있겠습니까?" 하고, 순붕이 아뢰기를 "경상도는 토지가 비옥하고 인가가 촘촘하여, 만일 50결로 한다면 다 갈아 먹지도 못하면서 더욱 균등하지 못한 폐단만 있을 것입니다. 그러므로 10결씩으로도 살아갈 수 있을 것이나, 가난한 백성이 어떻게 10결의 땅을 구득하겠습니까? 경기 백성도 또한 10결의 땅이 있으면 넉넉해질 것이지만 10결을 가진 사람이 얼마나 됩니까? 이래서 빈부가 균등하지 못한 것입니다"하였다.[5]

이는 사림파가 토지제도의 개혁이 필요함을 제시하면서 나타난 조정의 논의였다. 이 자리에서 정전제, 균전제, 한전제 등의 장단점을 살피고 있다. 사림파인 정순붕은 한전제의 필요성을 주장하였다.

| 미 주 |

1   이조와 병조는 인사를 관리하는 부서로 그 비중이 높았다. 이들의 낭관권을 별도로 나누어 전랑권(銓郎權)이라고 불렀다.

2   한전제는 개인이 소유할 수 있는 전지의 크기를 제한하는 제도였다.

3   『성종실록』 권206, 성종 18년 8월 계유.

4   『명종실록』 권32, 명종 21년 2월 임오.

5   『중종실록』 권36, 중종 14년 7월 계사.

제17강
공론정치와 붕당정치의 실현

1. 공론정치의 형성

사화(士禍)의 종식

사림파는 무오사화와 기묘사화를 당하면서 세력이 위축되었으나 중종 후반에 다시 힘을 모아 정치에 진출하였다. 이후에도 대신권을 장악한 훈구권신들의 압력과 박해가 있었으나 사림은 언관권과 낭관권을 기반으로 자신들의 위상을 유지하였고 나아가 정치주도권을 확보하기 위해 노력하였다.

훈구대신들은 사림파가 대세를 형성하는 것을 막기 위해 폭력에 의존할 수밖에 없었다. 훈구대신들은 사화를 통해 사림 세력이 확대되는 것을 막고자 하였다. 그러나 자신들도 인심이 천심이라는 주자학의 기본 이념을 인정하고 있었으므로 명분에서 어긋나는 사화와 같은 폭력적인 방법을 계속 사용하기 어려웠다. 그러므로 명종 초 을사사화(1545)를 마지막으로 사화는 더 이상 반복되지 않았다.

제3 권력의 형성

사화가 종식되면서 결국 명종 중반에 이르면 사림파는 자연스럽게 정치적 위상을 높일 수 있었다. 그간 사림이 추구하였던 것은 왕과 대신을 견제할 수 있는 권력구조의 정립이었다. 사림은 왕과 대신의 권력남용이 향촌에 미치는 문제점을 깊이 인식하고 있었다. 그러므로 이를 해결하기 위해 왕과 대신을 견제할 수 있는 제3의 권력을 확보하기 위해 노력하였다.

사림은 사화를 극복하고 언관권과 낭관권을 정립시키면서 제3의 권력을 확보할 수 있었다. 사림은 삼사의 기능과 낭관의 기능을 활성화하면서 왕과 대신들의 권력남용을 규제하였다. 이로 인해 향촌의 백성들은 더욱 안정적으로 삶을 유지할 수 있게 되었다.

공론정치의 정립

사림파가 권력의 확보를 통해 지향한 정치는 공론정치였다. 백성의 여론을 정치에 반영할 수 있는 정치, 즉 여론정치였다. 공론정치는 사림 개혁정치의 핵심이었다. 사림은 천민론의 입장에서 인심은 천심이고, 백성의 여론, 즉 공론은 하늘의 뜻이라고 주장하였다. 사림파가 언관이나 낭관으로 활동하면서 왕이나 훈구공신들의 의견을 비판하고, 자신의 의견을 주장할 수 있는 근거가 공론이었다. 그러므로 사림은 자신들이 백성들의 뜻, 즉 공론을 대변하고 있다고 주장하였고, 공론을 따르는 정치가 하늘의 뜻을 실현하는 이상적인 정치라고 주장하였다.

사림이 주장하는 공론정치 이념은 원시유학과 주자학의 기본이

넘이었으므로 이에 대해 왕이나 대신들도 인정할 수밖에 없었다. 그러므로 왕은 물론 훈구공신들도 논리적으로 공론정치에 대하여 반대하지 못하였다. 사화를 일으켜 무력으로 공론정치를 제압할 수 없는 상황이 전개되자 사림이 주도하는 공론정치를 향한 흐름은 대세가 될 수밖에 없었다.

공론정치가 정립되면서 백성들의 이해관계를 정책에 반영할 수 있는 길이 열렸다. 공론을 통해 백성들의 의견을 정책에 반영하게 되면서 백성들은 결국 국정에 영향력을 행사하는 참정권을 확보할 수 있게 되었다.

이는 언론정치를 통해 국정에 참여하는 방식으로, 서양 근세사에서 시민들이 의회를 통해 국정에 참여하였던 방식과는 다른 모습이었다. 그러나 두 가지 형태는 백성들의 의사를 정치에 반영할 수 있는 정치구조를 만들었다는 점에서 본질은 동일하였다. 백성이 참정권을 확보하면서 조선의 정치는 진정한 근세정치에 진입할 수 있었다.

향론의 형성

공론정치가 정립되면서 향촌에서 향론정치를 활성화할 수 있었다. 공론은 백성의 여론이었으므로 공론정치는 향촌에서부터 시행되었다. 향촌의 사림은 지방의 여론인 향론(鄕論)을 형성하였다. 향촌의 통치자는 수령이었으나 수령의 자의가 아닌, 사림의 여론인 향론을 따라 향촌을 운영해야 한다고 주장하였다.

이러한 동향은 성종대부터 나타났다. 성종대 사림파는 유향소를 복립하고 유향소가 향론 형성의 중심 기구가 되기를 기대하였다. 사림은 유향소를 복립하고 향사례, 향음주례를 시행하면서 향론에 따라 향촌의 질서를 잡아가고자 하였다. 그러나 앞에서 살핀 것처럼 유향소를 통한 사림의 자치 운동이 실패하면서 향론에 의한 향촌의 운영은 어렵게 되었다.

중종대에 들어 사림파가 다시 중앙정치에서 영향력을 행사하면서 향론에 의한 향촌의 운영을 다시 한 번 추진하였다. 모든 백성을 구성원으로 하는 향약을 시행하면서 향론의 형성은 더욱 활성화되었다. 기묘사림이 중앙정치에서 영향력을 강화하자 수령도 지방의 운영에 향론을 반영할 수밖에 없었다. 향론이 활성화되면서 사림은 향론에 의해 수령을 견제하는 역할을 수행하였다.

공론정치의 활성화

기묘사화로 사림파가 큰 피해를 입으면서 향촌에서 향론에 의한 정치는 일시적으로 후퇴하였다. 그러나 명종 중반 사림이 다시 영향력을 확보하고 주도권을 강화하자 향촌의 향론정치도 다시 활성화되었다. 지방의 사림들은 지방 교육기관인 향교나 서원 등에 모여 지방 운영에 대한 의견을 수렴하였고, 이를 향론으로 지방의 행정에 반영하려 노력하였다.

사림은 향론에 의해 향촌을 운영하는 것에 그치지 않고 타 지역의 사림들과 의견을 공유하면서 중앙정치에도 자신들의 의견을 반영하고자 하였다. 즉 사림들은 지역 단위별로 의견을 수렴하고, 모아진 의견을 상소문으로 작성하였다. 사림은 상소문을 대표인 소두(疏頭)[1]

를 통하여 한양의 왕에게까지 전달하여 중앙정치에 반영하고자 노력하였다. 이러한 향촌의 움직임을 중앙정치에서 사림파가 수용하면서 향론정치는 공론정치의 활성화에 기여할 수 있었다.

2. 붕당정치의 전개

공론정치 실현의 조건

사림파는 정치의 주도권을 확보하면서 공론정치를 실현하고자 하였다. 그러나 공론정치를 정치의 현장에서 실현하는 것은 결코 간단하지 않았다. 그간 사림은 자신들이 백성들의 여론을 대변한다고 주장하고 있었으므로 사림의 주장이 바로 공론이었다. 그러나 이러한 상황은 훈구대신과 대립하는 국면에서만 적용될 수 있었다. 사림이 정치적 주도권을 장악하고 대신직에까지 진출하는 상황이 전개되자 공론정치를 시행한다는 대원칙에 합의하는 것은 쉬웠으나 구체적으로 공론에 따른 정치를 시행하는 것은 쉽지 않았다.

왕과 대신들이 정치를 주도하는 경우 그 운영방식은 상대적으로 간단하였다. 우선 정치 결정에 참여하는 인원이 왕과 대신에 한정되었다. 왕과 대신은 모두 지배신분이었으므로 기본적인 이해관계도 동일하였다. 그러므로 상호간에 주도권을 둘러싼 의견 충돌이 있었지만 좁은 범위 내에서의 충돌이었으므로 쉽게 정리되었다.

그러나 사림이 주도권을 잡으면서 정치 참여층이 대폭 증가하였다. 대신들은 물론 중하급 관원들도 발언권을 확보하여 정치 결정에 참여하였고, 향촌의 사림들도 백성의 의견을 모아 대변하면서 정치에 영향력을 미칠 수 있었다.

　　그러므로 공론정치를 실현하기 위해 늘어난 정치 참여층의 의견을 모으는 과정이 필요하였다. 그 과정에서 서로 다른 입장들이 확인되면서 갈등이 일어날 수도 있었다. 또한 갈등이 길어지면서 서로 같은 생각을 가진 관원들끼리 결속하여 새로운 정치집단을 형성할 수도 있었다. 이러한 새로운 상황들은 공론정치의 시행을 위해 극복해야 할 과제들이었다.

붕당론의 수용

　　공론정치가 열리면서 조선은 이제 새로운 정치에 진입하였다. 정치를 보는 시각이 이전과 달라져야 하였다. 공론을 수렴하기 위한 갈등을 수용해야 하였고, 나아가 서로 다른 생각을 가지는 정치집단의 존재를 인정해야 하였다. 물론 서로 다른 정치집단을 공존시킬 수 있는 정치 운영방식의 정비도 필요하였다.

　　그러나 그 길이 완전히 새로운 길은 아니었다. 이미 이웃나라 중국의 선례를 참고할 수 있었기 때문이었다. 중국은 송대에 이르러 생산력의 향상을 바탕으로 이미 근세사회에 접어들고 있었다. 생산력의 향상에 따라 경제적 형편이 좋아지면서 지식인들이 대거 늘어나 정치 참여층이 확대되고 있었다. 이러한 변화 과정에서 새로운 정치 운영방식으로 붕당정치가 형성되었다. 그러므로 조선의 관원들은 공론정치를 시행하기 위한 정치 운영방식으로 송나라에서 보여준 붕당정치에 주목할 수밖에 없었다.

조선 건국기부터 사대부들은 이미 송나라의 붕당에 대한 정보를 가지고 있었다. 그러나 조선 초기에는 조선의 현실이 붕당정치의 본질을 이해할 수 있는 상황이 아니었으므로 붕당의 의미를 바르게 인식하지 못하였다. 붕당을 사사로운 이해관계를 위한 관원들끼리의 결속 정도로 인식하였으므로 붕당을 죄악시하였다.

그러나 성종대부터 상황은 달라졌다. 사림파는 개혁을 위해 정치집단을 형성하는 것이 불가피하였고, 결속을 통해 본격적으로 개혁도 추진할 수 있었다. 그러나 훈구공신들은 사림파가 붕당을 결속하였다는 것을 공격의 명분으로 삼았다. 훈구파는 성종대 무오사화와 중종대 기묘사화를 일으키면서 사림파가 붕당을 만들었다는 것을 죄목으로 삼아 사림파를 숙청하였다.

그러므로 공론정치의 운영방식으로 붕당정치를 시행하기 위해 먼저 관원들의 정치결사인 붕당에 대한 인식을 변화시키는 것이 필요하였다. 붕당에 대한 긍정적인 인식을 형성하는 데는 붕당의 역할을 바르게 설명한 송나라 구양수나 주자의 붕당론(朋黨論)이 유용하였다. 송나라에서도 초기에는 관원의 정치결사를 죄악시하는 상황이었으므로 사대부들은 이를 극복하기 위해 붕당의 유익함을 주장하는 붕당론을 저술하였다.

특히 주자는 바른 정치를 위해 붕당이 필요하다고 주장하였으며 나아가 정치를 개혁하기 위해 왕도 붕당에 참여해야 한다고 주장하였다. 이와 같은 붕당론이 널리 알려지면서 붕당에 대한 인식의 변화가 일어났다. 이에 정치결사인 붕당을 죄악시하지 않았고, 서로 다른 의견을 가진 정치집단을 인정할 수 있는 기반이 형성되었다.

사림파 내의 갈등

붕당론이 이해되면서 붕당을 죄악시하지 않았으나 구체적으로 다른 정치집단을 인정하고 서로 공존할 수 있는 훈련과정이 필요하였다. 물론 이미 사림파는 훈구파와 대립하면서 서로 다른 정치집단의 존재를 경험하였다. 그러나 두 집단 간에는 대립과 투쟁만이 점철되었으므로 서로를 인정하고 공존하려는 노력은 없었다. 그러므로 서로의 정치집단을 인정하고 공존할 수 있는 정치 운영체제를 만드는 것이 새로운 과제로 대두되었다.

사림파는 쉽게 두 집단으로 분리되었다. 조선의 권력구조는 왕, 대신, 언관 및 낭관 등을 축으로 하는 3원 권력구조였기 때문이었다. 사림파가 주도권을 잡으면서 사림파의 선배 집단은 서서히 대신직을 장악해가고 있었고, 후배 집단은 낭관직과 언관직을 유지하였다. 선배 집단이 대신의 지위에 들어가면서 후배 집단과 정책을 둘러싸고 갈등이 불가피하였다. 물론 선배 집단과 후배 집단은 모두 사림으로 이념적 동질성을 가지고 있었으므로, 훈구와 싸울 때와 같은 극단적인 대립은 없었다.

양 집단 간의 갈등을 외부로 표출하는 기폭제가 된 것은 심의겸과 김효원의 대립이었다. 심의겸과 김효원의 대립은 개인적인 것으로[2] 관원 간에 흔한 인사를 둘러싼 알력이었다. 그러나 개인적 갈등이 구조적 갈등을 표출시키는 발단이 되면서 사림파가 나누어졌다.

분당(分黨) 간의 갈등

사림파는 동인과 서인으로 나누이는 것을 심각한 문제로 인식하였다. 사림파의 분리가 처음이었으므로 위기의식을 가지고 이를 잘 해결해보려 노력하였다. 특히 중립에 서있던 이이(李珥)는 중재에 나서 심의겸과 김효원을 외직으로 내보내는 것으로 사태를 무마하고자 하였다. 그러나 문제의 본질은 심의겸과 김효원의 개인적 대립이 아니었다. 이들을 외직으로 보낸다고 해결될 수 없었다.

갈등 속에서 대신직을 장악하였던 서인들이 대신의 지위를 이용하여 주도권을 장악하려고 시도하자 상황은 더 악화되어 갔다. 동인역시 상대적으로 열세에 있기는 하였지만 낭관권과 언관권을 기반으로 강하게 저항하였다. 갈등이 격렬해지면서 동인은 이이 등 중립적 위치에 있던 대신들까지 서인으로 몰아내면서 사림파는 동인과 서인으로 완전하게 분당되었다.

대신의 지위에 있던 서인은 지위를 이용해 동인을 붕괴시키려하였다. 특히 중재를 모색해 왔던 이이가 서인으로 몰리면서 동인 공격에 선봉이 되었다. 공격의 초점은 동인이 존립의 근거로 삼고 있는 언관권과 낭관권이었다.

서인은 낭관권의 기반이 된 자천제를 부인하고, 언관권의 이념적 토대인 공론도 부정하였다. 결국 서인은 그간 사림파가 성취해온 낭관권과 언관권을 바탕으로 한 공론정치로 향하는 흐름을 뒤집고자하였다. 그러나 서인의 노력은 헛수고였다. 공론정치로의 흐름은 수차례의 사화로도 막지 못했던 것이었으므로 서인의 노력은 좋은 결과를 내기 어려웠다.

계회도(契會圖) 계회도(契會圖)는 계(契) 모임을 그린 그림이다. 계는 보통 친목을 도모하기 위한 것이었으나 16세기에 그려진 계회도는 주로 육조의 낭관이나 삼사의 언관들의 것이 대부분이었다. 참석자들도 육조, 홍문관, 예문관 등의 낭관들이었다. 모임은 단순히 친목을 위한 것이 아니었다. 공론정치가 자리잡아가면서 이러한 모임이 활성화되었다.

출처: 연방동년일시조사계회도, 국립광주박물관.

붕당정치의 정립

서인의 동인에 대한 공격은 이이가 죽으면서 중지되었다. 서인은 강하게 동인을 공격하였으나 낭관권의 핵심 요소인 자천제를 혁파할 수 없었고, 공론을 바탕으로 하는 삼사의 언사도 견제할 수 없었다. 이 상황에서 이이의 죽음으로 서인 세력이 위축되면서 새 방향을 모색할 수밖에 없었다.

서인의 새로운 방향은 공론정치를 인정하는 것이었다. 서인은 자신들이 동인과 같은 사림이라는 점을 부각시키고, 자신들도 공론을 수용한다고 주장하였다. 서인이 스스로 공론과의 연결을 모색한 것은 주목할 만한 변화였다. 즉 서인이 공론정치를 인정하면서 상호 공존의 길을 제시한 것이었다.

결국 서인의 변화로 동인과 서인이 모두 공론정치를 수용하면서 서로 경쟁하는 붕당정치 체제를 만들 수 있었다. 이는 사림이 추구해 왔던 공론정치의 이상이 새로운 정치 운영방식인 붕당정치를 통해 전개되었음을 보여준다.

정치의 질적 발전

이상으로 사림이 정치에 등장하면서 정치구조를 개혁하여 사림이 주도하는 정치체제를 만드는 모습을 살펴보았다. 사림은 중앙정치에 등장하여 먼저 인사방식을 변화시켰다. 홍문관의 홍문록을 통하여 홍문관원 인사에 인품을 반영하는 방식을 도입하였고, 낭관의 인사에도 인품을 반영하는 자천제를 실현하여 새로운 인사방식을 실현하였다.

인사방식의 변화는 결국 권력구조를 변화시켰다. 즉 사림파는 홍문관원의 인사권을 홍문록을 통해 확보하면서 삼사의 언관권을 형성할 수 있었다. 또한 자천제를 통해 육조낭관의 인사권을 확보하면서 낭관권을 형성하였다. 사림파는 낭관권과 언관권을 형성하면서 왕권과 대신권을 견제할 수 있는 3원 권력구조를 만들었다. 사림파는 제3의 권력을 만들어 왕과 대신의 권력남용을 견제하면서 균형 잡힌 정치를 운영할 수 있었다.

사림파는 3원 권력구조를 만들면서 이를 통해 공론정치를 실현할 수 있었다. 공론정치는 백성들의 여론을 정치에 반영하는 것이었다. 그러므로 공론정치의 시행으로 백성들은 정치 참여층이 되면서 정치적 지위를 높일 수 있었다.

사림파는 공론정치를 실현하기 위해 새로운 정치 운영방식으로 붕당정치를 도입하였다. 사림파는 공론정치의 실현 과정에서 서로 정치적 견해가 나누어지면서 동인과 서인으로 분당되었다. 그러나 동인과 서인은 결국 백성의 여론인 공론을 존립의 기반으로 수용하면서 새로운 정치 운영방식인 붕당정치를 정착시켰다.

그러므로 사림파의 등장으로 인한 정치구조의 변화는 인사방식의 변화 → 권력구조의 변화 → 정치 참여층의 확대 → 정치 운영방식의 변화 등으로 진행되었다. 이러한 변화 과정에는 정치의 질적 발전을 보여주는 여러 요소들을 포함하였다. 즉 정치구조의 분화, 하위구조의 자율성 제고, 정치 참여층의 확대, 정치문화의 세속화 등 정치의 발전을 보여주는 주요 지표들을 함축하고 있었다. 그러므로 조선의 정치는 사림파가 추진한 개혁을 통해 질적 발전을 이룩하면서 근세정치로 진입할 수 있었다.

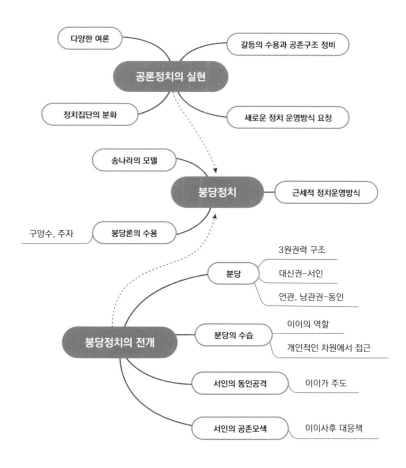

향론의 형성

연안부의 앞에는 나무가 많은데 머리가 희고 배가 나온 노부들이 나무 아래 다수 모여서 수령의 잘잘못을 논하고, (잘못이 있으면) 상경하여서 고소합니다. 김해 역시 그러합니다.[3]

이 자료는 지방에서 수령에 대한 향론을 정하고 있는 모습을 보여준다. 이 기록에 애매한 호칭인 '노부'가 향론의 주체로 등장한다.

'노부'라는 애매한 호칭은 노부의 신분이 일반 양인임을 보여주고 있다. 이들이 유향소나 향교에서 의논하지 않고 관청 앞의 나무 아래서 논의한 것은 정식 모임은 아닌 듯 보인다. 이는 향론의 형성을 위해 수시로 불특정 장소에 모여 논의하는 모습으로, 향론의 형성이 활성화되어 있었음을 보여준다.

> 도내의 무뢰지도들이 유생을 가칭하며 주군에 횡행하며 전식하는데, 수령의 대접이 소홀하면 분을 내고, 공론을 가탁하여 망령되이 훼예하니 수령이 두려워한다.[4]

이 내용에 의하면 유생을 가칭하는 '무뢰지도'들이 군현에서 문제를 일으키고 있었다. '공론'을 가탁하였기 때문에 수령이 함부로 제지하지 못하고 심지어 두려워하였다.

'가칭'이라는 단서가 붙어있지만, 향촌에서 유생들이 공론을 형성하여 향촌의 문제를 제기하면, 수령도 무시하지 못하는 상황이 전개되고 있었음을 보여준다.

구양수의 붕당론

신은 듣건대 붕당의 설은 예로부터 있었으니, 오직 임금께서는 군자와 소인을 분별하시기를 바랄 뿐입니다. 대체로 군자는 군자와 더불어 도를 함께하여 붕당을 이루고, 소인은 소인과 더불어 이익을 함께하여 붕당을 이루니, 이는 자연의 이치입니다.

그러나 신은 소인에게는 붕당이 없고 군자에게만 붕당이 있다고 여기니, 그 까닭은 무엇이겠습니까? 소인이 좋아하는 것은 이익과 봉록이고, 탐내는 것은 재화입니다. 저들이 이익을 함께할 때에 잠시 서로 붕당을 결성하고 끌어들여 벗으로 삼는 것은 거짓입니다. 이익을 보기에 이르러서는 서로 먼저 차지하려고 다투고, 혹 이익이 다 없어져서 교분이 소원하게 되어서는 도리어 서로 해쳐서,

비록 형제 친척이라도 서로 보호하지 못합니다. 그러므로 신은 소인에게는 붕당이 없으니, 저들이 잠시 붕당을 이루는 것은 거짓이라고 생각합니다.

군자는 그렇지 않아서 지키는 것은 도의요, 행하는 것은 충신이요, 아끼는 것은 명예와 절조입니다. 이로써 몸을 닦으면 도를 함께하여 서로 유익하고, 이로써 국가에 일하면 마음을 함께하여 서로 도와서 처음부터 끝까지 한결같으니, 이것이 군자의 붕당입니다. 그러므로 인군이 된 자는 소인의 거짓 붕당을 물리치고 군자의 참된 붕당을 써야 하니, 그렇게 된다면 천하는 다스려질 것입니다.[5]

붕당론으로 대표적인 것은 구양수의 「붕당론」과 주자의 「답유정지서(答留正之書)」 등이다. 특히 구양수의 붕당론은 정치집단을 '붕'과 '당'을 나누어 붕당의 정당성을 쉽게 설명하였다.

붕당정치의 정립(서인의 변화)

아, 동서의 말이 있은 이래로 서인의 명목은 그 말이 네 번 변하였습니다. 처음에는 심의겸의 친구와 제배(儕輩)를 서인이라 하였으니 삼윤(三尹) 같은 무리가 바로 그것입니다. 다음에는 서인을 구원하는 자를 서인이라 하였으니 정철 같은 무리가 바로 그것입니다. 또 그 다음에는 동인도 아니고 서인도 아니며 중립하여 치우치지 않는 사람을 서인이라 하였으니 이이와 같은 무리가 바로 그것입니다.

오늘날에 이르러서는 사림으로서 이이와 성혼을 높일 줄 아는 사람을 서인이라 하였으니 오늘날 조야(朝野)의 공론을 지닌 사람이 바로 그것입니다. 이것이 과연 사실에 의거한 말이겠습니까. 이러므로 공론이 열복하지 않았고 따라서 이른바 서인이란 자가 오늘날에 와서 더욱 많아지게 된 것입니다. 이로써 살펴보면 이이는 공론을 하다가 간사한 사람에게 편당한다는 이름을 얻었고 성혼은 이이를 구원하다가 사적으로 구호한다는 이름을 얻었으며, 중외(中外)의 수많은 선비들은 이이와 성혼을 구원하다가 서인의 이름을 얻었습니다. 백대의 공론은 속일 수 없지만 일시의 억울함을 당한 것은 어찌 통분하지 않겠습니까.[6]

서인은 이이 사후에 자신들의 입장을 새롭게 정리한다. 이는 장문 상소의 일부인데, 여기서 서인도 공론을 만드는 사람들이라고 주장하면서 공론정치와의 연결을 도모하였다. 서인이 공론지인을 자처하면서 공론을 근거로 하는 붕당정치가 정립되었다.

| 미 주 |

1 상소문을 왕에게 올리기 위해서 이를 가지고 한양에 올라갈 선비들을 선정하였다. 소두는 그 중에 대표였다.
2 심의겸과 김효원의 갈등은 개인적인 것으로, 심의겸이 김효원을 낭관에 자천해주지 않으면서 발생되었다.
3 『중종실록』 권8, 중종 4년 3월 계축.
4 『중종실록』 권26, 중종 11년 10월 병인.
5 『송대가 구양문충공문초』 권14, 붕당론.
6 『선조수정실록』 권21, 선조 20년 3월 1일 경인.

결론

전환시대 조선의 성격

종합사적 관점

이상과 같이 조선의 백성들이 역량을 키우면서 새시대를 준비해 갔던 모습들을 종합사적인 관점에서 살펴보았다. 고려 말 조선 초 생산력이 향상되면서 새로운 변화가 나타나기 시작하였다. 백성을 천민(天民)으로 인식하는 '천민론'을 주자학으로부터 수용하였고, 이를 근거로 각 영역에서 구체적인 변화를 일으키기 시작하였다.

그러므로 정치, 경제, 사회 등으로 영역을 나누어 그 구조를 살피고, 근세를 열기 위해 어떻게 구조 변화를 일으켰는지를 살펴보았다. 또한 각 영역에서 나타난 변화들이 어떻게 서로 결합되면서 영향을 주고 받았는지에도 주목하였다.

중세적 가치와 근대적 가치의 공존

조선시대의 변화는 정치, 경제, 신분 등의 영역에 따라 독특한 형태로 전개되었으나, 내부 구조는 서로 다른 시대의 가치가 공존하였다는 점에서 동일하였다. 각 영역 내부에 중세적 가치와 근대적 가치가 공존하였다. 정치에서는 '사적지배'와 '공공통치', 경제에서는 '경제외적 관계'와 '경제적 관계', 신분에서는 '혈통'과 '능력' 등의 서로 대치되는 가치들이 공존하였다.

이는 고려 말 급격한 생산력의 향상으로 인해 일어난 사회의 변화를 기존의 가치체계 안에서 수습할 수 없었기 때문에 새로운 가치를 수용하면서 나타난 결과였다. 사대부들은 기존의 가치를 유지하여 체제 안정을 유지하면서 새시대의 가치를 수용하여 개혁과 발전을 도모하였다.

물론 상호 모순적인 가치를 공존시키는 것은 쉽지 않았다. 그럼에도 유학자들은 음과 양을 '태극(太極)' 안에서 조화시킬 수 있다고 믿었으므로 현실과 이상을 잘 조화시키면서 새로운 국가체제를 만들어갔다.

전환시대 조선

그러나 전환시대를 공존의 시대로 이해하더라도 이를 중세와 근대의 요소가 적당히 혼합되어 있는 모습으로 이해해서는 곤란하다. 조선에서는 이미 중세의 핵심적인 운영 원리들이 작동되지 않고 있었다. 서양 중세의 가장 중요한 특징은 영주가 행정, 사법의 권력을 쥐고, 농노를 인신적으로 지배하면서 경제외적 강제를 시행하는 것이었다.

조선에서는 이러한 중세의 핵심적인 모습들을 확인하기 어렵다. 백성들은 서양 중세의 농노들과는 달리 고소권을 가지고 영주에 비견되는 수령, 전주, 전지 소유자 등이 행한 비리를 고소할 수 있었다. 이러한 상황에서 서양 중세 영주들이 행하였던 인신적 지배가 이루어지는 모습이나, 경제외적 강제가 시행되는 모습을 확인하기 어렵다. 따라서 조선 사회는 이미 중세를 벗어나 있었다.

물론 조선 사회는 아직 근대에 이른 것은 아니었다. 여전히 사적 지배 하에 있는 천인이 존재하였고, 왕을 비롯하여 혈통적 특권을 부

여받은 특권 신분도 존재하였다. 특권 신분은 정치, 경제, 신분 등의
특권을 누리면서 그 지위를 상속하고 있었다.

그러나 다시 강조하지만, 백성의 지위가 상승하고 공공통치의
이념이 정립되면서 특권 신분이 특권을 매개로 백성을 사적으로 지
배하는 모습을 확인하기 어렵다. 그러므로 조선은 중세를 벗어나 새
로운 시대에 진입하고 있었다.

백성의 지위 상승

새로운 사회로 진입하면서 백성의 지위는 상승하고 있었다. 생산
력의 향상을 바탕으로 새로운 이념인 천민론을 수용하였으며 그 영향
이 경제, 신분, 정치의 각 영역에 미치면서 백성의 지위는 상승하였다.

먼저 백성들은 경제적 지위를 높이고 있었다. 상경농법으로 농
업생산력이 늘어나면 백성들은 경제적으로 여유를 가질 수 있었다.
또한 민생론에 입각해서 시행된 과전법, 공법, 공안의 개정 등을 통
해 부세까지 경감되면서 경제적 능력을 강화할 수 있었다. 특히 세종
대에 전지에 대한 배타적 소유권까지 확보하면서 백성들은 경제적
지위를 더욱 높였다.

백성들은 사회적 지위도 높여 갔다. 백성들은 향리의 지배 하에
있던 백정의 지위를 벗어나 국가와 직접적인 관계를 맺으면서 권리
와 의무를 수행하는 양인의 지위를 확보하였다. 또한 특권 신분을 대
신(大臣)으로 한정하면서, 백성들은 능력을 기반으로 성취할 수 있는
지위의 폭을 넓힐 수 있었다. 또한 모든 백성이 구성원이 되는 향약
을 시행하여 보다 평등한 열린 사회를 경험하면서 사회적 지위를 높

였다.

　백성들은 정치적 지위도 높이고 있었다. 백성은 '천민'이라는 명분을 가지고, 3심에 걸친 재판을 받으면서 법으로 보호받는 지위를 확보하였고, 수령과 전주의 부정을 고소할 수 있는 고소권도 가지게 되었다. 따라서 백성들은 공공통치의 체제 하에서 법의 보호를 받는 지위를 확보하였다.

　나아가 백성은 입법과정에 영향력을 미칠 수 있는 정치구조의 개혁을 추구였다. 백성들은 상위 계층인 사림을 앞장세워 자신들의 의견을 공론으로 정치에 반영할 수 있는 공론정치를 시행하면서 참정권에도 접근할 수 있었다.

　그러므로 조선 백성들의 지위는 경제, 사회, 정치 등의 영역에서 상승하였다. 백성들은 지위를 높여 보다 평등한 관계를 확보하면서 서로 소통하고 배려할 수 있는 능력을 키워가고 있었다. 이러한 모든 면을 종합할 때 조선의 백성은 서양 중세 농노와 그 지위가 확연하게 달랐고, 적어도 서양 근세의 시민에 준하는 지위를 확보하고 있었다.

전환시대의 특징

　이상에서 볼 때 조선은 전환시대였다. 저자가 조선시대를 전환시대로 설정하고 이를 정교하게 검토한 것은, 우리 국민이 가진 역사적 역량의 연원을 밝히고자 한 것이었으나, 이는 상당 부분 우리가 처하고 있는 역사적 상황과도 연관이 있다. 즉 우리가 살고 있는 이 시대가 전환시대이기 때문이다. 저자는 전환시대인 조선을 검토하면서 우리가 살아가고 있는 전환시대를 이해하고 대처하는데 도움을 받고자 하였다.

　오늘날 우리들은 전환시대를 살아가고 있다. 인류는 근대를 연지 벌써 200년이 지났지만 아직 다음 시대의 모습은 선명하게 드러나지 않고 있다. 우리는 여전히 근대사회의 문제점을 하나하나 해결해가면서 다음 시대의 모습을 찾아가고 있다.

　전환시대 조선의 가장 중요한 특징은 심각한 가치의 갈등이었다. 전환시대에는 구시대의 가치와 새시대의 가치가 중첩해서 나타난다. 조선시대는 중세와 근대의 가치가 중첩되면서 갈등이 구조화되어 있는 시대였다. 심각한 갈등이 계속되면서 희생도 적지 않았으나 선조들은 지혜를 모아 어려움을 잘 극복하면서 그 역사적 소명을 우리에게까지 전달하여 주었다.

　우리도 전환시대의 특징인 심각한 분열과 갈등을 경험하고 있다. 여전히 강력한 영향력을 보여주는 근대의 이념들과 근대의 문제점을 해결하기 위해 제시되는 새로운 이념들 사이에서 큰 갈등을 경험하고 있다. 자유를 강조하는 이념과 평등을 강조하는 이념 간의 대립은 이 시대의 대표적인 갈등 중 하나이다.

　현재의 갈등 하나하나를 풀어가는 방식들이 결국 다음 시대의 모습을 결정한다고 생각하기 때문에 우리는 각자의 소신을 강하게 내세우면서 서로 치열하게 싸우고 있다.

전환시대의 과제

　우리는 눈앞에 놓인 전환시대의 과제를 잘 감당하고 새시대를 열어 다음 세대에 전달할 수 있을까? 우리가 전환시대를 잘 감당하기 위해 무엇보다도 '넓은 시야'를 가지는 것이 필요하다. 역사는 우리에게 시대의 큰 흐름이 있다는 것을 보여준다. 서로의 가치가 끝없이 맞서서 격돌하는 전환시대 속에서 우리는 자칫 시대의 큰 흐름을 놓치기 쉽다. 전환시대를 잘 감당하기 위해서 역사가 흘러가는 방향을 이해할 수 있는 넓은 시야를 확보하는 것이 필요하다.

넓은 시야를 확보하기 위해서 전환시대인 조선이 보여주는 역사적 변화를 잘 음미할 필요가 있다. 조선은 계속적인 혼란과 갈등 속에 있었지만, 결국 한 방향을 향해서 지속적으로 변화해가고 있었다. 우리가 전환시대 조선이 보여준 수백 년의 변화를 한눈에 조망할 수 있다면 시대의 흐름을 이해하는데 도움이 될 것이다. 우리가 시대의 흐름을 이해할 수 있다면, 현재의 소소한 문제들 하나하나에 일희일비하지 않고, 보다 분명한 방향성을 가지고 근본적인 문제에 집중할 수 있을 것이다.

또한 전환시대를 잘 감당하기 위해 우리가 잘 할 수 있다는 '자신감'을 조금 더 가지는 것도 필요하다. 우리는 전환시대를 잘 감당한 선조들의 역사적 역량을 이어받았다. 역사적 역량은 하루아침에 생기는 것도 아니고 없어지는 것도 아니다. 현재 우리의 위상은 그러한 역사적 역량의 결과이며, 앞으로의 미래도 역시 축적된 역사적 역량과 연계될 것이다. 그러므로 우리는 우리에게 전달된 역사적 역량을 바탕으로 전환시대를 잘 감당할 수 있다는 자신감을 조금 더 가져도 좋을 것이다. 우리가 자신감을 가지고 현재의 문제들을 조금 더 여유롭게 볼 수 있다면 문제 해결을 위한 보다 좋은 길을 찾아낼 수 있을 것이다.

요컨대, 우리의 선조들은 갈등의 전환시대를 잘 감당하고 역사적 사명을 우리에게까지 이어주었다. 우리가 이어받은 역사적 역량을 바탕으로 조금 더 '넓은 시야'와 '자신감'을 가질 수 있다면, 우리들의 앞에 놓인 전환시대의 사명을 잘 감당하고, 그 성과를 다음 시대에 전달할 수 있을 것이다. 우리들이 전환시대의 사명을 잘 감당할 수 있기를 마음 모아 기원해 본다.

참고문헌

저서

강제훈『조선 초기 전세제도 연구』고려대학교 출판부 2002.

강진철『한국중세토지소유연구』일조각 1989.

고동환『조선후기 상업발달사 연구』지식산업사 1998.

고동환『조선시대 도시사』태학사 2007.

고동환『조선시대 시전상업 연구』지식산업사 2013.

권영국 등『역주 고려사 식화지』한국정신문화연구원 1996.

김　돈『조선전기 권신권력관계 연구』서울대출판부 1997.

김　돈『조선중기 정치사 연구』국학자료원 2009.

김건태『조선시대 양반가의 농업경영』역사비평사 2004.

김두헌『한국가족제도 연구』서울대출판부 1969.

김용섭『조선후기 농업사연구』1 일조각 1982.

김용섭『한국중세농업사연구』지식산업사 2000.

김용섭『농업으로 보는 한국통사』지식산업사 2017.

김우기『조선중기 척신정치연구』집문당 2001.

김태영『조선전기 토지제도사연구』지식산업사 1983.

도현철『고려 말 사대부의 정치사상연구』일조각 1999.

도현철『조선전기 정치 사상사』태학사 2013.

박도식『조선전기 공납제 연구』혜안 2011.

박종진『고려시기 재정운영과 조세제도』서울대출판부 2000.

박홍갑『조선시대의 문음제도 연구』탐구당 1994.

송양섭『조선후기 둔전연구』경인문화사 2006.

송준호『조선사회사연구』일조각 1990.

유승원『조선 초기 신분제 연구』을유문화사 1986.

이경식『고려전기의 전시과』서울대학교 출판문화원 2007.

이경식『조선전기 토지제도연구』2 지식산업사 1998.

이경식『조선전기 토지제도연구』일조각 1986.

이기명『조선시대 관리임용과 상피제』백산자료원 2007.

이병휴『조선전기 기호사림파연구』일조각 1984.

이병휴『조선전기 사림파의 현실인식과 대응』일조각 1999.

이성무『조선 초기 양반연구』일조각 1980.

이성무『한국과거제도사』민음사 1997.

이수건 외『16세기 한국고문서연구』아카넷 2004.

이수건『경북지방고문서집성』경북대학교 출판부 1981.

이수건『영남사림파의 형성』영남대출판부 1979.

이수건『영남학파의 형성과 전개』일조각 1995.

이수건『조선시대 지방행정사』민음사 1989.

이수건『한국중세사회사연구』일조각 1984.

이존희『조선시대 지방행정제도연구』일지사 1990.

이태진『의술과 인구 그리고 농업기술』태학사 2002.

이태진『조선유교사회사론』지식산업사 1990.

이태진『한국사회사연구』지식산업사 2006.

임용한『조선전기 수령제와 지방통치』혜안 2002.

장병인『조선전기 혼인제와 성차별』일지사 1997.

전봉덕『한국법제사연구』서울대 출판부 1978.

정구복 외『조선전기 고문서집성』국사편찬위원회 1997.

정두희『조선시대의 대간연구』일조각 1994.

정두희『조선초기 정치지배세력연구』일조각 1983.

지승종『조선전기 노비신분연구』일조각 1995.

채웅석『고려사 형법지 역주』신서원 2009.

최승희『조선초기 언관 언론연구』서울대학교 한국문화연구소 1976.

최승희『조선초기 정치사연구』지식산업사 2002.

최승희『조선후기 사회신분사연구』지식산업사 2003.

최승희『조선초기 정치문화의 이해』지식산업사 2005.
최이돈『조선중기 사림정치구조 연구』일조각 1994.
최이돈『조선전기 공공통치』경인문화사 2017.
최이돈『조선전기 신분구조』경인문화사 2017.
최이돈『조선전기 특권신분』경인문화사 2017.
최이돈『조선중기 사림정치』경인문화사 2017.
최이돈『조선초기 과전법』경인문화사 2017.
최재석『한국가족연구』일지사 1982.
한영우『조선전기 사회사상연구』지식산업사 1983.
한영우『조선전기 사회경제연구』을유문화사 1983.
한영우『조선시대 신분사연구』집문당 1997.
한영우『정도전사상의 연구』서울대 출판부 1999.
한영우『양성지』지식산업사 2008.
한영우『과거 출세의 사다리』1,2,3 지식산업사 2013.
역사학회편『노비 농노 노예』일조각 1998.

논문

강만길「조선전기 공장고」『사학연구』12, 1961.
강제훈「조선초기 요역제에 대한 재검토」『역사학보』145, 1995.
강제훈「답험손실법의 시행과 전품제의 변화」『한국사학보』8, 2000.
강제훈「조선초기 전세제 개혁과 그 성격」『조선시대사연구』19, 2001.
강제훈「세종 12년 정액 공법의 제안과 찬반론」『경기사학』6. 2002.
강제훈「조선초기의 조회의식」『조선시대사학보』28, 2004.
강진철「고려전기의 공전 사전과 그의 차율수조에 대하여」『역사학보』29,
        1965.
강진철「고려전기의 지대에 대하여」『한국중세토지소유연구』일조각 1989.
고영진「15 16세기 주자가례의 시행과 그 의의」『한국사론』21, 1989.
권내현「조선초기 노비 상속과 균분의 실상」『한국사학보』22, 2006.

권연웅「조선 성종대의 경연」『한국문화의 제문제』1981.

권영국「고려전기 상서 6부의 판사와 지사제」『역사와 현실』76, 2010.

구덕회「선조대 후반 정치체계의 재편과 정국의 동향」『한국사론』20, 1989.

김갑주「원상제의 성립과 기능」『동국사학』12, 1973.

김건태「양전과 토지조사사업의 진전과 '主'파악」『규장각』37, 2010.

김기섭「고려전기 전정제연구」부산대 박사학위논문 1993.

김 돈「중종대 언관의 성격변화와 사림」『한국사론』10, 1984.

김 돈「16세기 전반 정치권력의 변동과 유생층의 공론형성」서울대학교 박
　　　사학위논문 1993.

김동수「고려시대의 상피제」『역사학보』102, 1984.

김동인「조선전기 사노비의 예속 형태」『이재룡박사 환력기념논총』1990.

김성준「종친부고」『사학연구』18, 1964.

김영석「고려시대와 조선초기의 상피친」『서울대학교 법학』52권 2호,
　　　2011.

김옥근「조선시대 조운제 연구」『경제학연구』29, 1981.

김용만「조선시대 균분상속제에 관한 일 연구」『대구사학』23, 1983.

김용만「조선시대 사노비 일 연구」『교남사학』4, 1989.

김용선「조선전기의 음서제도」『아시아학보』6, 1990.

김용섭「고려시대의 양전제」『동방학지』16, 1975.

김용섭「고려전기의 전품제」『한우근박사정년기념 사학논총』1981.

김용섭「토지제도의 사적 추이」『한국중세농업사연구』지식산업사 2000.

김용흠「조선전기 훈구 사림의 갈등과 그 정치사상적 함의」『동방학지』
　　　124, 2004.

김우기「조선전기 사림의 전랑직 진출과 그 역할」『대구사학』29, 1986.

김우기「전랑과 삼사의 관계에서 본 16세기의 권력구조」『역사교육논집』
　　　13, 1990.

김재명「고려시대 십일조에 관한 일 연구」한국정신문화연구소 석사학위논
　　　문 1984.

김재명「고려시대 십일조에 관한 일 고찰」『청계사학』2, 1985.

김재명 「조선초기의 사헌부 감찰」『한국사연구』 65, 1989.

김재명 「조세」『한국사』 14, 1993.

김정신 「조선전기 사림의 公認識과 君臣共治論」『학림』 21, 2000.

김종철 「조선초기 요역부과방식의 추이와 역민식의 확립」『역사교육』 51, 1992.

김준형 「조선시대 향리층 연구의 동향과 문제점」『사회와 역사』 27, 1991.

김창수 「성중애마고」『동국사학』 9,10, 1966.

김창현 「조선초기의 문음제도에 관한 연구」『국사관논총』 56, 1994.

김창회 「태조 세종대 호등제의 변천과 공물 분정」『사학연구』 123, 2016.

김태영 「과전법상의 답험손실과 수조」『조선전기 토지제도사연구』 지식산업사 1983.

김필동 「신분이론구성을 위한 예비적 고찰」『사회계층』 다산출판사 1991.

김한규 「고려시대의 천거제에 대하여」『역사학보』 73, 1977.

김한규 「서한의 求賢과 文學之士」『역사학보』 75,76, 1977.

김항수 「16세기 사림의 성리학 이해」『한국사론』 7, 1981.

김현영 「조선 후기 남원지방 사족의 향촌지배에 관한 연구」 서울대학교 박사학위논문 1993.

김형수 「책문을 통해서 본 이제현의 현실인식」『한국중세사연구』 13, 2002.

남지대 「조선초기의 경연제도」『한국사론』 6, 1980.

남지대 「조선 성종대의 대간언론」『한국사론』 12, 1985.

남지대 「조선초기 중앙정치제도연구」 서울대학교 대학원 박사학위논문 1993.

남지대 「조선초기 예우아문의 성립과 정비」『동양학』 24, 1994.

남지대 「조선중기 붕당정치의 성립기반」『조선의 정치와 사회』 2002.

남지대 「태종 초 대종과 대간 언론의 갈등」『역사문화연구』 47, 2013.

노명호 「산음장적을 통해 본 17세기 초 촌락의 혈연양상」『한국사론』 5, 1979.

노명호 「고려의 오복친과 친족관계 법제」『한국사연구』 33, 1981.

도현철 「정도전의 정치체계 구상과 재상정치론」『한국사학보』 9, 2000.

민두기 「중국의 전통적 정치상」『진단학보』 29,30, 1966.

박   진 「조선초기 돈녕부의 성립」『한국사학보』 18, 2004.

박국상 「고려시대의 토지분급과 전품」『한국사론』 18, 1988.

박경안 「고려시기 전정연립의 구조와 존재형태」『한국사연구』 75, 1991.

박시형 「이조전세제도의 성립과정」『진단학보』 14, 1941.

박재우 「고려 공양왕대 관제개혁과 권력구조」『진단학보』 81, 1996.

박재우 「고려전기 6부 판서의 운영과 권력관계」『사학연구』 87, 2007.

박종진 「고려 초 공전 사전의 성격에 대한 재검토」『한국학보』 37, 1984.

박진우 「조선초기 면리제와 촌락지배의 강화」『한국사론』 20, 1988.

박진우 「15세기 향촌통제기구와 농민」『역사와 현실』 5, 1991.

박진훈 「고려 말 개혁파사대부의 노비변정책」『학림』 19, 1998.

박천규 「문과초장 講製是非攷」『동양학』 6, 1976.

배재홍 「조선전기 처첩분간과 서얼」『대구사학』 41, 1991.

배재홍 「조선시대 천첩자녀의 종양과 서얼신분 귀속」『조선사연구』 3, 1994.

배재홍 「조선시대 서얼 차대론과 통용론」『경북사학』 21, 1998.

백옥경 「조선전기 역관의 성격에 대한 일고찰」『이대사원』 22,23, 1988.

설석규 「16세기 전반 정국과 유소의 성격」『대구사학』 44, 1992.

설석규 「16-18세기의 유소와 공론정치」 경북대학교 박사학위논문 1994.

성봉현 「조선 태조대의 노비변정책」『충북사학』 11,12합집 2000.

송수환 「조선전기의 왕실 노비」『민족문화』 13, 1990.

송준호 「조선양반고」『한국사학』 4, 1983.

신명호 「조선초기 왕실 편제에 관한 연구」 한국정신문화연구원 박사학위논문 1999.

신채식 「송대 관인의 推薦에 관하여」『소헌 남도영박사 화갑기념 사학논총』 1984.

신해순 「조선초기의 하급서리 이전」『사학연구』 35, 1982.

신해순 「조선전기의 경아전연구」 성균관대 박사학위논문 1986.

안병우 「고려의 둔전에 관한 일고찰」『한국사론』 10, 1984.

오금성 「중국의 과거제와 그 정치사회적 기능」『과거』 일조각 1983.

오수창 「인조대 정치세력의 동향」『한국사론』 13, 1985.

오인택 「경자양전의 시행 조직과 양안의 기재 형식」『역사와 현실』 38, 2000.

오종록 「조선전기의 경아전과 중앙행정」『고려 조선전기 중인연구』 신서원 2001.

우인수 「조선 명종조 위사공신의 성분과 동향」『대구사학』 33, 1987.

유승원 「조선초기의 신량역천 계층」『한국사론』 1, 1973.

유승원 「조선초기의 잡직」『조선초기 신분제연구』 을유문화사 1986.

유승원 「조선초기 경공장의 관직」『조선초기 신분제연구』 을유문화사 1986.

유승원 「양인」『한국사』 25, 1994.

유승원 「조선시대 양반 계급의 탄생에 대한 시론」『역사비평』 79, 2007.

유승원 「조선 태종대 전함관의 군역」『역사학보』 210, 2011.

유승원 「한우근의 조선 유교정치론 관료제론」『진단학보』 120, 2014.

윤남한 「하곡조천기 해제」 국역『하곡조천기』 2008.

윤용출 「15~16세기의 요역제」『부산사학』 10, 1986.

윤희면 「경주 司馬所에 대한 일 고찰」『역사교육』 37,38, 1985.

이경식 「조선초기 둔전의 설치와 경영」『한국사연구』 21,22, 1978.

이경식 「고려전기의 평전과 산전」『이원순교수 화갑기념사학논총』 1986.

이경식 「조선 건국의 성격문제」『중세 사회의 변화와 조선건국』 혜안 2005.

이경식 「고려시대의 전호농민」『고려시대 토지제도연구』 2012.

이광린 「제조제도 연구」『동방학지』 8, 1976.

이기백 「고려주현군고」『역사학보』 29, 1965.

이기백 「고려 양계의 주현군」『고려병제사연구』 1968.

이남희 「조선시대 잡과입격자의 진로와 그 추이」『조선시대의 사회와 사상』 1998.

이남희 「조선전기 기술관의 신분적 성격에 대하여」『고려 조선전기 중인연구』 신서원 2001.

이민우「고려 말 사전 혁파와 과전법에 대한 재검토」『규장각』 47, 2015.

이범직「조선전기의 校生身分」『韓國史論』 3, 1976.

이병휴「조선 중종조 정국공식의 성분과 동향」『대구사학』 15,6합집 1978.

이병휴「현량과 연구」『조선전기 기호사림파연구』 일조각 1984.

이상백「서얼차대의 연원에 대한 연구」『진단학보』 1, 1934.

이상백「서얼금고시말」『동방학지』 1, 1954.

이성무「조선초기의 향리」『한국사연구』 5, 1970.

이성무「조선초기의 기술관과 그 지위」『유홍렬박사 화갑기념 논총』 1971.

이성무「선초의 성균관연구」『역사학보』 35,36, 1972.

이성무「십오세기 양반론」『창작과비평』 8(2), 1973.

이성무「고려 조선초기의 토지 소유권에 대한 제설의 검토」『성곡논총』 9, 1978.

이성무「공전 사전 민전의 개념」『한우근박사 정년기념사학논총』 1980.

이성무「조선초기 신분사연구의 문제점」『역사학보』 102, 1984.

이성무「조선초기 노비의 종모법과 종부법」『역사학보』 115, 1987.

이성무「조선시대 노비의 신분적 지위」『한국사학』 9, 1987.

이성무「조선초기 음서제와 과거제」『한국사학』 12, 1991.

이수건「조선조 향리의 일 연구」『문리대학보』 3 영남대 1974.

이수건「영남사림파의 학문적 연원」『영남사림파의 형성』 영남대학교 출판부 1979.

이수건「영남사림파의 경제적 기반」『영남사림파의 형성』 영남대학교 출판부 1979.

이수건「조선전기 사회변동과 상속제도」『역사학보』 129, 1991.

이영훈「고문서를 통해본 조선 전기 노비의 경제적 성격」『한국사학』 9, 1987.

이영훈「조선전호고」『역사학보』 142, 1994.

이영훈「한국사에 있어서 노비제의 추이와 성격」『노비 농노 노예』 일조각 1998.

이영훈「고려전호고」『역사학보』 161, 1999.

이원택 「15~16세기 주례 이해와 국가경영」『한국중세의 정치사상과 주례』
　　　혜안 2005.

이장우 「세종 27년 7월의 전제개혁 분석」『국사관논총』 92, 2000.

이재희 「조선 명종대 척신정치의 전개와 그 성격」『한국사론』 29, 1993.

이존희 「조선전기의 외관제」『국사관논총』 8, 1989.

이태진 「서얼차대고」『역사학보』 27, 1965.

이태진 「사림파의 유향소복립운동」『진단학보』 34,35, 1972.

이태진 「15세기 후반기의 「거족」과 명족의식」『한국사론』 3, 1976.

이태진 「중앙 오영제의 성립과정」『한국군제사-조선후기편』 1977.

이태진 「16세기 사림의 역사적 성격」『대동문화연구』 13, 1979.

이태진 「조선시대의 정치적 갈등과 그 해결」『조선시대 정치사의 재조명』
　　　1985.

이태진 「당쟁을 어떻게 볼 것인가」『조선시대 정치사의 재조명』 1985.

이태진 「李晦齋의 聖學과 仕宦」『한국사상사학』 1, 1987.

이태진 「조선시대 야사 발달의 추이와 성격」『우인 김용덕박사 정년기념사
　　　학논총』 1988.

이태진 「조선왕조의 유교정치와 왕권」『한국사론』 23, 1990.

이홍렬 「잡과시취에 대한 일고」『백산학보』 3, 1967.

임영정 「선초 보충군 산고」『현대사학의 제문제』 1977.

임영정 「조선초기의 관노비」『동국사학』 19,20합집, 1986.

장병인 「조선초기의 관찰사」『한국사론』 4, 1978.

장병인 「조선초기 연좌율」『한국사론』 17, 1987.

전형택 「보충군 입역규례를 통해 본 조선 초기의 신분구조」『역사교육』
　　　30,31, 1982.

전형택 「조선초기의 공노비 노동력 동원 체제」『국사관논총』 12, 1990.

정다함 「조선초기 습독관 제도의 운영과 그 실태」『진단학보』 96, 2003.

정만조 「16세기 사림계 관원의 붕당론」『한국학논총』 12, 1990.

정만조 「조선시대의 사림정치」『한국사상의 정치형태』 1993.

정만조 「조선중기 유학의 계보와 붕당정치의 전개」『조선시대사학보』 17,

2001.

정재훈「조선전기 유교정치사상 연구」서울대학교 대학원 박사학위논문
   2001.

정현재「조선초기의 경차관에 대하여」『경북사학』1, 1978.

정현재「선초 내수사 노비고」『경북사학』3, 1981.

정현재「조선초기의 노비 면천」『경북사학』5, 1982.

정현재「조선초기의 외거노비의 개념 검토」『경상사학』창간호 1985.

지두환「조선전기 군자소인론의」『태동고전연구』9, 1993.

지승종「신분개념 정립을 위한 시론」『한국사회사 연구회 논문집』11, 1988.

지승종「조선전기 신분구조와 신분인식」『한국사연구의 이론과 실제』
   1991.

지승종「조선 전기의 서얼신분」『사회와 역사』27, 1991.

지승종「신분사연구의 쟁점과 과제」『사회와 역사』51, 1997.

차장섭「조선전기의 사관」『경북사학』6, 1983.

천관우「조선토기제도사」하『한국문화사대계』2, 1965.

최승희「집현전연구」『역사학보』32,33, 1966,67.

최승희「홍문관의 성립경위」『한국사연구』5, 1970.

최승희「조선초기 言官에 관한 연구」『한국사론』1, 1973.

최승희「弘文錄考」『대구사학』15,16, 1978.

최승희「조선시대 양반의 대가제」진단학보 60, 1985.

최윤오「세종조 공법의 원리와 그 성격」『한국사연구』106, 1999.

최윤오「조선시기 토지개혁론의 원리와 공법 조법 철법」『대호 이융조교수
   정년논총』2007.

최이돈「16세기 郎官權의 형성과정」『한국사론』14, 1986.

최이돈「성종대 홍문관의 言官化 과정」『진단학보』61, 1986.

최이돈「16세기 사림파의 천거제 강화운동」『한국학보』54, 1989.

최이돈「16세기 郎官權의 성장과 朋黨政治」『규장각』12, 1989.

최이돈「16세기 공론정치의 형성과정」『국사관논총』34, 1992.

최이돈「조선초기 수령고소 관행의 형성과정」『한국사연구』82, 1993.

최이돈 「海東野言에 보이는 허봉의 當代史 인식」『한국문화』15, 1994.

최이돈 「16세기 사림 중심의 지방정치 형성과 민」『역사와 현실』16, 1995.

최이돈 「16세기 전반 향촌사회와 지방정치」『진단학보』82, 1996.

최이돈 「성종대 사림의 훈구정치 비판과 새 정치 모색」『한국문화』17, 1996.

최이돈 「16세기 사림의 신분제 인식」『진단학보』91, 2001.

최이돈 「조선중기 신용개의 정치활동과 정치인식」『최승희교수 정년기념논총』2002.

최이돈 「조선전기 현관과 사족」『역사학보』184, 2004.

최이돈 「조선초기 잡직의 형성과 그 변화」『역사와 현실』58, 2005.

최이돈 「조선초기 공상의 신분」『한국문화』38, 2006.

최이돈 「조선초기 공치론의 형성과 변화」『국왕 의례 정치』이태진교수 정년기념논총 태학사 2009.

최이돈 「조선초기 서얼의 차대와 신분」『역사학보』204, 2009.

최이돈 「조선초기 협의의 양인의 용례와 신분」『역사와 현실』71, 2009.

최이돈 「조선초기 향리의 지위와 신분」『진단학보』110, 2010.

최이돈 「조선초기 보충군의 형성과정과 그 신분」『조선시대사학보』54, 2010.

최이돈 「조선초기 천인천민론의 전개」『조선시대사학보』57, 2011.

최이돈 「조선초기 특권 관품의 정비과정」『조선시대사학보』67, 2013.

최이돈 「조선초기 왕실 친족의 신분적 성격」『진단학보』117, 2013.

최이돈 「조선초기 법적 친족의 기능과 그 범위」『진단학보』121, 2014.

최이돈 「조선전기 사림파의 정치사상」『한국유학사상대계』VI, 한국학진흥원 2014.

최이돈 「조선초기 공공통치론의 전개」『진단학보』125, 2015.

최이돈 「태종대 과전국가관리체제의 형성」『조선시대사학보』76, 2016.

최이돈 「조선초기 관원체계와 과전 운영」『역사와 현실』100, 2016.

최이돈 「세조대 직전제의 시행과 그 의미」『진단학보』126, 2016.

최이돈 「조선초기 提調制의 시행과정」『규장각』48, 2016.

최이돈 「조선초기 佃夫制의 형성과정」『진단학보』 127, 2016.

최이돈 「조선초기 損失踏驗制의 규정과 운영」『규장각』 49, 2016.

최이돈 「고려 후기 수조율과 과전법」『역사와 현실』 104, 2017.

최이돈 「세종대 공법 연분 9등제의 시행과정」『조선초기 과전법』 경인문화사 2017.

최이돈 「조선초기 전부의 법적 지위」『조선초기 과전법』 경인문화사 2017.

최이돈 「조선초기 호등제의 구조와 신분」『진단학보』 131, 2018.

최이돈 「근세조선의 형성」『역사와 현실』 113, 2019.

최재석 「조선시대의 상속제에 관한 연구」『역사학보』 53,54, 1972.

한명기 「광해군대의 대북세력과 정국의 동향」『한국사론』 20, 1989.

한상준 「조선조의 상피제에 대하여」『대구사학』 9, 1975.

한영우 「여말선초 한량과 그 지위」『한국사연구』 4, 1969.

한영우 「태종 세종조의 대사전시책」『한국사연구』 3, 1969.

한영우 「조선초기 상급서리 성중관」『동아문화』 10, 1971.

한영우 「조선초기의 사회계층과 사회이동에 관한 시론」『제8회 동양학 학술회의 강연초』 1977.

한영우 「조선초기 신분계층연구의 현황과 문제점」『사회과학논평』 창간호 1982.

한영우 「조선초기의 상급서리와 그 지위」『조선전기 사회경제연구』 을유문화사 1983.

한영우 「양성지의 사회 정치사상」『조선전기 사회사상』 지식산업사 1983.

한영우 「조선초기 사회 계층 연구에 대한 재론」『한국사론』 12, 1985.

한우근 「신문고의 설치와 그 실제적 효능에 대하여」『이병도박사화갑기념논총』 1956.

한우근 「여대족정고」『역사학보』 10, 1958.

한우근 「훈관검교고」『진단학보』 29,30, 1966.

한충희 「조선초기 의정부연구」『한국사연구』 31,32, 1980,1981.

한충희 「조선초기 육조연구」『대구사학』 20,21, 1982.

한충희 「조선초기 육조연구 첨보」『대구사학』 33, 1987.

한충희 「조선초기 육조연구」 고려대학교 박사학위논문 1992.

한충희 「조선초기 의정부당상관연구」 『대구사학』 87, 2007.

한충희 「조선 성종대 의정부연구」 『계명사학』 20, 2009.

한희숙 「조선초기의 잡류층에 대한 연구」 고려대학교 박사학위논문 1990.

홍순민 「조선후기 정치사상 연구현황」 『한국 중세사회 해체기의 제문제』 한울 1987.

찾아보기

중세를 넘어 근대를 품은 조선

2021년 03월 19일 초판 인쇄
2021년 03월 26일 초판 발행

지은이 최이돈
펴낸이 한정희

편집·디자인 박지현 김지선 유지혜 한주연
마케팅 전병관 하재일 유인순

펴낸곳 역사인
출판신고 제406-2010-000060호

주소 경기도 파주시 회동길 445-1 경인빌딩 B동 4층
대표전화 031-955-9300 | 팩스 031-955-9310
홈페이지 www.kyunginp.co.kr | 전자우편 kyungin@kyunginp.co.kr

ISBN 979-11-86828-25-0 03910
값 18,000원